# LUÇON
# ET PALAOUAN

SIX ANNÉES DE VOYAGES AUX PHILIPPINES

## OUVRAGE DU MÊME AUTEUR

EN VENTE A LA LIBRAIRIE HACHETTE ET Cie

---

**Trois voyages dans l'Afrique occidentale.** Sénégal, Gambie, Casamance, Gabon, Ogooué; 2e édition. 1 vol. avec 24 gravures et une carte, broché. 4 fr.

Relié en percaline, tranches rouges. 5 fr. 50

Coulommiers. — Imp. P. Brodard et Gallois

# LUÇON ET PALAOUAN

SIX ANNÉES

DE VOYAGES AUX PHILIPPINES

PAR

ALFRED MARCHE

---

OUVRAGE CONTENANT 68 GRAVURES ET 2 CARTES

---

PARIS

LIBRAIRIE HACHETTE ET C^ie

79, BOULEVARD SAINT-GERMAIN, 79

—

1887

# AVANT-PROPOS

Le récit que je présente aux lecteurs est celui de mes excursions dans la province de Malacca et dans l'archipel des Philippines. Ce livre est écrit simplement, sans prétention aucune.

Chargé par M. le ministre de l'Instruction publique d'une mission scientifique dans l'archipel Indien, de 1879 à 1885, je me suis efforcé de réunir le plus de renseignements possible sur les populations des pays que je visitais, sur leurs mœurs, leurs croyances, leurs origines, de rassembler les divers spécimens de leur industrie.

Au point de vue de l'étude stricte de l'histoire naturelle : zoologie, botanique, minéralogie, j'ai réuni pendant ces six années de voyages environ 4000 objets de toute sorte, crânes et squelettes d'hommes, de mammifères, d'oiseaux, des peaux de mammifères, d'oiseaux, de reptiles pour les montages, des pièces conservées dans l'alcool, nombre d'insectes et d'échantillons botaniques, et une riche collection d'ethnographie. Toutes ces pièces étaient destinées à accroître les collections déjà si riches du Muséum d'histoire naturelle et du Musée du Trocadéro.

Enfin, au point de vue géographique, j'ai pu reconnaître quelques parties de pays encore mal connues, relever le tracé de quelques cours d'eau et prendre ou rectifier les altitudes de diverses montagnes.

En terminant, j'exprimerai un regret, celui d'avoir trop rarement rencontré des Français établis comme colons ou négociants dans ces beaux pays de l'Extrême-Orient si riches et encore si peu exploités.

ALFRED MARCHE.

Paris, 15 octobre 1886.

# VOYAGE

# AUX PHILIPPINES

## PREMIÈRE PARTIE

### CHAPITRE PREMIER

#### SINGAPORE ET POULO-PENANG

J'avais formé le projet depuis longtemps déjà, avant mes explorations en Afrique avec le marquis de Compiègne et de Brazza, de faire connaissance avec le bel archipel des Philippines. Dès 1869, je prenais la route de ces régions, mais, avant d'y arriver, je m'arrêtai quelques mois dans la presqu'île de Malacca. Là vint me surprendre la nouvelle de nos premiers revers, en septembre 1870.

Je décidai aussitôt mon départ, voulant prendre ma part des luttes de la patrie. Après la guerre franco-allemande, je repris mes projets de voyage, mais les circonstances ne me permettant pas de reprendre la route des Philippines, j'allai faire connaissance avec l'Afrique équatoriale.

Je me sentais donc heureux, le 20 juillet 1879, quand je mis le pied sur le *Tonquin*, transport de l'État, qui allait me débarquer à Singapore, en route pour ces mêmes Philippines.

Je partais chargé d'une mission scientifique par le Ministre de l'instruction publique. Ce n'est pas une sinécure qu'une mission scientifique dans un pays neuf. Bien que depuis l'occupation de cet archipel par les Espagnols on se soit plus ou moins occupé de ce qu'il renferme au point de vue scientifique, il est encore neuf, mal connu, et je sais qu'après mon passage je laisserai beaucoup à récolter. Je dois m'occuper de tout : ethnographie, histoire naturelle, mensurations anthropologiques, recherche de crânes, de squelettes, d'urnes, vases, bijoux funéraires, de spécimens d'animaux, de plantes. Je dois être un véritable connaisseur pour bien collectionner, mais j'ai foi en l'avenir et je n'épargnerai pas mes peines pour réussir. J'ai d'ailleurs déjà pris quelques leçons en Afrique, je les mettrai à profit.

L'Afrique occidentale m'avait singulièrement fatigué ; de ma première expédition de découverte sur l'Ogôwé, avec le marquis de Compiègne, mon ami toujours regretté, de mon second voyage sur ce fleuve en compagnie de Savorgnan de Brazza, j'avais rapporté de petites misères et ma santé n'était point en parfait équilibre. J'espérais me refaire dans le bon air des Philippines.

En 1869, j'avais voyagé sur la *Creuse*, un des bateaux de la ligne de Chine, un vieux transport suant la fièvre et la dysenterie, dont l'aménagement laissait fort à désirer ; une véritable *baille à braie*, comme l'appelait son commandant, M. le capitaine de frégate Lacombe, aujourd'hui officier général ; pendant ma traversée de retour, en 1870, alors que j'allais prendre rang dans l'armée de la Loire, nous jetâmes à la mer, de Saïgon à Toulon, quarante-cinq morts, pas un de moins.

Quelle différence avec le *Tonquin*, et seulement dix ans après, sur cette même ligne de France en Cochinchine !

Le *Tonquin*, un des nouveaux transports-hôpitaux faisant le service entre Toulon et l'Indo-Chine française, est admirablement construit, tant au point de vue de la vitesse qu'à celui du confortable à bord. L'hôpital est vaste et très bien aéré ; des manches à vent font circuler l'air jusqu'au fond des cales, et bien que l'on soit presque toujours obligé de fermer les sabords de la batterie basse, on y respire librement, dans une température supportable.

Aussi ne perdîmes-nous qu'un seul homme, lors de ma traversée de retour sur ce même *Tonquin* en 1882, — merveilleuse amélioration, qui tient aussi à d'autres causes, notamment à l'assainissement graduel de la Cochinchine, à la moindre durée du voyage (vingt-huit à trente jours au lieu de quarante à quarante-cinq), et à l'embarquement des hommes pour la France avant épuisement complet; auparavant, on ne rapatriait les malheureux malades, marins et soldats, que lorsque leur état de maladie était arrivé à la période la plus critique, quand il leur restait à peine le souffle.

Partis le 20 juillet de Toulon, nous naviguons à partir du 2 août dans la mer Rouge, accablés par une température de 36 degrés, sous une atmosphère affreusement lourde. Nous étions tous plus ou moins malades, et cependant peu d'entre nous en étaient à leur première traversée.

Le 5, vers quatre heures du soir, je vois passer l'aumônier du bord, M. l'abbé Boirain : il peut à peine se traîner; je l'engage à prendre de l'exercice. « Impossible, me dit-il, je ne puis plus respirer; je vais dans la cabine du lieutenant voir si j'y trouverai un peu d'air. »

A la prière du soir, pas d'aumônier. On le cherche, il est sur son lit, agonisant, et dix minutes après, mort : mort asphyxié, comme disent les hommes de l'art; d'un coup de chaleur, comme disent les marins.

Or cet abbé n'était pas un efféminé, un douillet, mais, tout au contraire, un vaillant. Il avait suivi partout ses marins pendant la campagne de France; deux fois il avait été blessé sur le champ de bataille, où il consolait les éclopés, les mourants, et, malgré ses blessures, il n'avait pas voulu quitter l'armée. La guerre finie, il avait repris, justement décoré, son service de paix.

Deux heures après l'aumônier, mourait aussi de manque d'air un de nos passagers, un médecin ; et le lendemain le « coup de chaleur » faisait une troisième victime, la dernière heureusement, car nous sortions de l'étuve, pour aller mouiller en grande rade d'Aden, par une rafraîchissante brise du sud-ouest.

L'état général de tous les passagers serait devenu fort mauvais et le nombre des morts aurait rapidement augmenté si une petite pluie bienfaisante et la brise n'étaient venues à point rafraîchir l'atmosphère.

A Aden, on était joyeux, les morts étaient déjà oubliés, on pensait à l'avenir. Après l'arrêt habituel dans la rade, on se remet en route.

Le 10 août, à 8 h. 40 du soir, par 13° de latit. N. et par 51° 18′ de long. E., nous tombons dans la mer de lait.

La mer de lait, c'est comme un brasillement des flots : des milliards de milliards d'animalcules phosphorescents brillent quand la lune est voilée ou lorsqu'il n'y a pas de lune. On croirait naviguer sur une onde embrasée, l'effet est étrange, on ne se lasse pas de regarder.

Au-devant du navire la mer se dresse à pic, en une muraille blanche pareille à un talus de neige qu'éclaireraient les rayons lunaires ; puis, quand on est au centre du phénomène, si vive est la lumière qu'on n'aperçoit plus le vaisseau ; on ne voit plus que le ciel noir, avec ses étoiles, et la mer phosphorescente, et la traînée lumineuse sur le sillage du navire.

Quand on entre dans la mer de lait, il semble pendant quelques instants qu'on navigue sur une moitié de vaisseau, car l'avant est dans la lumière et l'arrière dans l'ombre ; quand on en sort, l'avant est dans l'ombre, l'arrière dans la lumière, sur le sillage étincelant, et l'on dirait que le navire va s'engloutir dans un vide obscur.

Le silence à bord du navire et la nuit rendent ce spectacle plus imposant, on se croit sur un gouffre de feu.

Vers dix heures, nous avons franchi la mer de lait, et, au lever de la lune, nous ne voyons plus que les flots calmes et le ciel pur éclairant notre route de ses plus belles constellations.

Le 23 août, nous arrivons à Singapore, que je me garderai bien de décrire, car on l'a trop décrit : là je quittai le *Tonquin*.

L'île de Singapore, placée au sud de la presqu'île de Malacca, était couverte de vastes forêts quand les Anglais s'y établirent. Depuis lors, les cultures l'ont transformée ; plusieurs routes la traversent, et on peut la parcourir facilement dans toute son étendue.

Le port, parfaitement abrité par de petits îlots qui forment une belle rade, est un des plus sûrs de ces parages

La mer de lait.

et le point central du commerce de l'Orient avec l'Europe ; Chine, Japon, Cochinchine, îles malaises, etc., tout converge là ; les courriers de toutes les lignes s'y arrêtent, les charbonniers de l'Australie ou d'Europe suffisent à peine à fournir le charbon nécessaire à tous les vapeurs qui s'y arrêtent.

La ville comprend deux ou trois grandes artères et une quantité de rues étroites où se tiennent les commerçants, Chinois, Siamois, Indiens et Malais.

L'aspect en est curieux, pas très propre, et on y respire toutes les odeurs possibles, surtout celle des cuisines chinoises en plein vent qui empestent l'air.

A Singapore il y a des églises catholiques et protestantes, des temples de tous les cultes possibles; on n'y compte pas moins de trente monuments élevés à autant de divinités différentes, et tous sont placés sous la férule anglaise.

Parmi les désagréments de la position de Singapore, il faut tenir compte du voisinage de la presqu'île de Malacca.

Parfois un tigre traverse le détroit qui sépare l'île du continent; l'animal signalé, on organise aussitôt une chasse avec battue, et il succombe presque toujours; cependant il lui arrive de regagner le continent, non sans avoir toutefois commis des déprédations plus ou moins importantes en bestiaux et en hommes.

Le nombre des individus dont on attribue la mort au tigre est toujours assez élevé; mais, d'après la police, les trois quarts de ces malheureuses victimes ont été simplement assassinées. Le tigre, qu'il soit tué ou qu'il s'échappe, est le bouc émissaire. La police retrouve habituellement les véritables coupables, et le plus souvent c'est un Malais ou un Chinois qui a fait le coup. Pour donner le change et laisser croire que le fauve est l'auteur de la mort, on fait, à l'aide d'un couteau, sur le corps de la victime, toute une série de blessures imitant les coups de griffe.

Nous avons vu pareil procédé usité au Gabon.

La police découvrit un jour dans les environs de la ville le cadavre d'un malheureux ayant pour tout costume un vieux pantalon, et, au dire des indigènes, il avait été tué par un tigre. L'enquête révéla que la veille au soir le mort avait été vu vêtu d'un pantalon neuf en compagnie de son beau-frère. On arrêta ce dernier et sa femme, et une perquisition à leur domicile amena la découverte du pantalon neuf taché de sang. Pressée de questions, la femme avoua que son mari avait assassiné son frère, mais que, pour ne pas laisser perdre le pantalon neuf de ce dernier, le meurtrier lui en avait mis un vieux hors d'usage.

On pourrait citer des centaines de faits analogues, tous mis à la charge du tigre.

De Singapore à Poulo-Penang, deux jours de mer [1]; le 30 août 1879 je débarquai dans cette île.

L'île de Penang avait été donnée au capitaine Light par le rajah de Kedah en 1766 comme prix du concours qu'il lui avait donné pendant une guerre que ledit rajah avait à soutenir contre le roi de Siam, son suzerain.

A ce présent royal le rajah aurait ajouté celui d'une de ses filles.

Le capitaine offrit à la Compagnie des Indes cette nouvelle possession, qui fut agréée avec bonheur, sans même examiner au préalable si le chef de Kedah était propriétaire de l'île et pouvait en disposer.

On apprit par la suite, si toutefois on ne le savait pas d'abord, que l'île et Kedah lui-même dépendaient du roi de Siam; mais, comme cette nouvelle possession était d'un grand intérêt pour la Compagnie des Indes, on passa outre, endormant par des lenteurs diplomatiques les Siamois et les gens de Kedah. Des traités habiles laissèrent assez de vague pour que la Compagnie des Indes pût être libre de faire ce qu'elle voudrait avec des apparences de droit très faibles, sans doute, mais suffisantes quand on a la force.

D'après une autre version qui paraît faite pour les besoins de la cause, le rajah de Kedah lui-même offrit spontanément au gouvernement de l'Inde de lui céder l'île de Penang et le capitaine Light fut simplement chargé d'aller examiner l'affaire.

« Mais, comme le dit parfaitement un critique anglais, eût-on excusé le capitaine Light d'avoir cru trop facilement aux prétentions d'indépendance du rajah de Kedah et de ne pas avoir examiné d'une manière suffisante si elles étaient fondées? Le fait est que ses rapports portèrent le gouvernement à croire pour un temps que le rajah de Kedah ne

1. On doit se garder de dire l'île de Poulo-Penang. C'est une tautologie : *Poulo*, mot malais, veut justement dire *île*.

dépendait d'aucun souverain, ou du moins qu'il pouvait céder une partie de son territoire.

« On ne peut s'empêcher de remarquer que le gouvernement des Indes, en employant le capitaine Light pour négocier ce traité, plaçait les desseins diplomatiques de ce dernier en opposition directe avec ses intérêts commerciaux.

« L'occupation de Penang était pour ce gentleman, comme pour tous les autres commerçants, un point de la plus haute importance, et peut-être eût-ce été trop attendre, de quelqu'un placé dans de telles circonstances, qu'il employât son pouvoir à désapprouver les assertions du rajah, ou à en examiner la solidité qui pouvait tourner contre ses intérêts. »

Pour nous, nous sommes porté à croire que le gouvernement des Indes connaissait parfaitement la situation de ce pays, mais il se garda bien d'approfondir toutes les causes qui pouvaient s'opposer à l'occupation de Penang. Aussi bien à cette époque, comme maintenant, les Anglais savent parfaitement profiter de toutes les circonstances, bonnes ou mauvaises, pour agrandir leur territoire colonial, et en cela, malgré les moyens employés, nous ne saurions les blâmer.

Peu de temps après, le roi de Siam protesta bien contre l'occupation de Poulo-Penang, mais le gouvernement des Indes n'en tint aucun compte et traita avec le rajah de Kedah.

« Sans doute, le rajah de Kedah, dit le même critique, essaya de stipuler que protection lui serait donnée en cas de guerre contre son suzerain, en retour de la cession de l'île de Penang; mais le capitaine Light, tout en laissant croire au rajah que les choses étaient ainsi comprises, se garda bien de stipuler cette clause dans le traité. »

Le rajah signa avec les Anglais deux traités, mais aucun des deux n'était offensif ou défensif; du reste, ces faits ne sont pas très bien expliqués dans les archives du gouvernement de l'Inde.

Ni promesses, ni intimidations n'ont été nécessaires pour obtenir la cession de Poulo-Penang. Le rajah lui-même

Une famille poulo-penang.

pressait les négociations, paraissant fermement convaincu que, parvenu à conclure un traité d'alliance offensive et défensive avec les Anglais, tous les avantages seraient favorables uniquement à sa cause. C'était envisager la question plus au point de vue pratique que spéculatif, et, dans des circonstances plus favorables pour lui, tout ce qu'il espérait aurait pu facilement se réaliser.

Le traité accepté et signé par le rajah lui laissait croire tout ce qu'il désirait, et de plus lui allouait une rente annuelle de 10 000 piastres (50 000 francs), et c'est probablement cette dernière clause qui le décida à l'accepter.

La prise de possession de Penang par le capitaine Light eut lieu le 17 juillet 1766. Il débarqua à la pointe Parroga, où se trouvent actuellement le fort Cornwallis et la ville. On nettoya un coin de forêt, on éleva un mât de pavillon, et le 11 août on hissa les couleurs anglaises comme prise de possession de l'île au nom de Sa Majesté Britannique et pour l'usage de la Compagnie des Indes.

Le malheureux rajah ne tarda pas à s'apercevoir jusqu'à quel point il pouvait compter sur ses astucieux alliés.

On trouve cependant dans les archives du gouvernement un ordre du 22 janvier 1791, défendant au « superintendent (gouverneur) de Penang » de s'immiscer dans les disputes des *first natives* (principaux indigènes). Mais entre l'intervention directe dans les affaires du pays et l'action indirecte, souterraine, il y a de la distance : on respecte la première, issue d'une convention, pour abuser de la seconde et se faire imposer la première.

L'île de Penang, faite de montagnes basses (jusqu'à 600 mètres et plus), est séparée de la presqu'île de Malacca par un détroit de peu de largeur. Ses deux principaux avantages sont un climat suffisamment sain, et un port assez sûr pouvant abriter cinquante à soixante grands navires.

On y cultive le riz, la canne à sucre, le cocotier, le poivrier, le muscadier, le giroflier. Je dirai même qu'on cultive trop, puisque les Anglais ont dû interdire aux Chinois le déboisement du faîte des montagnes ; partout ces « Jaunes » industrieux abattaient les bois pour se faire des jardins. Pas de recoin perdu, si petit soit-il, pas de mauvaise roche, pourvu qu'elle ait un peu d'humus, où l'on ne fasse venir quelques légumes.

Au point de vue commercial, Penang est un port franc comme Singapore; mais, par sa position, ce dernier a attiré à lui tout le commerce de ces régions.

L'île a pour habitants des Malais, des Siamois, des gens venus de l'Inde (Tamils de Dekkan) et surtout des Chinois, race ici fort envahissante. La plupart sont amenés comme travailleurs à gages et, durant deux ou trois ans, ils travaillent sans solde assurée, pour parfaire le prix de leur transport et de la commission que touchent ceux qui les engagent en Chine. Après ce temps, ils sont libres.

Ils travaillent alors pendant deux ou trois ans afin de réunir un petit pécule. Puis ils s'établissent à leur compte et, aussitôt qu'ils le peuvent, ils achètent un petit terrain ou commencent un petit commerce.

Ils s'associent et font alors le négoce sur une plus grande échelle que ne pourrait le faire un seul. Grâce à cette solidarité, presque tout le commerce est passé entre les mains des fils du Céleste Empire. Partis de rien, ils arrivent à tout : à eux les plus belles maisons, les plus beaux domaines, les plus flambants équipages.

Les Chinois riches habitent dans la banlieue de belles et luxueuses villas, semblables à celles des Européens et environnées de beaux jardins, entretenus à grands frais.

Les Pères des Missions étrangères possèdent à Penang un vaste séminaire où ils instruisent des Siamois, des Chinois, des Japonais. J'eus le bonheur de retrouver là un ami, le père Mazeri, qui demeure tout près du séminaire à Poulo-Tikus : il m'avait offert l'hospitalité en 1869, il me l'offrit encore en 1879, et me soigna quand j'eus un « retour d'Afrique occidentale », autrement dit quand je fus cloué sur place par une attaque de mes vieilles et méchantes fièvres de l'Ogôwé.

C'est lui qui, apprenant la nouvelle de la guerre franco-prussienne, m'expédia immédiatement un courrier,

Cataracte dans l'île de Penang.

qui vint me chercher dans l'intérieur de la presqu'île et qui facilita mon retour à Singapore, pour rentrer en France.

Je lui renouvelle ici toute ma gratitude pour les bons soins qu'il m'a prodigués et pour sa constante amitié.

Rencontrer le père Mazeri dès mon arrivée à Penang fut aussi pour moi une bonne fortune.

Quelques mois auparavant, deux Français, de passage, se livrèrent à toutes sortes d'excès, malgré tous les égards que l'on put avoir pour eux. L'un d'eux, porteur de lettres de recommandation probablement fausses, après avoir été choyé un peu partout, n'avait pas craint de faire des emprunts forcés à tous ses hôtes. Les Européens étaient devenus très froids vis-à-vis des voyageurs et, en particulier, vis-à-vis de nos compatriotes.

Grâce au père Mazeri, je fus cordialement accueilli par les Européens de Penang, lesquels n'habitent point la ville, mais la campagne voisine, dans des villas en bordure des routes qui mènent à l'intérieur. Leurs maisons sont charmantes, entourées qu'elles sont par de vastes jardins, où arrive à profusion l'eau douce, amenée de la cataracte par des conduits en fer.

La ville proprement dite renferme des rues larges, bordées d'édifices à un seul étage, parmi lesquels on remarque les quelques maisons de commerce appartenant à des Européens; le reste est dirigé par des Chinois et des Malais; ces derniers établissements sont d'une propreté plus que douteuse.

A Penang, pas de beaux édifices, un marché, des églises catholiques, protestantes, grecques, arméniennes, des temples bouddhistes et des mosquées.

La cataracte est la grande curiosité du pays et mérite d'être visitée; elle tombe d'environ 150 pieds de haut entre deux montagnes, sur des rochers où ses eaux se brisent et rejaillissent en flots d'écume. Au bas de la chute se trouve une petite bâtisse carrée où des individus appartenant à une secte hindoue viennent faire leurs ablutions avant de commencer leurs cérémonies religieuses. Près de cet endroit se trouve la prise d'eau qui arrose et dessert la ville.

Bien que mon séjour fût contrarié par les fièvres d'Afrique, je n'en parcourus pas moins Poulo-Penang dans tous les sens, mais sans grand succès pour mes collections.

## CHAPITRE II

### UNE EXCURSION DANS LA PROVINCE DE PÉRAK (PRESQU'ILE DE MALACCA)

Le 22 octobre, une petite chaloupe à vapeur me transporta sur le continent en face de Poulo-Penang dans la province de Pérak, que les Anglais occupent depuis une douzaine d'années.

Le 23, au matin, je descendais au débarcadère de Larout, où, sous un hangar, se tiennent les douaniers, chargés de surveiller la contrebande de l'opium.

A peine débarqué, j'apprends que les Chinois s'étaient révoltés quelques jours auparavant parce que l'impôt sur l'opium avait été doublé. Dans la lutte il y avait eu quelques Chinois tués ou blessés, et l'impôt était resté établi. Cet impôt est le plus clair revenu fiscal de cette province.

En débarquant, je me fis conduire dans une espèce de caravansérail bâti aux frais de la colonie et destiné à recevoir les voyageurs; comme il n'était pas encore terminé, le gardien ne voulait me recevoir que sur un ordre du sous-intendant ou assistant-résident, M. Maxwel. Celui-ci m'offrit très gracieusement l'hospitalité, ne voulant à aucun prix me laisser retourner au caravansérail.

Je fus d'autant plus sensible à ces bons procédés à mon égard que j'étais loin de m'y attendre, pour les raisons que j'ai déjà données à propos de Penang.

Le jour même, à cinq heures, en compagnie de MM. Maxwel et Scott, j'allai visiter les mines d'étain avoisinant la ville, puis l'hôpital et la prison.

Nombreuses, très nombreuses sont ces mines dans la province de Pérak; plus ou moins vastes, on en trouve partout, et le lavage du minerai y empoisonne par moments les cours d'eau.

Les terrains d'alluvion sont les seuls encore exploités. Une de ces exploitations possède une machine à vapeur pour amener l'eau destinée au lavage des sables; les autres se contentent de détourner un cours d'eau, où le lavage du sable se fait à la main au moyen de petites cuvettes. Ce travail occupe indifféremment les hommes, les femmes et les enfants.

Le lendemain, quatre heures de voiture sur une route plus que défoncée et six heures et demie à dos d'éléphant m'amenèrent à Kwala-Kangsa, résidence du « superintendant » anglais du district.

M. Low me reçut très poliment, mais avec une froideur visible; sa première question fut de me demander combien de temps je comptais rester à la résidence; je lui répondis que, s'il m'était possible de partir le soir même, ou le lendemain matin au plus tard, je le ferais.

Après quelques soins donnés à ma toilette passablement altérée par les péripéties de la route, je rejoignis M. Low : il me guida dans la visite obligée à la ville et aux forts. La ville ne se compose guère que de quelques rues bordées de cases et de magasins en planches habités par des Chinois; elle borde la très jolie rivière de Pérak, qui arrose les plaines fécondes qui s'étendent autour.

Le fort et les casernes avoisinent le palais du gouverneur, lequel est bâti sur un petit monticule commandant la rivière et la ville.

Plus froid que jamais à mon égard, M. Low me retint cependant à dîner et m'offrit de l'accompagner le lendemain jusqu'au sommet d'une montagne voisine où il méditait d'élever une villa de plaisance à 1000 mètres environ d'altitude. J'acceptai cette offre, bien que l'accueil du premier moment eût été peu agréable.

Nous partons donc le lendemain. Les éléphants n'avaient pas de palanquins, mais deux vastes paniers placés sur les flancs de la bête, quelque chose comme les paniers fixés au bât de l'âne ou des cacolets. Durant cette promenade, nous nous plaçâmes, M. Low et moi, chacun d'un côté du même éléphant, et nous pûmes ainsi causer durant le trajet.

Pendant la première partie de l'excursion, d'abord en remontant une partie de la route suivie la veille, puis en traversant une plaine, tout alla très bien. Mais quand il fallut, en suivant un sentier étroit, suffisant pour un homme, faire l'ascension d'une montagne de 1000 mètres, les désagréments commencèrent. Les éléphants avançaient, mais à travers la forêt ce moyen de locomotion est moins qu'agréable.

L'éléphant, animal très peureux, marche lentement quand il est sur un terrain glissant et peu sûr, et ne s'occupe jamais de ce qu'il a sur le dos ; quelquefois le mahout ou cornac, à cheval sur le cou de l'animal, oublie également que derrière lui se trouve quelqu'un, et on ne doit avoir confiance qu'en soi si quelque accident survient ; il faut être toujours sur ses gardes. Le balancement occasionné par la marche de l'éléphant est très dur, et il faut un certain temps pour s'y habituer ; dans la marche, c'est tantôt un arbre contre lequel vous êtes heurté, ou une branche qui vous accroche en passant, à moins que ce ne soit un rotin épineux qui vous surprenne et vous déchire non seulement les vêtements, mais encore les mains et la figure ; en forêt, il faut se tenir constamment sur le qui-vive et ne pas se laisser distraire sous peine d'accidents quelquefois graves.

Vers midi, halte : nous déjeunons à un campement de charbonniers chinois.

Les forêts sont remplies d'arbres immenses, d'essences variées, et quelques-unes, très denses et très dures, donnent un charbon d'excellente qualité. Ils les auront bien vite achevées, les Célestes, si on les laisse faire. D'abord ils choisissent les plus beaux arbres comme donnant moins de travail ; ils se contentent de les abattre et de couper les branches, puis ils couvrent de terre tout le tronc, mettent le feu à une des extrémités, et on retire à mesure le charbon qui est formé. Les branches et les feuilles, on les laisse pourrir sur place, et l'on sacrifie un nouvel arbre plutôt que de perdre du temps à carboniser le menu bois. C'est ainsi que s'explique le déboisement progressif et rapide autour des mines.

A quatre heures de l'après-midi, nous arrivons au sommet du plateau, déjà défriché en partie par les Malais. C'est là que l'on édifiera la villa du représentant de Sa Majesté Britannique.

Le 28 nous redescendons. Il a plu toute la nuit et nous opérons la descente à pied; nos éléphants suivent avec mille précautions, refusant même parfois d'avancer, crainte de tomber.

Dans ces belles forêts, peu ou point de gibier d'aucune sorte. Il y a un an à peine, ces parages étaient cependant infestés de sangliers et de tigres, mais les uns et les autres ont disparu et voici la raison qui m'a été donnée. Il y a dix-huit mois une épizootie emporta tous les buffles domestiques de la province; quelque temps après on trouva un très grand nombre de sangliers morts dans la forêt. Les tigres ont disparu depuis, soit qu'ils aient succombé pour avoir mangé des animaux morts de maladie, soit que le manque de gibier ait provoqué leur émigration. Toujours est-il que depuis dix mois on n'a pas relevé la moindre trace de leur présence.

Nous allions à pied tout doucement, M. Low, un officier anglais et moi, dans les limites de la plus stricte politesse; ces messieurs causaient ensemble, tandis que je cherchais de petites bêtes, ne pouvant chasser le gros gibier.

A une halte, M. Low s'était assis; moi, j'étais appuyé à un arbre magnifique. Tout à coup l'officier me cria : « Sauvez-vous! Vous avez un serpent sur la tête! »

Je me retournai : à trois ou quatre pieds au-dessus de moi, un superbe serpent noir et jaune grimpait tranquillement à l'arbre. Je ramassai une branche; d'un léger coup je fis tomber le reptile, et, lui posant le pied sur la tête, je le pris par le cou. Avec une petite liane je l'attachai à un arbre et, malgré ses contorsions, je le dépouillai de sa peau, dans laquelle je passai une branche flexible que j'enroulai incontinent en forme de cercle.

Comme je me retournais vers mes compagnons pour les prévenir que j'étais prêt à repartir, je vis venir à moi M. Low, les mains affectueusement tendues :

« Vous êtes donc vraiment naturaliste! » me dit-il, et nous causâmes comme deux vieux amis.

J'eus bientôt le mot de l'énigme. M. Low venait d'être grossièrement dupé par les deux Français dont j'ai déjà parlé et il craignait que je fusse, comme ces deux inqualifiables compatriotes, un bon et brave chevalier d'industrie. Le soir, il vit mon nom sur mes malles, et, quand il sut que j'étais bien le découvreur qui a remonté des premiers le fleuve Ogôwé, il s'excusa vivement de la froideur de son accueil.

Malgré ses vives instances pour me retenir auprès de lui, je le quittai le lendemain, 29 octobre; j'avais hâte d'aller à la recherche des Orangs-Sakaïes.

Je descends le Soungi-Pérak [1] dans une embarcation qu'il mit à ma disposition, pendant que mes éléphants faisaient un détour pour aller m'attendre à Blanja.

Le 30 octobre, départ de Blanja à six heures trente du matin; nous ne faisions halte qu'à cinq heures quarante du soir; nous avons marché toute la journée sans prendre un instant de repos.

Le pays entre Blanja et Pengkalan-Kacha est sillonné d'exploitations minières : l'une d'elles, parfaitement située dans le fond d'une vallée, est entourée de hauts fourneaux et de quelques boutiques de commerçants chinois.

Les fourneaux, de forme conique, sont très simples et bâtis en briques; on entasse par le haut minerai et charbon, et, lorsque la matière est en fusion, on la laisse couler, par le bas du cône, dans une rigole qui la conduit aux moules.

Les lingots chargés à dos d'éléphant sont ainsi transportés à la rivière la plus prochaine et par eau convoyés

1. *Soungi* en malais signifie rivière, *Pérak*, argent : *Soungi-Pérak*, la rivière d'argent.

jusqu'au fleuve et au port, où on les embarque définitivement.

Le village de Pengkalan-Kacha, construit sur le bord de la petite rivière Kinta, un des principaux affluents du Soungi-Pérak, est entouré de palissades et composé d'une seule rue, sur les deux côtés de laquelle s'élèvent les cases et les magasins des commerçants chinois. Je m'installai dans une de ces boutiques, alors inoccupée, le propriétaire ayant fait faillite quelque temps auparavant.

Le 31, au matin, je fais partir mes éléphants en avant par la route de terre et je loue une embarcation pour gagner Kotah-Baru, poste de l'intérieur en construction, sur un des affluents de la rivière Pérak, et commandé par M. Lech.

Cet officier s'empressa de m'offrir l'hospitalité et me donna le lendemain un guide et un éléphant en plus pour continuer ma route dans l'intérieur.

Mon hôte portait un bras en écharpe; il avait été mordu au doigt, deux jours avant mon arrivée, par une petite vipère; sans hésiter, après avoir préalablement tué l'animal, il avait ouvert la plaie avec son couteau et l'avait ensuite brûlée au fer rouge.

Grâce à son sang-froid et à son énergie, il a échappé ainsi à une mort presque certaine, car il avait eu affaire à l'un des serpents les plus venimeux du pays.

Le 1er novembre, je continue ma route vers les montagnes. Après avoir traversé plusieurs villages et plusieurs cours d'eau, mon guide, ne sachant plus quelle direction prendre, se dirige vers un village situé sur le bord de la rivière dont le chef parlait quelques mots d'anglais.

A six heures, nous arrivons à Kwala-Kabul, où le rajah Ahmed me donne sa propre case et me promet un nouveau guide pour le lendemain. La journée avait été très chaude et nous avions constamment marché dans des plaines où croissent seulement de petits arbustes.

Le lendemain, au moment du départ, impossible de mettre la main sur le guide promis. Il faut se résoudre à partir avec des renseignements un peu vagues; mais on nous assure qu'en remontant la rivière nous arriverons bientôt aux montagnes et que là nous verrons des Orangs-Sakaïes.

Nous traversons quelques plantations, dans les clôtures desquelles nos éléphants s'ouvrent un passage facile, mais les mahouts ne peuvent les empêcher d'arracher tout en marchant des touffes entières de cannes à sucre ou bien de déraciner un bananier.

Nous étions le soir dans la montagne ; mais, obligés de quitter le sentier pour éviter quelques fondrières, nous nous perdons dans la forêt, sans aucune trace même de sentier pour nous remettre sur la véritable route.

Mon cornac prit alors la tête avec l'éléphant qui me portait et entreprit de lui faire opérer une trouée en ligne oblique pour rejoindre le chemin que nous avions abandonné. Cela se fit sans grande difficulté, l'éléphant brisant tout sur son passage au moyen de sa trompe. C'est chose fort intéressante à voir que la méthode avec laquelle le gros pachyderme s'ouvre une route dans la jungle ou dans la brousse. Quand un arbre ou des bambous trop flexibles ne cassaient pas sous l'effort de la trompe, il les faisait plier jusqu'à ce qu'il les eût mis sous son pied, qui les écrasait ; il se frayait alors un passage,

Ce travail, assez fatigant pour l'animal, est très désagréable pour ceux qu'il porte sur son dos. Non seulement il vous tombe toute espèce d'insectes sur la tête, principalement des fourmis, mais quelquefois des branches cassent en route et vous assomment à moitié ; d'autres fois, une branche d'arbre ou un jeune arbuste qui n'a fait que plier vous accroche au passage en se relevant. Dans ces régions difficiles, quand plusieurs éléphants font partie de la même colonne, à tour de rôle ils prennent, pendant une heure, la tête de la file et doivent ouvrir le passage.

L'intelligence et la sage lenteur avec lesquelles l'éléphant exécute tout ce que lui ordonne son cornac ont de quoi surprendre ; mais par moments il s'entête et n'obéit plus.

Durant cette marche à travers la forêt, le cornac avait dit à l'éléphant d'abattre un arbre gros comme la cuisse et de 12 à 15 mètres de haut ; l'arbre résista et le cornac voyant, après plusieurs insuccès, combien il était difficile à détruire, ordonna vainement à l'éléphant de l'abandonner pour se frayer un autre passage ; ce fut impossible ; enfin, appliquant sa trompe sur le tronc et poussant du front, l'animal balança l'arbre et le brisa d'une secousse à 1 m. 50 du sol. Un morceau tomba devant lui, mais le haut menaçait de tomber sur ma tête ; heureusement, les lianes l'arrêtèrent dans sa chute. Quand mon animal vit l'arbre par terre, il alla prendre la voie que lui avait indiquée le cornac.

Un autre jour, mon éléphant tenait la tête et je faillis être véritablement assommé. Le bois était assez clair et le passage s'opérait assez bien ; au moment où l'éléphant, sur l'ordre de son cornac, allait écarter quelques branches qui nous barraient le chemin, lui et son conducteur aperçurent un assez gros serpent enroulé autour d'une branche et qui dormait tranquillement. Le cornac poussa un cri et l'éléphant, faisant volte-face, partit au grand trot à travers la forêt, suivi de ses camarades.

Les bagages ne tardèrent pas à être projetés sur le sol, et je fus enlevé à cinquante pas de là par une grosse branche à laquelle je restai suspendu, non comme Absalon, mais par le milieu du corps. De ce poste d'observation, je pus voir les éléphants continuer leur course folle, et, après avoir analysé ma situation, je n'eus qu'à me laisser tomber de 2 ou 3 mètres de hauteur.

Je fus bientôt rejoint par Samy, mon domestique de confiance, qui s'était élancé à terre dès le commencement. Pendant que les cornacs continuaient à courir après leurs éléphants, les trois hommes qui, comme moi, avaient été précipités à terre, s'occupèrent de rassembler les bagages.

Deux de ces hommes, ainsi que mes trois cornacs, étaient des Malais condamnés pour meurtre et pour vol ; mais je n'avais rien à craindre ; ils ne demandent en général qu'à rester prisonniers et conducteurs d'éléphants, métier facile, pas pénible, assurés qu'ils sont de vivre presque tous sans travailler et jouissant d'une certaine liberté relative ; seulement Samy, un Indien de Pondichéry que j'avais engagé à Penang, avait une peur affreuse de tous les Malais, prin-

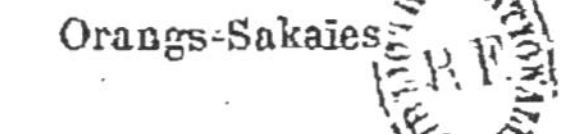


Orangs-Sakaies

cipalement de mon cornac. Il nous voyait déjà abandonnés dans la forêt et dévalisés ensuite, sinon assassinés.

Ces craintes ne se réalisèrent pas. Deux heures plus tard, nos éléphants revenaient à petits pas, arrachant de ci de là des touffes d'herbe qu'ils mangeaient tranquillement.

Enfin le 7 novembre au soir nous aperçûmes quelques hommes qui s'enfuirent à notre approche, malgré les cris d'appel de mes gens. C'étaient des Sakaïes. S'étant ravisés, ils nous envoyèrent un enfant pour parlementer. La glace fut vite rompue et ils nous conduisirent à leur village de Missigit-Batu, fait de quelques huttes disposées à côté d'une grande case bâtie sur pilotis.

Les populations de la presqu'île de Malacca sont, les unes des négritos plus ou moins purs, Sakaïes et Manthras, les autres franchement métisses négrito-malaises, Binouas, Udaïs, Jakouns. Tous ces groupes sont peu nombreux et très craintifs. Enfin les Malais venus par mer à une époque déjà ancienne.

Chez les Binouas, l'expression du regard et de la physionomie est très douce. La bouche varie beaucoup ; les lèvres sont en général épaisses et projetées en avant : la lèvre supérieure est parfois si grosse et si relevée que le nez a l'air collé dessus. Le nez est toujours large et aplati, le front peu déprimé.

Plus petit et plus agile que le Malais, le Binoua a le tronc trop long pour ses jambes, dégagées et quelque peu grêles, la poitrine large et pleine, les épaules abaissées ; le bassin est chez eux plus étroit que chez les Malais. Les hommes ne sont pas très gros, mais les femmes deviennent facilement obèses.

Comme vêtement, les hommes portent une bande d'étoffe ou d'écorce de ficus battue qu'ils enroulent autour des reins et qui passe entre les jambes. C'est là le costume de toutes ces petites tribus sauvages de la presqu'île. Les femmes ont un petit jupon (sarong) qui descend jusqu'aux genoux.

Leurs cheveux sont relevés et attachés par un nœud derrière la tête. Comme ornements elles portent des bracelets en fer; elles se percent les oreilles pour y introduire des ornements divers, quelquefois assez volumineux; mais jamais la distension du lobule chez la femme binoua n'égale celle qu'obtient la femme manthra.

Les us et coutumes de ces populations sont assez semblables et leur état de civilisation sensiblement le même.

Les Manthras font trois repas par jour; leur alimentation se compose de bananes, ignames, manioc et des quelques animaux qu'ils tuent avec des flèches empoisonnées, lancées au moyen de la sarbacane.

Leurs cultures sont peu développées; ils abattent les arbustes et les broussailles sur un terrain qu'ils ont choisi; le tout étant bien sec, ils y mettent le feu, puis au moyen d'un bâton appointi ils plantent leurs tiges de manioc ou d'igname. De préférence, ils recherchent, pour établir leur campement, les endroits où poussent spontanément des bananiers, et, dès qu'ils en ont épuisé tous les régimes, ils vont ailleurs établir leur nouveau domicile. C'est là, on le voit, un des caractères des populations nomades, mais une autre raison les pousse à se déplacer fréquemment. Les Malais, plus hardis et mieux armés, les chassent pour les réduire en esclavage. Le gouvernement anglais s'efforce bien d'empêcher ces chasses à l'homme autour de ses possessions, mais il n'est pas toujours prévenu et ne peut sévir. Les Malais ne se font aucun scrupule de tuer ces pauvres sauvages, principalement s'ils y voient quelque chance de gain.

Un beau jour, je priai un Malais de me procurer des crânes de Sakaïes.

« A quel prix? » fit-il; et, ma réponse lui plaisant, il partait, quand, fort heureusement, on m'apprit qu'il allait se mettre à l'affût et me tuer un couple de sauvages dont il m'apporterait les têtes. Sur quoi, je le rappelai.

« Je ne veux, lui dis-je, que les os de la tête, et encore d'une tête enterrée depuis longtemps. » Mon homme alors fit la grimace; il disparut et oncques plus je ne le revis.

Les Sakaïes, comme les Manthras, pour dissimuler leurs tombes, piétinent la terre, jonchent l'endroit d'herbes et de broussailles et y plantent même de jeunes arbres. Il est ainsi impossible de retrouver la place d'une tombe au bout de quelques jours, les pluies fréquentes et la puissance de la végétation ont bien vite fait disparaître le petit tumulus d'une tombe.

Les Manthras ont de grandes fêtes à la saison des fruits et à l'occasion de leurs mariages. Le père de famille qui donne un festin envoie à ceux qu'il invite un morceau de bambou percé de trous; il indique ainsi combien de jours doit durer la fête. Les chefs de famille rassemblent leurs proches et leurs amis, qui tous viennent en grand costume au lieu de réunion, apportant des victuailles en abondance; là ils sont reçus par un chef à moitié magicien, qui leur donne un coup de sarbacane sur les épaules, prend leurs armes, les renferme chez lui, puis tourne autour d'eux trois fois en dansant; il s'assied ensuite et reçoit les provisions apportées par les invités, chair de sanglier et d'autres animaux, poules, manioc, ignames, riz, enfin l'arak, espèce de mauvaise eau-de-vie, tantôt de fabrication indigène, tantôt achetée aux Chinois et aux Malais. Manger, boire et danser, tels sont les principales choses de ces fêtes sauvages, qui durent un temps assez long.

On danse pendant plusieurs jours et plusieurs nuits sans discontinuer; ceux qui succombent à la fatigue ou à l'ivresse sont remplacés par d'autres. Les femmes dansent ensemble au milieu des hommes, qui font la ronde autour d'elles; tout en sautant, elles chantent une espèce de stance à laquelle répondent les hommes, et cela se répète à l'infini.

C'est pendant les fêtes de ce genre que se font les accordailles et souvent que se consomme le mariage.

Je retrouve là, comme en Afrique, des hommes mûrs prenant pour fiancées des petites filles de quatre ou cinq ans qu'ils élèvent chez eux et avec lesquelles ils se marient dès qu'elles ont atteint l'âge de la puberté, ce qui a toujours lieu dans ces contrées avant l'âge de douze et treize ans.

Peut-être une des principales causes de la disparition de ces peuples provient-elle de cette coutume des mariages précoces, qui ne permettent pas à la femme de se développer avant sa première grossesse?

Pendant mon séjour à Ayer-Salak, près de Malacca, en 1869, j'ai vu une jeune femme manthra, à peine âgée de douze ans, allaitant son premier-né.

Chez les Binouas, quand tous les accords sont faits, les parents des deux parties se rassemblent chez la fiancée; puis on se rend au bord de la rivière, où se trouvent deux petites pirogues armées chacune d'une pagaie.

La fille monte dans un de ces canots et prend la fuite; quand elle a pris quelque avance, le fiancé saute dans le second et s'élance à sa poursuite; s'il la rattrape, le mariage est fait, sinon, le pauvre diable s'en retourne tout penaud.

Il est vrai que, généralement, la fiancée ralentit sa course au premier coude de la rivière.

Au retour des mariés, les deux familles mangent au même plat; après ce repas, les parents du mari s'éloignent, laissant les jeunes époux dans la famille de la femme; mais le lendemain le nouveau couple abandonne ces derniers.

Les Binouas fêtent la naissance d'un fils, mais non celle d'une fille; on ne pratique pas la vraie circoncision, on fait une simple incision au prépuce.

Chez les Binouas, le marié demeure chez les parents de la femme et travaille pour eux. La plupart n'ont qu'une femme, cependant quelques-uns en ont deux. Les Manthras sont aussi monogames.

Comme chez beaucoup de populations restées au même degré de civilisation, nous retrouvons des superstitions bien difficiles à expliquer. Quand une femme est dans les douleurs de l'enfantement, son mari la couche près du feu afin de chasser le diable qui cherche à boire le sang de la mère jusqu'à ce que mort s'ensuive; à la naissance de l'enfant, on lui passe autour des reins une corde garnie d'amulettes.

Trois mois après l'accouchement a lieu une cérémonie pour demander aux fétiches que la mère et l'enfant se maintiennent en bonne santé. Les noms donnés à la naissance sont changés à l'âge de la puberté. C'est là une cérémonie presque analogue à celle des Adoumas du haut Ogôwé.

Presque toutes ces tribus pratiquent le limage des dents

qui sont noircies par la mastication du bétel, coutume presque universellement répandue dans tout l'Extrême-Orient.

Tous ces sauvages ont leurs légendes, leurs idées propres, leurs rites, leur cosmogonie, leur cosmographie. Toutefois j'ignore s'ils expliquent l'origine des choses de la même manière que les Manthras.

Le ciel, pour ces derniers, est suspendu à un anneau au-dessus de nos têtes.

La terre grandit toujours, et aurait bientôt fait d'atteindre le soleil, si elle n'était mangée par un vieil homme qui la rogne à mesure qu'elle pousse.

Le soleil est une femme attachée par un coude et que son mari tire toujours derrière lui.

La lune aussi est une femme, nommée Kouedin, mariée à Mogand-Butan, qui possède la spécialité de faire des pièges pour attraper les hommes. Les étoiles sont les enfants de la lune.

Le soleil avait aussi des enfants. Un jour il dit à la lune :

« Il n'est visiblement pas possible que les hommes résistent à tant de lumière et de chaleur.

— C'est vrai, dit la lune, mais que ferons-nous?

— Ce que nous ferons? dit le soleil, c'est bien simple. Nous allons manger nos enfants et nous resterons seuls pour éclairer et chauffer les hommes.

— C'est bien, dit la lune, dévorons nos enfants! »

Le soleil dévora toute sa famille, mais la lune cacha ses enfants, au lieu de les immoler; puis, quand le soleil n'eut plus ni fils ni fille, elle fit sortir toute sa nichée de la cachette. Et le soleil furieux se mit à la poursuite de la lune et de ses enfants.

Depuis lors, la chasse continue; parfois le soleil paraît sur le point d'atteindre la lune (explication des éclipses), mais elle s'échappe toujours et ne laisse sortir ses enfants que la nuit, lorsque son ennemi, le soleil, est loin.

Les Sakaïes sont divisés en Sakaïes-Djinas, Sakaïes-Bouquits, Sakaïes-Allas.

En général ils ont de petites têtes, des yeux pénétrants,

mais déprimés dans les commissures internes; leurs cheveux sont frisés sans être crépus; leur nez, aplati.

Comme toutes les populations de race négrito, ils sont de petite taille, mais pas du tout nains; les Manthras sont beaucoup plus petits. Leurs petits groupes sont loin de présenter un type ethnique uniforme. Leur contact fréquent avec les Malais de la côte a été l'occasion de nombreux métissages. De là vient l'augmentation de la taille de certains d'entre eux, la transformation de la chevelure, qui est quelquefois longue et lisse comme chez les Malais.

La langue des Sakaïes est polysyllabique et contient beaucoup de mots d'origine malaise et siamoise; le pronom y précède le verbe, le verbe l'adverbe, et le substantif l'adjectif.

Les Sakaïes n'ont pas d'écriture et je n'ai pu trouver un seul d'entre eux comptant au delà de trois : le plus souvent, ils ne dépassent pas deux.

Chez presque toutes les tribus de l'intérieur, quand un homme devient fou, on le tue, pour l'empêcher de nuire à quelqu'un de la tribu.

Le 8 novembre, le Sakaïe chez lequel j'avais couché s'offrit à nous guider à travers les montagnes; ses enfants l'accompagnaient.

Départ à six heures du matin; nous nous engageons dans un petit chemin de montagne ni trop difficile ni trop pénible, et nous arrivons à quatre heures du soir au village de Naga-Baru, dont le chef, nommé Ousen, était très connu de M. Low.

Malheureusement, je ne rencontrai que son fils, Sadreite; il me reçut assez froidement, et me désigna une case à moitié construite, destinée au premier marchand chinois venu qui se présenterait.

Mon installation terminée, je fis appeler Sadreite; ayant appris qu'il avait fait le pèlerinage de la Mecque, je profitai de quelques mots arabes qui me revinrent pour lui citer quelques versets du Coran que j'arrangeai pour la circonstance afin de lui rappeler que tout croyant doit aide au voyageur.

Après une laborieuse conférence, les vivres, jusque-là

introuvables, arrivèrent, et enfin, complètement adouci, Sadreite envoya chercher une troupe de Sakaïes dans la montagne pour que je puisse les bien étudier.

Je m'arrêtai trois jours dans ce village; mais, sauf les dix Sakaïes qui vinrent le premier jour, il fut impossible d'en voir d'autres. Ces pauvres diables ne pouvaient comprendre ce que signifiaient mes procédés de mensuration, qui les remplissaient d'une folle terreur; ils disparaissaient le plus vite possible et après avoir effrayé tous les autres. Comment leur aurais-je fait comprendre ce que je désirais d'eux? ils croyaient que je voulais leur enlever la tête. Sûrement j'étais un sorcier pour eux.

Pendant mon séjour, le fils du chef, complètement apprivoisé, était devenu mon ami intime; il fit ouvrir un sentier pour faciliter mon retour jusqu'au premier poste anglais.

Le 12 novembre au matin, il m'accompagna jusqu'à moitié chemin et, m'ayant souhaité toutes sortes de prospérités, il me laissa continuer ma route avec un de ses hommes pour guide.

Le village de Naga-Baru est au confluent de deux affluents du Soungi-Pérak; ces deux cours d'eau passent au milieu de mines d'étain qui rendent leurs eaux imbuvables.

L'éléphant sauvage se baigne très fréquemment, et lorsqu'il est réduit en captivité on ne doit pas négliger les soins de propreté à son égard. Pendant un voyage, à chaque halte, dès que l'animal a été débarrassé de sa charge, on le conduit au bain à la rivière prochaine, le cornac le brosse par tout le corps, principalement au cou, où s'attachent de grosses mouches, espèce de taons, qui percent la peau de ces animaux avec grande facilité, et c'est là l'origine des plaies suppurantes très souvent rebelles.

La toilette de l'éléphant terminée, on lui attache les deux pieds de devant avec une corde et on le chasse du côté opposé aux plantations. Bien que gêné dans sa marche, il parcourt en une nuit de grandes distances, et le matin on doit quelquefois attendre plusieurs heures avant qu'on l'ait retrouvé et ramené au campement.

A onze heures du matin, nous étions à Batang-Padang, poste anglais gardé par des Mata-Mata (gendarmes malais).

Pour arriver au village, je dus traverser la rivière avec mes éléphants, qui passèrent d'une rive à l'autre tantôt en nageant, tantôt entraînés à la dérive. Batang-Padang, situé au bord de la rivière de même nom, est une longue rue bordée de magasins et de boutiques de Chinois ; à son extrémité est construit le poste des Mata-Mata, commandés par un caporal indien.

Reconnu pour un ami du superintendant, on me prépara un logement.

Je récompensai les cornacs de leurs bons services et les renvoyai vers M. Low avec les éléphants ; puis je pris passage sur une embarcation qui descendait six Chinois à Dourian-Sebatang. Le 13, nous ne partons que lorsque les maudits Chinois ont fumé leur opium.

Le Soungi-Batang-Padang est obstrué par des arbres sur lesquels nous échouons à tout instant.

Nous déjeunâmes chacun à notre place ; mais, après le repas, je dus me fâcher pour n'être pas empesté par l'un des fumeurs d'opium, mon voisin immédiat ; aussi, le soir, n'ayant d'autre abri pour coucher que notre embarcation amarrée à la rive, il s'empressa de descendre à terre et passa la nuit à fumer dans une case de Malais qui lui fit payer assez cher son hospitalité.

Le lendemain, à onze heures, nous arrivons à la rivière Pérak, large fleuve dont les eaux boueuses vont se jeter dans le détroit de Malacca. A quatre heures du soir, nous accostions à Dourian-Sebatang, nouvelle possession anglaise, où je fus gracieusement accueilli par M. Paul, superintendant de cette région.

Là, je trouvai M. Low, qui commençait à se demander où j'avais bien pu passer avec mes éléphants et s'il ne m'était rien arrivé de fâcheux.

Dourian-Sebatang est un très grand village composé de plusieurs rues bordées de maisons basses et habitées toutes par des Chinois. Le village malais est situé un peu plus en amont de la rivière. En aval, sur une immense étendue de terrain, se trouvent la maison du résident, les casernes, les magasins, la prison et l'hôpital; on y a aussi dessiné des jardins encore à l'état de projet.

Les bâtiments sont solidement construits, et les routes qui y conduisent parfaitement entretenues. Tous les travaux sont faits par les prisonniers malais ou chinois, généralement enchaînés deux à deux.

La garnison est formée de soldats indiens très peu nombreux et de quelques Mata-Mata.

Le principal commerce de cette partie de la presqu'île est celui de l'étain et de l'opium, dont on fait une grande consommation.

On y trouve aussi de l'or mélangé à l'étain.

Le 18 novembre, je m'embarquai sur un petit vapeur qui devait nous ramener à Poulo-Penang.

Le soir même, nous abordions aux îles de Din-Ding, où se trouvent, dit-on, des mines d'or. La plus grande de ces îles, l'île Pangkor, est occupée par les Anglais.

Après nous être rafraîchis chez le commandant du poste, mon compagnon de voyage depuis Dourian-Sebatang, nous continuons notre route vers le nord. Le lendemain, nous sommes à Penang.

Le 22 j'étais de retour à Singapore. A peine arrivé, notre consul, M. de Rinn, m'installe d'autorité au consulat.

Je suis d'autant plus heureux d'exprimer ici toute ma gratitude à M. Rinn, que, nous autres explorateurs, nous ne sommes pas toujours reçus avec autant d'amabilité par nos consuls, qui ont plutôt l'air d'avoir peur des complications que peut leur occasionner notre présence que d'être disposés à nous être utiles.

Le 28 novembre, à 2 heures du matin, je partais en compagnie de M. de Jouffroy d'Abbans, chancelier du consulat, en excursion chez les Jakouns, à la pointe nord-est de la presqu'île de Malacca.

Le soir même, nous couchions sur Poulo-Obing.

Le lendemain matin, après une nuit passée dans nos hamacs sous un hangar, au milieu de poissons plus ou moins secs et de moustiques innombrables et très actifs, nous gagnons le continent.

Une large rivière est devant nous, nous la remontons, tout en tirant notre déjeuner sous forme de bécassines.

A midi, halte sous un immense hangar, où se trouve un prao monstre et dans lequel nous nous installons.

Là, nous pûmes voir des Jakouns, qui ont une très grande analogie avec les Sakaïes, mais je les ai trouvés plus noirs de peau et peut-être un peu plus petits.

Pendant mon séjour à Singapore, je visitai en compagnie de M. de Rinn une vaste exploitation de manioc appartenant à un de nos compatriotes, M. Chassériau. Lorsqu'il créa cette exploitation, tout le monde était persuadé que le terrain de Singapore n'était pas assez riche pour la culture du manioc; laissant dire, il acheta des terrains et les mit en culture; puis il promit aux bouviers une certaine somme pour chaque charretée de détritus qu'on lui apporterait; il eut bientôt de l'engrais à profusion, et actuellement sa plantation est dans un bel état de prospérité.

Depuis cette époque, la culture du manioc a été remplacée par celle du café. La maison d'habitation est très confortable et très élégante; des routes carrossables coupent la propriété en champs de grandeur à peu près égale.

La fabrique de tapioca est munie de l'outillage le plus nouveau et le plus perfectionné comme broyeurs et décortiqueurs; les villages occupés par des travailleurs malais et chinois sont éloignés de l'habitation, ainsi que les écuries et remises, où se trouvent tous les chariots nécessaires à l'exploitation.

Mais j'avais hâte d'arriver aux Philippines, but principal de mon voyage. Je m'embarquai pour Manille, le 2 décembre 1879, sur le *Salvadora*, vapeur espagnol, en compagnie d'une troupe de comédiens jouant la *Zarzuela* (espèce d'opéra), plus trois Espagnols qui allaient se fixer en qualité de commerçants dans les Philippines, où j'eus plus tard le plaisir de les rencontrer.

# CHAPITRE III

## MANILLLE — COMMERCE — ADMINISTRATION

Le 9 décembre 1879, nous arrivions vers cinq heures du soir à l'entrée de la baie de Manille, une des plus belles et surtout des plus vastes du monde.

Après la visite de la Santé, je sautai dans une pirogue et me fis conduire à terre. Débarqué de nuit, dans le faubourg de San-Fernando, j'allai m'installer à la Fonda Francesa, tenue par Lala-Ari.

Ce Lala est Hindou selon les uns, Malais suivant les autres; il parle à peu près toutes les langues et a envoyé son fils étudier le français en France, l'anglais en Angleterre, etc.

Son hôtel est, dit-on, le meilleur de Manille. Que penser alors des autres? On y est très mal, et il est très cher.

Je n'y fis pas long séjour. Un de nos compatriotes, le docteur Parmentier, me mit en relation avec M. Warlomont, un des plus importants négociants, qui m'offrit si chaleureusement l'hospitalité de sa maison qu'après longue hésitation j'acceptai. Et je fis bien, car cette hospitalité fut charmante et ne se démentit jamais durant mes divers séjours dans la métropole des Philippines. La maison de mon hôte était le centre de réunion de tous les Français résidant à Manille, avec lesquels je pouvais entrer en relation. Ils furent tous des amis pour moi.

Toutes les fois que je passai à Manille, je retrouvai toujours la même hospitalité et le même empressement.

Si j'insiste sur l'hospitalité que j'ai reçue chez M. Warlomont, que je recevrai de M. Dailliard et de tous ceux qui m'ont si bien accueilli pendant mes voyages, c'est que, pour nous, explorateurs, seuls, loin de la patrie et de notre foyer, c'est une grande joie de rencontrer des amis vrais, presque une autre famille.

Aussi ne saurais-je trop répéter que je garde une profonde reconnaissance à tous ceux qui m'ont reçu en ami et qui m'ont aidé dans mes travaux.

Notre consul, M. Dudemaine, voulut bien me présenter à Son Excellence le lieutenant général Moriones y Murillo, gouverneur général des Philippines, pour lequel j'avais des lettres de recommandation, notamment de M. de Lesseps et de mon ami le colonel Coello, l'un des géographes espagnols les plus distingués.

Son Excellence me promit de faciliter mes voyages et mes recherches de tout son pouvoir. Il me donna pour les gouverneurs de province et toutes les autorités des Philippines un ordre d'avoir à me laisser circuler librement dans toute la colonie et de me venir en aide en toute occasion. Cet ordre remplaçait avantageusement les passeports indispensables pour circuler librement dans toutes les provinces des Philippines. Le gouverneur général ordonna aussi de délivrer mes bagages sans les ouvrir en douane.

Manille, en espagnol Manila, capitale de l'archipel des Philippines, tire son nom de la corruption de deux mots de la langue des Tagals, ou, pour parler plus exactement, des Tagalocs. Ces deux mots sont : *mayron*, c'est-à-dire *il y a*, et *nila*, c'est-à-dire du nila, — ainsi se nomme une plante arborescente autrefois très commune sur les petits îlots à l'embouchure du Pasig, là où s'élève maintenant la ville.

Quant au nom de Tagaloc, il vient des deux mots *taga ilog*, qui signifient *habitants des rivières*.

Manille est située par 14° 35′ 26″ de latitude nord et par 118° 38′ 38″ de longitude est de Paris, ce qui, au point de vue de l'heure des deux cités, donne une différence de sept heures quatre minutes trente-cinq secondes. Elle est située à l'embouchure du Pasig, issue du lac de Bay, sur

La rue de l'Escolta, à Manille.

une bande de terre étroite et allongée. Dans cette partie de son cours, le fleuve est presque parallèle à la plage. Un pont de pierre et, en amont de la ville, deux ponts suspendus franchissent le fleuve et relient la ville aux faubourgs. Le tarif du péage des ponts suspendus est de deux cuartos (trois centimes). Les faubourgs sont beaucoup plus vastes que la ville elle-même, et c'est dans ces quartiers que se concentre le gros commerce de Manille.

La ville proprement dite, ce qu'on appelle spécialement la Manille murée (*Manila murada*), n'avait en l'année 1879 que dix-sept mille neuf cent cinquante habitants, mais elle est entourée d'une ceinture de gros bourgs, de villages indigènes qui augmentent singulièrement sa population. Binondo-San-Jose a vingt-trois mille trois cent quarante habitants, Quiapo six mille quatre-vingt-cinq, Santa-Cruz douze mille cent quarante, Sampaloc sept mille vingt-cinq, San-Miguel trois mille sept cent quarante-cinq, Tondo vingt-deux mille neuf cent soixante-dix. Ces chiffres donnent un total de quatre-vingt-treize mille deux cent cinquante-cinq habitants, et, si y l'on ajoute la population des villages de Malate, Hermita, Pandacan, San-Fernando de Dilao et Santa-Ana, soit vingt-trois mille quatre cent quinze personnes, on obtient, pour l'agglomération entière en 1879, le chiffre de cent seize mille six cent soixante-dix habitants, dont l'immense majorité est d'origine tagale, le reste chinois; plus les Européens civils, au nombre de quelques centaines, et les Espagnols de la garnison, au nombre de quinze cents.

Manille proprement dite, « Manille fermée », est défendue, sur les trois quarts de son enceinte, par de hautes murailles avec large fossé que remplit la marée montante, et, sur l'autre quart, par le fleuve Pasig; mais les fortifications, d'un bel aspect, ne sont guère solides, les tremblements de terre les ayant plusieurs fois secouées violemment. Les rues, la plupart peu animées, sont bordées de trottoirs en assez mauvais état, quelques-uns pavés de larges dalles.

Il y a quelques rues assez larges : par exemple, la rue San-Fernando, qui part du port et conduit au faubourg de Binondo, et la rue du Rosario, où se trouvent les boutiques de détail, tenues par des Chinois; celle-ci est en partie garnie d'arcades qui ne rappellent que très vaguement celles de la rue de Rivoli. Puis vient l'Escolta, la rue fashionable, bordée par les beaux magasins des Européens qui, petit à petit, éliminent les boutiques des cordonniers chinois.

Les rues de l'Escolta et du Rosario sont très fréquentées. Ce qui les distingue de la plupart des rues de Manille, c'est leur état de viabilité. Elles sont bien entretenues et pavées. Ce résultat est dû à l'initiative des commerçants qui les habitent. A frais communs, ils firent venir de Chine les pavés taillés, et des forçats (presidiarios), prêtés par le gouvernement moyennant une rétribution, procédèrent au pavage; il est exécuté d'une façon insuffisante, il est vrai, mais qui, toutefois, permet une circulation relativement facile dans cette partie de la ville à l'époque des grandes pluies.

Les maisons, grandes, uniformes, ont généralement un rez-de-chaussée en pierre, un étage en bois, un toit fait de trois rangées de tuiles superposées qui sont, au moindre tremblement de terre, une occasion de dégâts et d'accidents: aussi le gouvernement a-t-il édicté (à la suite des désastres de 1880) une ordonnance défendant de couvrir les maisons autrement qu'en zinc et en fer.

Le rez-de-chaussée ne sert guère qu'à remiser les voitures; le premier étage est seul habité par les maîtres.

Sur la façade est une galerie couverte fermée par des châssis à coulisses, garnis, en guise de vitres, de petites lames de coquillage d'un blanc d'opale, à demi transparentes, qu'on nomme conchas (*Placuna placcnta*) [1].

Le Pasig offre un beau coup d'œil, et le mouvement des navires et des barques y est fort animé entre le pont d'Espagne et la mer. Les faubourgs de la rive droite, auxquels ce pont donne accès, sont bâtis sur de petits îlots formés par

1. La *Placuna placenta* n'est autre chose que la coquille de l'huître perlière, très abondante dans l'archipel de Soulou, où elle est appelée *Tipay*. Découpée en lames minces, elle est d'un usage général aux Philippines, où elle sert à remplacer les vitres. En Espagnol on dit *concha, coquille*.

les alluvions du fleuve. Ainsi Manille est une autre Venise et les canaux y sont sillonnés par des pirogues plates transportant les marchandises en magasin. A marée basse, ces canaux sont mal odorants comme à Venise; cependant la fièvre paludéenne est relativement rare.

Sur la rive gauche sont amarrés les navires, à proximité de la douane : c'est de ce côté qu'a lieu le déchargement,

Le port de Manille.

car toutes les marchandises doivent passer en douane et sont toutes soumises à différents droits.

Sur la rive droite il y a quelques grandes maisons de commerce, et tout le long du quai stationnent les navires en partance qui ont pu charger en rivière, et les petits vapeurs qui font le service du cabotage entre Manille et les autres ports de l'Archipel.

Le commerce d'exportation consiste en tabac, sucre, café,

indigo et abaca ; j'aurai, dans la suite de ce récit, l'occasion de parler de chacune de ces branches de commerce.

Le commerce d'importation consiste en étoffes, quincaillerie, parfumerie, carrosserie, conserves alimentaires, vins, bière, et toute espèce de légumes de conserve.

Les églises offrent assez de variété à Manille ; il n'en est pas de même dans les provinces : là chaque ordre religieux suit, dans la construction de ses édifices, un modèle dont il ne s'écarte que rarement, qu'il s'agisse de la maison du culte ou de ces couvents massifs, immenses, parfois habités par un seul homme, le curé de la paroisse.

La cathédrale, rebâtie après le tremblement de terre de 1863, a été inaugurée en 1879 ; elle est couverte en fer. Ex-voto, ornementation, en cela sont riches les églises de Manille, comme toutes les églises de l'Espagne et des pays espagnols.

La ville est bien pourvue d'hôpitaux ; elle en a trois, grands et bien tenus.

Les noms des établissements d'enseignement supérieur montrent qu'ils sont aux mains des ordres religieux — collège de Saint-Thomas, confié aux dominicains ; collège de Saint-Jean de Latran, dirigé par les mêmes pères ; couvent de la Miséricorde pour les orphelins ; enfin et surtout le collège des jésuites, que signale un observatoire évidemment appelé à rendre de grands services météorologiques dans un pays exposé aux plus terribles ouragans. Le P. Faura, directeur actuel de cet observatoire, a déjà installé quelques postes dans le nord et dans le sud de Luçon, reliés télégraphiquement avec Manille. En combinant les indications météorologiques recueillies aux Philippines avec celles fournies par les observatoires de Chine et du Japon, le P. Faura peut rendre de grands services aux navires mouillés dans les ports de Luçon. Prévenus à temps, ils peuvent se précautionner contre la tempête. Les deux observatoires de Manille et de Shang-Haï se préviennent réciproquement au sujet des typhons, si fréquents dans ces parages, sur la marche des vents aux différentes époques de l'année.

Promenade de Sampaloc

En 1876, il y avait huit cent deux paroisses dans l'archipel, dont cent quatre-vingt-une seulement dirigées par des curés, soit espagnols, soit indigènes. Six cent vingt et une dépendaient de divers ordres religieux, dix des jésuites, quatre-vingt-neuf des dominicains, cent cinquante-quatre des récollets, cent soixante-quatre des franciscains, cent quatre-vingt-seize des augustins chaussés.

Le matin, à la première heure, on voit passer les lecheras (laitières) courant avec leurs vases sur la tête; puis viennent les sacateros, marchands de sacates, petits paquets d'herbes pour les chevaux; enfin paraissent les barbiers chinois, à la fois coiffeurs, nettoyeurs de nez et d'oreilles, et les marchands de sorbets, qui vont courant dans les rues en criant : « Sorbete! sorbete! »

Dans les cafés, où l'on boit surtout de la limonade et de la bière allemande très chargée d'alcool, le service est fait par des garçons tagals en pantalon blanc et chemise de même couleur; la chemise, dont les pans n'ont qu'une dizaine de centimètres, se porte en dehors du pantalon : c'est partout la mode en pays tagal.

Il y a de jolies promenades plantées d'arbres : telle celle de Sampaloc, et deux fois par semaine, durant la belle saison, la musique militaire se fait entendre au bord de la mer, sur le Paseo de la Luneta, promenade sablée au pied de laquelle se trouve une belle plaine qui sert de champ de manœuvres.

Le dimanche, à l'heure de la musique, cette plaine est animée par un grand nombre de voitures. La victoria, le landau à ornements d'argent dans lequel se prélassent de gros commerçants ou de riches métisses aux costumes en soie de couleurs vives, y sont frôlés par le calesa et l'humble carromata de l'Indien.

La calesa est une espèce de cabriolet surmonté d'une grande capote qui, baissée en avant, tombe assez bas pour protéger contre le soleil. Le bata (cocher) est assis derrière, sur un petit siége, les pieds appuyés aux ressorts du véhicule. Quand ladite capote est renversée en arrière, et qu'on a roulé jusqu'au sommet et assujetti par des courroies lcuir dont son dossier est formé, le bata passe la tête par l'espace vide que laisse l'enroulement : il ressemble alors aux diables à surprise qui sont l'effroi de nos petits enfants.

La carromata, qui n'a de ressemblance avec aucun de nos véhicules européens, est garnie de rideaux en cuir ou en étoffe qui ont la prétention de garantir le voyageur et du soleil et de la pluie ; un siège très bas est fixé au fond ; c'est là que se place le patient, qui peut facilement reposer sa tête sur ses genoux ; le cocher a son siège, mais d'habitude il préfère s'asseoir sur un des brancards : le tout est posé sur deux roues, avec ressorts en acier ou en bambou ; et, par devant, une rosse qui reçoit plus de coups que de provende. Hors de Manille, l'attelage est généralement de deux chevaux, un peu meilleurs, ce qui permet au cocher de leur faire prendre une allure compromettante pour la solidité de la voiture, dans des chemins peu ou point entretenus, et ce mode de locomotion laisse les voyageurs exténués.

Manille a aussi ses théâtres ; l'un avec des artistes européens ; les autres où des acteurs, presque tous fort jeunes, jouent en langue tagale. Il est vraiment très amusant de les voir jouer, et ils se figurent très sérieusement être de grands artistes.

Le peuple tagal a des goûts artistiques très prononcés ; on trouve chez lui des dessinateurs, quelques peintres, des sculpteurs sur bois très habiles, imitateurs plutôt que créateurs. Les Tagals adorent la musique, ils en font à tout propos, mais ils abusent et surabusent de la voix de tête. Il y a certainement des exceptions, mais elles sont excessivement rares. Un jour, me trouvant dans un salon, les hommes jouaient et les jeunes filles chantaient. J'étais bien tranquille, regardant mon ami Centeno jouer aux échecs, quand, sans nous prévenir, une jeune métisse entonna la *Bella Filipina*. Nous fûmes tellement surpris que nous ne pûmes nous empêcher de nous retourner pour voir qui l'on étranglait ; la pauvre enfant, qui chantait pour nous, vit le mouvement et resta tout interdite.

La *Bella Filipina* est un de leurs airs favoris, qui célèbre la grâce, la beauté des Philippiniennes, senoras dont le type est plus ou moins vague et flottant, car il y a eu bien des

Indienne de Manille.

mélanges dans ce coin de terre : Negritos, Malais, Chinois, gens arrivés de divers pays d'Inde et d'Indo-Chine, Mexicains, Espagnols et autres Européens. De tout cela se dégage cependant, pour qui peut observer longtemps le peuple de Manille, une certaine physionomie commune, un type tagal, variété du type malais née avant tout du mélange d'envahisseurs malais avec les Negritos, hommes petits et plus ou moins noirs (d'où leur nom de *Petits Nègres*), qui habitaient ici de temps immémorial. Le type malais est très accentué dans le sud de Luçon, tandis qu'au nord on retrouve le type japonais ; quant au Tagal mélangé de Chinois, il se rencontre partout.

L'administration des Philippines est peu compliquée. Représentant l'Espagne, un gouverneur les commande ; c'est presque toujours un général.

Un amiral commande les forces navales de l'archipel, chargées, avant tout, de surveiller les pirates malais dans la mer de Soulou.

La colonie est divisée en provinces et en districts.

Les provinces proprement dites ont à leur tête des alcades qui sont en même temps les juges de tous les procès, aussi bien de ceux qui s'élèvent entre particuliers que de ceux qui surgissent entre les administrés et l'administration.

Des officiers de l'armée gouvernent les quelques provinces nommées politico-militaires et les circonscriptions territoriales appelées districts.

Tout repose sur le régime communal. Chaque ville ou village élit un maire, appelé *gobernadorcillo* (petit gouverneur), et des adjoints, appelés *tenientes* (lieutenants), désignés par les Tagals du nom suffisamment emphatique de *cabezas de barangay* [1]. Les maires et tous les fonctionnaires de la commune sont élus pour deux ans ; ils sont rééligibles, mais avec certaines restrictions. Les fonctions de gobernadorcillo sont gratuites et, malgré cela, très disputées, même à prix d'argent.

Au dire de tout le monde, cette situation est très productive. Celui qui aura dépensé pour son élection 500, 600 et même 1000 piastres, rentre facilement dans ses débours.

1. *Cabeza*, tête, et *barangay*, barque à rames en usage chez les Indiens. *Cabeza de barangay*, chef de vaisseau.

Il y a pour cela plusieurs moyens, mais le plus usité consiste à faire travailler les corvéables sur ses terres au lieu

Métisses de Manille.

de les employer à la réfection ou à la construction des routes de la colonie.

Souvent le maire tagal, bicol ou bisaya, suivant la région, ne sait pas un traître mot d'espagnol; dans ce cas, on lui adjoint un directorcillo (petit directeur), lequel est payé et fait toute la besogne.

Dans chaque village, la maison commune ou *tribunal* sert à tous les voyageurs, qui ont le droit d'y demeurer. On leur fournit même un homme qui pourvoit à leurs besoins, contre rétribution, et qui, notamment, est tenu d'aller leur chercher de l'eau et du bois.

Un des tenientes est chargé, en principe, de veiller à ce que rien ne manque aux voyageurs ; c'est à lui qu'on s'adresse pour avoir des vivres ; il doit faciliter les ventes et les achats, mais au lieu de faire baisser le prix des denrées, s'il est en même temps le vendeur, il vous écorchera de son mieux. Ce fonctionnaire est aussi chargé de procurer les porteurs, les chevaux ou les buffles pour le transport des bagages.

# CHAPITRE IV

## DE MANILLE A LA CONTRACOSTA

Le 24 décembre au soir, un petit vapeur partait de Manille et remontait le Pasig ; il portait une joyeuse petite compagnie de Français de Manille allant comme moi visiter Jala-Jala, sur les bords du beau lac de Bay. De là je me proposais d'aller à la Contracosta, c'est-à-dire à la contre-côte, au rivage oriental de Luçon, ainsi dénommé par opposition à Manille, qui est sur le littoral de l'ouest.

Je ne pus, cette première fois, en nuit pleine, juger de la beauté des rives du Pasig : à peine si la lune, lorsqu'elle se leva au moment où nous arrivions à l'endroit où le fleuve sort du lac, me permit d'admirer de magnifiques bosquets de bambous hauts de vingt à trente mètres. Le bambou, ici et partout, c'est l'arbre merveilleux, qui sert à tout, dont on fait tout et qu'on ne peut assez louer. Pour l'apprécier dignement, il faut avoir voyagé dans les pays du tropique.

On en construit des maisons entières ; parfois le toit lui-même est formé de bambous fendus au lieu de tuiles ; il forme les conduits destinés à amener l'eau ; soir et matin, on voit les jeunes gens, surtout les enfants, partir avec leur seau de bambou de deux mètres de long, se rendant à la rivière ou au ruisseau voisin pour y puiser l'eau nécessaire aux besoins de la maison.

Au moment de la sécheresse, le bambou conserve entre chacun de ses nœuds l'eau des pluies qui s'y infiltre et que le voyageur trouve saine et fraîche en incisant la plante.

Pour se procurer du feu, il suffit de deux morceaux de bambou sec, dont l'un est légèrement fendu au milieu dans le sens de la longueur; dans cette fente et par-dessous, on introduit des copeaux de la même plante, et, avec le second morceau, on frotte le premier transversalement, jusqu'à ce que les copeaux s'enflamment. On fait avec le bambou des voitures, des traîneaux, des radeaux, des échelles, des échafaudages, des ponts pour les petits cours d'eau, des nattes grossières que, dans la saison des pluies, on étend sur les chemins devenus impraticables.

Il sert à la fabrication des salacots de bas prix et des ustensiles de ménage et de cuisine.

On en tresse des paniers et des nattes de toute sorte, des lances et des pointes de flèches.

Une autre espèce de bambou, de taille beaucoup moindre, puisqu'elle ne dépasse pas un mètre cinquante de hauteur, sert à la confection des chapeaux dits de Manille, de porte-cigare fins et souples, et de nattes fines excessivement recherchées.

Une autre plante, le bejuco (sorte de rotin), est aussi d'une grande ressource. On en fait des liens pour attacher les différentes pièces d'une charpente; ils remplacent les clous dans certaines constructions.

Jamais un Indien ne s'inquiète de savoir si sa voiture est en bon état ou si le harnachement de son cheval est complet. Il est sûr, s'il lui arrive un accident, de rencontrer partout du bejuco pour réparer son véhicule ou remplacer les pièces du harnachement qui se seraient perdues ou brisées.

Vers quatre heures du matin, nous abordâmes à la presqu'île de Jala-Jala, qui partage le lac de Bay en deux portions inégales. Elle est bien connue depuis le livre que lui a consacré notre compatriote le vicomte de La Gironnière. Le pauvre gentilhomme breton, comme lui-même aimait à s'appeler, vint mourir ici, presque ruiné, sur les bords du lac enchanteur, devant la plantation qu'il avait créée.

Hacienda de Jala-Jala.

Depuis ce pionnier, la presqu'île de Jala-Jala n'a cessé d'appartenir à des Français; le propriétaire actuel, M. Jules Dailliard, m'y reçut de tout cœur, en gentilhomme, en ami.

Non content de mettre à ma disposition sa maison et ses chevaux, il me prêta encore ses chasseurs et tout son personnel pour m'aider dans mes excursions zoologiques. Je suis heureux de pouvoir ici lui exprimer de nouveau ma sympathie et mes remerciements.

L'hacienda de Jala-Jala est devenue une ferme modèle, et c'est, aux Philippines, la première plantation, la seule jusqu'à présent qui ait un chemin de fer Decauville pour le transport de la canne à sucre. L'hacienda a deux centres de travail : l'habitation et le village de Jala-Jala sur la côte ouest de la presqu'île, et Bagombum sur la côte est.

Le village est bâti sur un emplacement donné par l'hacendero. Il est composé en presque totalité de travailleurs appartenant à l'hacienda; il possède une église construite en planches, dont le curé est indigène, et un cuartel de guardia civil (gendarmes) commandé par un sergent.

La maison de l'hacendero, bâtie près du village, en est séparée par des haies de bambou. C'est un grand corps de bâtiment composé d'un seul étage, tout en pierres, et couvert en tuiles rouges; près de l'habitation sont une scierie à vapeur, les moulins, également à vapeur, et les fourneaux, avec de grandes cuves en fonte où bout le jus de la canne à sucre. Derrière ce corps de bâtiment s'étendent à perte de vue, jusqu'au pied des montagnes, les champs de cannes. Ces montagnes coupent la presqu'île en deux, dans toute sa longueur. Sur la côte est est l'autre établissement, mais de moindre importance.

Dès le jour de mon arrivée, on organisa une partie de chasse à laquelle mon état de santé m'empêcha de prendre part. Ces messieurs revinrent avec deux cerfs et un sanglier. Ces animaux sont très nombreux dans la presqu'île; les chiens et les chasseurs en détruisent chaque semaine huit ou dix. La chair de ces animaux ne sert pas seulement à la consommation de M. Dailliard et de ses hôtes : on en fait encore de la tapa, que l'on vend à Manille.

Pour préparer la tapa, on découpe la viande en morceaux très minces, on la sale légèrement, et on la met sécher au soleil. Une fois séchée, on l'attache par petits paquets, et on la vend à Manille aux métis et aux Indiens, qui la préfèrent à toute espèce de viande fraîche. La tapa de cerf, ou *venado*, est surtout recherchée. Quant à moi, j'avoue ne pas partager leur goût, et le manque de tout autre mets m'a seul obligé à en manger.

Les Indiens et les métis sont aussi très friands d'œufs couvés, que l'on fait cuire au moment où le petit poulet va sortir de sa coquille. Ces œufs sont importés en grande partie par les Chinois, qui en sont amateurs. Quelques voyageurs ont dit qu'ils mangeaient des œufs pourris. Ces œufs ne sont pas pourris, mais couvés ; vers le vingtième jour, on les jette dans l'eau bouillante saturée de sel, et on les y laisse bouillir très longtemps, puis on les expédie. Ainsi préparés, ils se conservent indéfiniment ; quelques-uns de mes amis les ont trouvés délicieux ; pour moi, ces petits animaux à peine formés sont loin d'être un régal.

Un autre mets dont les indigènes raffolent et qui me répugne davantage, ce sont de petites crevettes presque microscopiques qu'on laisse plus ou moins pourrir au soleil et qui répandent une odeur infecte.

Bien reposé, je pus le lendemain, 27 décembre, prendre part à une chasse aux carabaos (buffles) et aux taureaux sauvages. Il s'agit de prendre ces animaux vivants pour les domestiquer avant de les conduire au marché.

Pendant la nuit on avait envoyé des rabatteurs et des chevaux sur le terrain de chasse, et, à quatre heures du matin, nous nous embarquions dans une *banca* (sorte de pirogue à balancier). Nous côtoyâmes la presqu'île, et, au lieu convenu, nous attendîmes les piqueurs et les chiens venus par terre. Nous étions dans la grande plaine de Taclobon, sur la lisière de laquelle nous retrouvâmes nos hommes et nos chevaux.

Notre rôle fut plutôt celui de spectateurs que de chasseurs, car il n'y a guère que les Indiens qui puissent courir après les buffles et leur passer le lazzo autour des cornes.

Cela tient à ce que les chevaux indiens, petits de taille, ne peuvent fournir une course longue et rapide avec un cavalier européen, plus grand et plus lourd qu'un cavalier indigène, généralement petit, mince et, par conséquent, plus léger.

Au moment de partir, les chasseurs fixent au bout d'un long bambou une corde terminée par un nœud coulant qu'ils doivent passer autour des cornes de l'animal. L'autre bout est fixé solidement au milieu de la perche.

A dix heures, on signale les carabaos; les Indiens partent à franc étrier, et trois d'entre eux s'élancent vers l'animal, qui cherche à traverser la plaine.

Longtemps nos chasseurs, courbés sur leurs montures, poursuivirent le gibier sans l'atteindre : l'un d'eux qui, depuis cinq minutes, suivait le buffle presque côte à côte, parvint enfin à passer son lazzo autour des cornes et lâcha le bambou, que le carabao traîna derrière lui jusqu'au moment où il fut arrêté par un fourré.

Les deux autres chasseurs arrivèrent, lui passèrent aussi leur lazzo autour des cornes et l'attachèrent à un arbre.

Quand le carabao est dans cet état, on se contente parfois de le marquer avec un fer rouge, puis on le relâche. D'autres fois, on l'emmène pour le domestiquer, et on l'attache à un autre carabao déjà apprivoisé, qui le conduit ainsi jusque dans l'enceinte du *corral*, où l'animal reste plusieurs jours sans manger. Quand il est un peu calmé, on l'attache à un arbre ou à un poteau, et, avec un bambou pointu, on fait dans la cloison du nez un trou dans lequel on passe un anneau de fer qui servira à le conduire. La première personne qui s'approche ensuite du carabao est ordinairement un enfant, qui lui saute sur le dos, et, avec une corde passée dans l'anneau, en fait à peu de chose près tout ce qu'il veut. Il arrive parfois, quoique rarement, qu'un buffle poursuivi et cerné se retourne et éventre le cheval qui le poursuit : si l'homme ne monte pas assez vite sur un arbre, il subit le même sort.

Le carabao est presque indispensable à l'Indien pour la culture du riz, bien qu'il n'ait pas de résistance et qu'il craigne beaucoup le soleil. Il peut traîner de lourdes charges, à condition de ne pas tirer plus de deux heures ; on en use aussi comme de monture, monture infatigable, mais qui va lentement, très lentement, et qui a la passion de se vautrer dans la vase ; libre, il y passe sa vie ; domestique, il saisit toute occasion de tremper son cavalier dans les deux pieds de boue qu'on appelle ici des chemins, des routes. Pour empêcher cet accident, on tient d'une main une corde attachée à l'anneau passé dans son nez et à la queue de l'animal. A la moindre tentative on tire brusquement, et on évite ainsi le bain de boue.

Les carabaos sont presque toujours noirs ; on en trouve cependant de rougeâtres et même fréquemment d'albinos. Ces derniers ont le poil très blanc et la peau rose tendre.

Les cornes sont courtes et recourbées chez les sujets sauvages, généralement très longues et affectant toutes sortes de courbes chez les animaux nés dans les fermes. Quant au prix, un mâle vaut actuellement de douze à seize piastres (soixante à soixante-quinze francs). Les femelles, moins fortes, se vendent un peu moins cher. Les animaux dressés valent de vingt à trente piastres (cent à cent cinquante francs). Il est défendu de tuer les carabaos pour la boucherie, du moins sans une autorisation.

Pour livrer ces animaux à la boucherie, il faut payer un droit de deux à quatre reales fortes (un franc vingt-cinq à deux francs cinquante) au *contratista*, à qui l'on donne en outre la peau de l'animal.

Quand un buffle meurt, il faut le faire constater, sous peine d'une amende très forte. Tous les ans on fait, ou l'on doit faire un recensement de ces animaux.

Le 17 janvier 1880 je quittais Jala-Jala avec M. Sébastien Vidal, ingeniero de montes, ou, comme nous dirions en France, inspecteur des eaux et forêts et directeur du jardin botanique de Manille.

M. Vidal emmenait avec lui M. Garcia, dessinateur habile. Nous devions pousser jusqu'à la côte est de Luçon, la Contracosta, et visiter l'île de Polillo.

Partis en barque, nous doublâmes la pointe de Jala-Jala,

où nous fûmes surpris par le vent du nord, qui soulevait les eaux du lac. Notre route étant presque dans la direction du vent, nous dûmes louvoyer, manœuvre assez difficile avec notre embarcation et nos marins peu expérimentés. Enfin, après huit heures de lutte, nous relâchons à *Bagombum*, sur la côte est de Jala-Jala.

Les gens de notre ami Dailliard nous reçoivent fort bien, et nous changeons avec bonheur de vêtements, car nous sommes trempés jusqu'aux os.

Pendant que nos hommes préparent le repas, nous faisons attacher nos batangas (balanciers). Les bancas ou canots chavirent facilement, surtout quand le lac est soulevé par les vents du nord. Pour obvier à cet inconvénient, les indigènes se servent de balanciers placés de chaque côté du canot et parallèlement au bordage, sur deux bambous posés en travers de l'embarcation. Le tout forme une espèce de rectangle, et les bambous sont plus ou moins forts, suivant la grandeur de la pirogue, au centre de laquelle ils sont amarrés de telle sorte que, lorsque la banca est en équilibre, les extrémités du balancier effleurent à peine les eaux.

Toutes ces embarcations ont des mâts trop hauts et des voiles trop grandes pour leur dimension ; quand le vent est trop fort, les matelots sont obligés de courir au bout des batangas et de se mettre quelquefois à plusieurs pour maintenir le bateau en équilibre. On les voit courir sur les bambous avec autant d'adresse que des singes, et, suivant la force du vent, s'éloigner et se rapprocher de la barque. Quand ils ne reviennent pas assez vite, ils prennent un bain plus ou moins complet.

L'embarcation chavire rarement, sauf cependant quand un fort coup de vent casse un côté de la batanga. Dans ce cas, l'embarcation surnage, bien que remplie d'eau, ce qui permet aux hommes de se sauver. Du reste, tous les riverains sont excellents nageurs.

Le 18 au matin, profitant d'une accalmie nous reprenons notre route vers Siniloan, où nous arrivons sans encombre vers dix heures du matin.

Siniloan est à cheval sur la petite rivière du même nom,

et les deux parties de la ville sont reliées par un pont. Elle est construite sur des terrains d'alluvion extrêmement fertiles, qui peuvent donner deux et quelquefois trois récoltes de riz par an. A la saison sèche, les cultures empiètent sur le lac; à la saison pluvieuse, on installe des pêcheries sur les hauts-fonds au travers desquels la petite rivière de Siniloan a peine à se frayer un passage.

Dans cette partie de Luçon on élève beaucoup de carabaos qui servent à la culture et au transport.

On remarque à Siniloan une église et un très grand couvent habité par deux moines franciscains, le curé et le vicaire.

Il doit y avoir dans chaque tribunal un tarif indiquant le prix de tous les objets nécessaires. Dans presque toutes les provinces, ces tarifs datent du siècle dernier, et les denrées y sont portées à un prix bien moindre de leur valeur actuelle. Aussi est-il devenu introuvable, et souvent j'ai été obligé, pour avoir des hommes, de les payer le double du prix du tarif. Il varie de province à province, et, dans celles qui en ont un nouveau, le prix des hommes et des chevaux est fixé à tant par kilomètre. Dans les anciens tarifs, on compte de village à village, sans avoir égard à la distance qui les sépare. Les hommes sont généralement payés moitié moins que la location d'un cheval.

Siniloan possède une caserne ou cuartel de guardia civil, que l'on était en train de construire, et qui devait être renversée avant son achèvement, quelques mois après, par un tremblement de terre.

Nous descendons au tribunal; mais à peine commençons-nous à y trouver une place que nous voyons arriver le señor don Antonio Ybas, alferez de la guardia civil (sous-lieutenant de gendarmerie), qui nous donne l'hospitalité presque malgré nous dans son cuartel, où sa jeune femme nous reçoit de la façon la plus cordiale.

C'est aujourd'hui dimanche, le jour des mariages et des baptêmes. A moins qu'il y ait danger de mort, tous les enfants nés dans la semaine ne sont baptisés que le dimanche; presque toujours on donne aux enfants le nom du saint qui est fêté le jour de leur naissance ou de leur baptême. Il se trouve parfois que les noms ne répondent pas au sexe de l'enfant, mais cela importe peu; cela est arrivé précisément pour un des domestiques de mon ami, M. C., qui portait le nom de Roso fabriqué avec Rosa.

En arrivant à l'église, nous assistons à la sortie d'une noce qui s'en va par morceaux. La musique reconduit d'abord la belle-mère à la maison, puis revient chercher les mariés et le reste de la noce. Les personnes marquantes sont également ramenées chez elles, musique en tête.

A quatre heures de l'après-midi, nous allons faire une visite aux nouveaux mariés. La maison est toute garnie de feuillage, et une arcade de fleurs traverse la rue et conduit à la salle du festin. A la porte d'entrée, nous voyons toutes sortes de victuailles suspendues au milieu des fleurs et servant d'ornements. Dans la salle à manger, sur toutes les tables, sur les meubles, on a entassé les pâtisseries, toute espèce de fruits du pays, des conserves venues d'Europe, etc.

Nous sommes absolument forcés de prendre quelques rafraîchissements, car nous ne voulons pas rester pour le dîner; nous demandons à voir les jeunes époux; notre curiosité est déçue; on nous répond que la mariée vient de faire la sieste avec son mari et qu'elle n'ose pas se présenter devant nous.

Nous visitons ensuite la maison d'un riche Indien. Comme toujours, rez-de-chaussée en pierre, étage en bois, avec toiture en tuiles. Le salon forme une grande pièce carrée à colonnade ornementée et dorée. Le plafond et les murs sont couverts de feuillages d'or, et là encore il faut accepter les rafraîchissements. Les chambres à coucher, dans les maisons indiennes, ne sont guère que des réduits, et le lit en est presque toujours absent. On le remplace par des nattes qu'on déroule le soir sur le plancher et qui forment toute la literie avec deux ou trois oreillers. Les maisons bien montées possèdent cependant de véritables lits. Ils se composent d'un cadre élevé de terre sur quatre montants; un sommier en rotin est attaché à ce cadre et tient lieu de matelas; on place la natte dessus, au lieu de la poser à terre. Ces lits sont ceux qui conviennent le mieux aux pays chauds, car on y est au frais.

Le reste du mobilier se compose encore de *butacas*, sorte de chaises longues à l'usage des gens riches, qui y passent la plus grande partie de leur existence, une table, très souvent un piano ou une harpe. On voit rarement des commodes ou des armoires, car presque tous les objets de toilette sont renfermés dans des coffres.

L'éclairage se compose de lampes à pétrole et du *vaso de luz* (verre de lumière), le seul éclairage du peuple; c'est une grosse veilleuse, un verre plus ou moins grand que l'on remplit moitié d'eau et moitié d'huile de coco. Une petite bande de fer-blanc percée d'un trou au milieu reçoit la mèche, la seule chose remarquable de l'appareil. Elle n'est pas faite de coton, comme en Europe, mais d'une espèce de moelle de sureau qui vient de Chine et appelée « tin-toin ». Cela brûle parfaitement et n'a pas de valeur. Les négociants chinois, chez lesquels les domestiques vont faire leurs petites provisions, la donnent par-dessus le marché.

A quelque distance à l'ouest de Siniloan, sur la côte orientale de la presqu'île de Jala-Jala, jaillit une source thermale sulfureuse recommandée contre les maladies de peau. Nous allons la visiter le 19 janvier et je pris un échantillon de cette eau, qui arriva détériorée à Paris [1].

Elle est chaude et dégage une forte odeur sulfureuse; au pied de la source, d'un médiocre débit, on a creusé un trou qui sert de baignoire.

Le 20 janvier, excursion dans la forêt de Santa-Maria, au-dessus du village de ce nom et au nord-ouest de Siniloan.

1. Voici les résultats de l'analyse faite au laboratoire de chimie du Muséum : absence de sulfures le jour même de la remise de l'eau, résidu de 0,620 milligrammes par litre composé principalement de sulfate de soude, sulfate de chaux et de magnésie, de sulfate de fer en faibles quantités, et traces sensibles de chlorures alcalins.

A cheval dès six heures du matin, nous suivîmes la route qui contourne le lac jusqu'au village de Mabitag, bâti au pied d'une petite montagne sur laquelle sont construits l'église et un vaste couvent.

Tribunal, église et couvent ou presbytère reviendront à propos de chacune des localités que nous traverserons au cours de ce voyage ; nous avons dit du tribunal ce qu'il est et quel est son usage ; l'église et le couvent sont aussi indispensables que lui, et, dans toutes les localités des Philippines, ces édifices sont de beaucoup les mieux construits et les plus ornés.

Du couvent de Mabitag on découvre tout le lac, et, par un beau temps, on distingue parfaitement tous les villages riverains : Panguil, Paquil, Paete, San-Antonio, Longos, etc., etc. Nous poursuivons notre route jusqu'au village de Santa-Maria, où nous laissons nos chevaux pour nous rendre à la montagne. En sortant du village nous inclinons brusquement au N.-E., et nous commençons péniblement l'ascension de la montagne entièrement boisée et dont la forêt n'a pas encore été ravagée.

Aux deux tiers de notre ascension, nous sommes surpris par un orage, le chemin creux qui sert de route devient un torrent, nous tombons sur la glaise ; bon gré mal gré, il faut redescendre, et plus que jamais nous glissons et faisons des chutes heureusement sans gravité.

La pluie a évoqué des millions de petites sangsues déliées comme un fil. Ces sangsues sont une malédiction ; elles nous envahissent. Nos hommes sont bientôt couverts du sang qui coule des piqûres. On les évite plus ou moins en se frottant de savon de pied en cap, et, quand on s'aperçoit qu'elles veulent se fixer, on les fait tomber avec du jus de tabac ou de bétel, suivant la manière indienne. Elles pénètrent partout, dans le nez, dans les yeux, dans les oreilles. C'est l'animal que je redoute le plus au monde ; je crains moins les moustiques, qui sont pourtant, eux aussi, le supplice des supplices. Trois heures après notre départ nous rentrions à Santa-Maria, et le soir même à Siniloan.

Le lendemain nous partions en grand appareil de Siniloan

pour la côte du Pacifique, d'où nous pensions gagner la grande île de Polillo.

En grand appareil, dis-je, car nous emportions trois jours de vivres pour nous et nos hommes, tout notre encombrant bagage de naturaliste, des munitions, des vêtements de rechange, bref, la charge de vingt hommes, plus des porteurs de hamac, parce que nous n'osions affronter les sentiers de la forêt, à peine accessibles aux indigènes.

Et sachez qu'un hamac demande de huit à dix porteurs, voire douze pour un homme gros et gras comme je menace de le devenir malgré tant de fièvres et de fatigues. Le hamac de voyage est en rotin et suspendu à une canne (bambou) ; le tout est recouvert d'un toit en paille qui vous laisse passer tout juste.

Une fois installé, on ne serait pas trop mal, si à chaque mouvement on ne venait heurter de la tête contre ce maudit bambou, si les porteurs de devant ou ceux de derrière ne tombaient pas comme à tour de rôle en lâchant tout dans leur chute, si, quand on arrive à une montée, on ne se trouvait pas subitement la tête en bas et les pieds en l'air, si vos hommes ne vous cognaient à tout propos et hors de propos contre un arbre, s'ils ne vous accrochaient pas à des branches, s'ils ne tournaient pas trop court, s'il ne vous mettaient pas le dos en marmelade en sautant par-dessus un rocher, s'ils ne vous déposaient pas délicatement dans une flaque d'eau, si, si, si...

Du reste, c'est le pire moyen de locomotion que je connaisse, et j'aime encore mieux les éléphants de la péninsule malaise. Et nous payons tous ces agréments cinq francs par jour et par homme, plus la nourriture, qui, d'ailleurs, est à très bon compte : on donne du riz, du poisson sec, et, à la fin de la journée, un peu de tabac. Les porteurs de ballots ne sont payés que 3 fr. 75 cent. par jour.

M. Vidal et son aide, moi et mes deux chasseurs, quatre domestiques, vingt porteurs pour les bagages, dix porteurs par hamac, quatre hommes et un caporal à nous officiellement octroyés pour surveiller nos porteurs, qui sont des gens de corvée et devront payer l'impôt sur les gains de ce voyage, telle était notre imposante caravane quand elle quitta Siniloan, le matin du 21 janvier.

Le départ est assez gai, tant que nous restons dans le village; mais, à peine hors du village, nous tombons dans des plaines inondées par les pluies des derniers jours. La marche sur ce terrain glissant fatigue beaucoup nos hommes, et nous n'arrivons qu'à huit heures trente à la lisière du bois, qui descend jusqu'au pied de la montagne. La direction de la route a été jusqu'à présent presque nord.

Nous remontons d'abord la vallée du Rio de Siniloan, l'une des plus fertiles peut-être de tout Luçon, encaissée entre deux montagnes qui reçoivent les pluies des deux moussons, et dont les ruisseaux maintiennent la plaine humide dix mois sur douze, condition excellente pour la culture du riz. Aussi arrive-t-il parfois qu'il y a jusqu'à trois récoltes par année.

De la vallée du Rio de Siniloan nous nous élevons sur les flancs du Palipasan jusqu'à un plateau de 360 mètres d'altitude infesté de sangsues, et, le col passé, nous voilà sur le versant de la Contracosta sans que j'aie ajouté un seul spécimen à mes collections zoologiques.

L'ascension du Palipasan n'est pas trop facile et nous ne faisons que très peu usage de nos hamacs, car nos hommes ne pourraient faire un pas en avant en nous portant.

Enfin, à deux heures quarante, nous sommes arrivés au sommet. Nous constatons alors que la direction de notre route a incliné légèrement à l'est pendant les mille détours de la marche.

Les hommes ont posé leurs charges et tuent les sangsues qui se sont prises à eux.

Nous nous étions attaché les poignets et le col de chemise avec un mouchoir et mis du coton dans nos oreilles pour éviter ces maudites petites bêtes. Un de ces annélides s'est introduit dans le nez d'un de nos compagnons. Elle n'est tombée que dans la nuit, une fois complètement gorgée.

Nous ne restons que très peu de temps sur ce plateau; au moment de partir, il nous manque deux hommes, qui ont laissé là leur charge et se sont sauvés : nous les remplaçons par deux des porteurs de hamac.

La descente s'opère par des chemins semblables à ceux de la montée. Nous traversons plusieurs ruisseaux dont le lit est semé de rocs, parmi lesquels je trouve quelques mollusques et de petites crevettes à longs bras armés de pinces deux fois plus longues que leur corps. Ces cours d'eau se dirigent tous vers le Pacifique; ceux de l'autre versant du Palipasan vont à la laguna de Bay.

A 310 mètres d'altitude, nous installons le campement au bord de la rivière Bilan-Sologan. Les hommes coupent des branches d'arbre pour s'en faire un abri; on suspend nos hamacs sur des fourches et nous nous couchons.

Le souper est assez court; mais Samy nous a fait une soupe de purée de pois que nous mangeons bien chaude, et, après avoir changé de linge, nous sommes presque dans notre état habituel. En route nous avons eu cinq ou six averses qui nous ont trempés. Nos hommes sont exténués, et nous accablés de fatigue, car nous avons fait à pied les trois quarts du chemin. M. Vidal a pu ramasser quelques plantes; quant à moi, je n'ai pas vu un seul animal.

Ces grandes et belles forêts sont absolument désertes; les arbres y sont superbes, mais les broussailles et les fleurs y sont rares. Les essences principales sont le molave, le narra, l'anubing, le bamabo.

Le molave (*Vitex geniculata*, Bl.) est respecté par les fourmis blanches les plus voraces, que je retrouve là accomplissant les mêmes ravages qu'en Afrique et dans les autres pays où je les ai vues à l'œuvre. Le molave est excessivement dur et résiste à l'humidité très grande de ces climats. On l'emploie comme pilotis pour les maisons et pour toute construction qui doit séjourner dans l'eau et dans un terrain humide.

Le narra (*Pterocarpus*) sert surtout à faire de l'ébénisterie; il se travaille facilement; le vernis lui donne une belle teinte jaune foncé tirant sur le rouge.

L'anubing (*Artocarpus ovata*) résiste à l'humidité presque autant que le molave.

Le bamabo (*Lagœrstremis speciosa*) est aussi très élevé, de 12 à 15 mètres; il donne de fort belles fleurs rouges;

son bois est également rouge ponceau et peut servir à toute espèce de boiserie.

Le 22, nous réveillons nos hommes avant six heures pour faire cuire le riz pour la journée, car on ne fera qu'une petite halte. A sept heures, tout le monde est en route, et, à midi et demi, nous sommes sur le plateau du mont Palis, à 400 mètres d'élévation. Là nous rencontrons fort à propos une nouvelle équipe d'hommes que nous envoie de Binangonan de Lampon le commandant Seco. Ces porteurs sont accueillis avec des cris de joie par les nôtres, qui s'empressent de leur céder la place. Je crois bien que les Tagals sont aussi paresseux que les nègres, dont ils partagent en grande partie les défauts et les vices.

Nous venons de faire dans cette marche une courbe vers le nord, et la route n'a pas été beaucoup plus variée que la journée d'hier; à part un cerf qui a passé à peu de distance et que les chasseurs ont poursuivi en vain, nous n'avons rien vu de vivant.

A une heure il ne pleut plus, nous repartons, et, à la descente, nos hommes nous font monter dans nos hamacs, pour nous montrer qu'ils sont plus forts. Ils se mettent à descendre en courant, en nous heurtant à tous les arbres du chemin. Toutefois, nous n'osons rien dire, car le temps presse et tout à l'heure nous devons traverser une rivière large et profonde, dont le courant est, paraît-il, assez fort; le passage prendra plusieurs heures.

Cette fois, nous allons plus à l'est, toujours en descendant; nous arrivons à quatre heures sur les bords du Ticnauan, dont les eaux sont torrentueuses.

Nos hommes se déshabillent, ce qui est vite fait : les plus vêtus n'ont qu'un pantalon, et quatre d'entre eux vont chercher le gué; l'ayant trouvé, ils reviennent et il s'agit alors de nous faire traverser. MM. Vidal et Garcia passent les premiers; je reste avec les bagages. Ils sont montés dans leurs hamacs, portés chacun par vingt hommes, qui résistent avec peine au courant, qu'ils coupent d'ailleurs obliquement. L'arrivée sur l'autre bord se fait sans autre désagrément qu'un bain un peu trop énergique. Heureusement les hommes n'ont pas lâché tout au milieu de la rivière, car même un bon nageur aurait couru un grand danger.

Une heure après, tous les bagages sont sur l'autre rive, mais les hommes ne veulent pas me mettre en hamac : ils préfèrent me porter sur leurs épaules, pendant que les autres se tiennent en aval pour amoindrir la force du courant. J'arrive à mon tour sur la rive gauche ; je ne suis mouillé que jusqu'à la ceinture. Le campement est établi et la soupe m'attend.

Le temps s'est rafraîchi, et le bain, pour n'être pas complet, n'en est pas moins un peu froid.

Le thermomètre marque 22 degrés et nous sommes à 24 mètres au-dessus de la mer.

Le 23 janvier, au moment du départ, nos hommes déclarent que quelques collines seulement nous séparent du Pacifique.

Départ à six heures. A 150 mètres du campement, nous rencontrons un torrent excessivement pittoresque et d'un aspect très sauvage, parsemé d'énormes rochers et coupé par deux chutes.

Des deux côtés, la montagne vient y plonger le pied presque à pic, et les grands arbres se penchent sur l'abîme jusqu'à ce qu'ils soient venus s'abattre au travers du ravin et barrer la route.

Tout cela est sans doute très pittoresque, mais fort gênant, sur une route où nous n'avançons la plupart du temps qu'en sautant d'une roche à l'autre, ou en nous accrochant comme des singes, dont nous n'avons malheureusement ni l'adresse ni la légèreté. Je ne parle pas ici de nos hommes, ils sont d'une très grande agilité et peu gênés pour les vêtements et les chaussures.

Après deux heures d'ascension, nous atteignons le sommet de la colline, et nous redescendons aussitôt par un chemin non moins raide que celui que nous venons de quitter et qui nous mène sur un terrain vaseux, couvert de plantes marécageuses.

Enfin, à onze heures quarante-cinq, nous sommes arrêtés sur la grève du Pacifique, éclairé par un beau soleil, qui nous a presque complètement fait défaut dans la traversée de la forêt. Devant nous, l'immensité de l'Océan, un peu brumeux; dans la direction du nord, un bois de palétuviers qui s'avance dans la mer, et, au large, l'île de Polillo, but extrême de notre voyage.

Il est une heure quand nous nous remettons en route, en suivant la plage. Je ramasse quelques mollusques, mais ils sont tous roulés, sur cette côte que le Pacifique vient frapper avec fureur en émiettant ses roches madréporiques. A la marée haute, la mer vient baigner le pied des grands arbres de la forêt.

A trois heures, nous arrivons au *Castel Real*, poste-vigie chargé de signaler l'approche et les descentes des *Moros* (pirates malais). Mais les razzias de ces pirates sont de plus en plus rares, surtout depuis la prise de possession des îles Soulou (Jolô) par l'Espagne. Ces sortes de postes, élevés sur pilotis, servent d'abri aux voyageurs comme les tribunaux.

Nous réquisitionnons, en payant bien entendu, toutes les bancas, et, à quatre heures, nous nous dirigeons sur Binangonan de Lampon par des canaux bordés de palétuviers.

Deux heures plus tard, en débarquant, nous enfonçons jusqu'à mi-jambe dans le terrain vaseux qui borde la côte, et nous nous arrêtons dans une maison indigène pour attendre les chevaux qui doivent nous conduire en ville.

Pendant cette halte, les hommes me montrent un panique (grande chauve-souris du genre Roussette) ; je l'abats d'un coup de fusil. A leur grand étonnement, les indigènes, qui croyaient ramasser un animal à poil roux, en trouvent un blanc. L'albinisme est fréquent chez les animaux des Philippines : buffles, singes, oiseaux.

A sept heures arrive le commandant Seco, suivi des autorités civiles de Binangonan.

Nous nous mettons en selle, et, pour abréger la route, nous coupons à travers des rizières, en marchant à la file indienne.

La nuit est tout à fait noire, et trois ou quatre torches, portées par des cavaliers, nous aveuglent sans nous éclairer.

La pluie tombe fine et froide. Enfin, nous voilà sur la route, où nous attendent tous les musiciens du village. Ils se mettent immédiatement à souffler dans leurs instruments, et, sans vouloir donner de leur talent une opinion trop élevée, je puis dire qu'ils valaient bien le fameux orphéon de Fouilly-les-Oies. Nous faisons donc notre entrée, musique en tête, dans le pueblo. Toutes les maisons sont illuminées en l'honneur des visiteurs européens, apparition fort rare jusqu'à ce jour à Binangonan de Lampon.

# CHAPITRE V

## BINANGONAN DE LAMPON — PROVINCE DE LA LAGUNA RÉGION DES MINES

Binangonan de Lampon est la résidence d'un capitaine d'infanterie qui commande le district de l'Infanta. C'est par conséquent le chef-lieu et presque l'unique ville du district, car, à l'exception de l'île de Polillo, qui possède une population de pêcheurs, tout ce littoral est presque désert; mais il se peuple maintenant quelque peu; des *barrios*, des villages et bourgades se fondent, à l'une desquelles le commandant Seco a bien voulu donner le nom de Alfredo en souvenir de mon passage.

Binangonan de Lampon est fait de cent cinquante à deux cents cases sur pilotis, disposées en cinq ou six rues. Parmi les cases s'élèvent quelques maisons en planches, et de celles-ci la plus belle de beaucoup, c'est la résidence de M. Seco, la Maison Royale (Casa Real), vaste demeure où nous hébergea le capitaine. Ai-je besoin de dire qu'en ce pays d'hospitalité franche nous fûmes reçus comme de vieux amis dans cette charmante famille?

Ville et banlieue, la population est de 2500 *tributos*, soit 10 000 à 12 000 personnes. Un *tributo*, c'est une famille, père, mère, enfants.

La ville de Binangonan est située sur un terrain plat, entouré de belles rizières qui s'étendent du pied des montagnes à la mer.

Tout le monde n'avait d'yeux que pour nous, les voyageurs; mais, dût ma gloire en souffrir, on admirait surtout Samy.

Qu'est Samy?

Un Hindou de Pondichéry, que j'ai engagé à Poulo-Penang et qui depuis est resté fidèlement attaché à mon service. Son teint est d'un bel ébène, ses traits sont réguliers; il éclipse totalement son maître. On me nomme don Alfredo; lui, c'est le señor Samy, et, par surcroît, la coqueluche du beau sexe.

Rien de remarquable à Binangonan, à moins qu'on ne considère comme tel une église à tour carrée, avec cloches qu'on sonne à la main, et un vaste couvent semblable aux autres conventos des Philippines.

Le 25 janvier étant un dimanche, jour de messe officielle et obligatoire, n'oublions pas que nous sommes en pays espagnol, nous nous rendons en cortège à l'église, mes compagnons de voyage, le commandant Seco et moi.

La musique de la ville ouvre la marche et joue les airs de son répertoire avec le plus grand entrain, et ces airs variés continuent tout le temps que dure la cérémonie religieuse.

L'autel de l'église de Binangonan est fait pour surprendre au premier abord. Tout enjolivé d'ornements métalliques repoussés, on est porté à se demander si c'est de l'argent ou du fer-blanc. Le couvent est près de l'église, et devant cet ensemble de bâtiments s'étend une grande place où sont encore accumulées les ruines du grand tremblement de terre de 1868.

Ce mot « convento » revenant très souvent dans ce récit, je crois devoir donner une description de ces édifices, qui se ressemblent tous. Le convento n'est autre chose que le presbytère où habite le curé de la paroisse; c'est généralement un grand bâtiment en pierre, et toujours le plus spacieux et le plus confortable du pays. Les chambres y sont vastes et nombreuses, et quelques-uns de ces conventos sont de véritables palais. La plupart des curés des Philippines reçoivent très bien les voyageurs, et les Espagnols n'hésitent pas à descendre chez eux, même sans invitation. Cette manière de s'imposer ne laisse pas que d'être une charge oné-

Samy.

reuse pour les curés des villages. Le presbytère est toujours voisin de l'église et, à peu d'exception, près, en communication avec elle.

A la sortie de l'église, nous rencontrons un groupe de Negritos, que le commandant Seco avait envoyé chercher à mon intention. Pendant tout mon séjour je n'ai pu en mesurer que dix, non sans de grandes difficultés.

Ces individus, de race pure, sont de petite taille et trapus. Leurs lèvres sont rarement épaisses et déroulées, le nez est plat dans toute sa longueur, les yeux sont d'un brun jaune, et les oreilles, d'une grandeur moyenne, s'écartent très peu de la tête.

Ils sont velus, et leurs cheveux crépus paraissent disposés par touffes.

Ils sont tous affectés de maladies de peau, condition fort désagréable pour celui qui doit les manier pour prendre les mesures anthropologiques.

Les Negritos sont monogames. Ils n'ont pour armes que l'arc et les flèches. L'arc est fabriqué avec la nervure de la feuille du palmier (Canyota). La hampe de la flèche est faite d'un petit rotin; les pointes sont tantôt en bambou, tantôt en bois très dur, quelquefois en fer; presque toutes sont recouvertes d'un poison qui, disent-ils, est très violent. Une feuille de palmier enroulée sur elle-même sert de carquois.

Le vêtement des hommes se compose d'une ceinture faite avec l'écorce d'un Ficus (*Ficus inostigona Sp.*). Les femmes ont un petit jupon très court, mais je n'assurerais pas que dans la montagne elles en usent beaucoup, car les Negritos que l'on voit sont amenés par les Indiens, qui prennent la précaution de les vêtir plus que de coutume. Très pauvres, ils n'ont guère d'ornements, du moins ceux de cette partie de Luçon. Ils portent tous au bras un anneau fait en corne de buffle dans lequel ils enlacent des fleurs très odorantes.

Les femmes se parfument, si on peut appeler cela ainsi, avec de l'huile de coco, qui ne tarde pas à sentir, rancit très vite et répand une odeur aussi mauvaise que l'huile de palme dont se servent les négresses d'Afrique. Elles portent toutes des faux cheveux et les coupent courts sur le front, mode qui s'est récemment introduite chez nous (coiffure à la chien). Je demandais à l'une d'elles pourquoi elle se mettait de faux cheveux : « Mais, me dit-elle, ils sont à moi; ce sont les miens qui sont tombés et que j'ai réunis. » Combien de mes lectrices n'en pourraient dire autant?

En dehors des Negritos montagnards, les habitants de cette partie de Luçon sont des Tagals ou des métis chinois. Ils cultivent le riz, le maïs et le cacao; ils vont aussi dans les forêts, où abondent les abeilles, récolter le miel et la cire; mais leur plus grand commerce est l'exportation de l'huile de noix de coco. On trouve aussi auprès des habitations des caféiers qui donnent de très bons fruits. Au moins une fois par semaine, ils vont à Siniloan en caravane vendre leur huile, qu'ils emportent dans des bambous. Au retour, ils reviennent avec des marmites en fonte, des étoffes et d'autres menus objets.

Quelques Chinois viennent par mer acheter le riz et le cacao.

Les Tagals fabriquent eux-mêmes leurs bougies avec la cire récoltée dans les forêts : pour les blanchir, ils les exposent au soleil et les arrosent de temps en temps.

Depuis notre arrivée, la pluie n'a pas cessé de tomber, la pluie, et quelle pluie!! Les chemins sont impraticables, tous les ruisseaux débordés, et la mer si mauvaise que le commandant Seco refuse absolument de nous laisser embarquer; du reste, pas un pêcheur du pays n'aurait essayé de nous conduire à l'île de Polillo.

Ainsi contraint, je bus jusqu'à la lie les plaisirs de la capitale de l'Infanta. Cependant notre aimable hôte s'efforça de nous rendre tolérable le séjour à Binangonan. Entre autres distractions j'assistai à une noce.

La cérémonie du mariage n'a lieu qu'à l'église; c'est la seule consécration : le mariage civil n'est pas encore connu. Le *great attraction* consiste principalement dans le festin ou plutôt dans les festins, car il y a toujours trois et même quatre tables.

Il y avait d'abord la table des Castillas (nom donné à tous les Européens en général), la table d'honneur des autorités, puis celle des capitanes anciens et actuels (gobernadorcillos) avec leurs femmes, puis la table des jeunes gens, quelquefois les filles seules d'abord et les garçons après, enfin celle des domestiques et du menu fretin de la noce.

A notre table, les Castillas, le commandant Seco, sa femme et ses trois enfants, dont deux charmantes jeunes filles, Vidal, Garcia, le curé, flanqué de son coadjutor, Indien de pure race, et enfin votre serviteur.

Dérogeant aux coutumes, nous obligeâmes le marié et la mariée à dîner à notre table pour leur faire honneur, mais les malheureux, tout interdits, n'ont osé manger ni même lever les yeux pendant toute la durée du repas.

J'étais placé entre les deux curés; l'Indien, les deux coudes sur la table, entourait son assiette de ses deux bras, et, pour ne pas perdre de temps, raccourcissait encore la distance de sa bouche à son assiette en se couchant dessus. Ce qu'il a ainsi dévoré est prodigieux; il a mangé de tout et plutôt deux fois qu'une; il y avait au moins vingt plats de viande et une trentaine de desserts. Aussi, quand il s'est levé de table, j'ai cru qu'il allait éclater. Je n'hésite pas à reconnaître mon impuissance en face de cette énorme profusion de victuailles.

Après comme avant et pendant le repas, on a dansé avec le plus grand entrain. Cette noce a duré trois jours; je n'ai pas besoin de dire que nous l'avons quittée dès les premières heures.

Devant l'impossibilité reconnue de mettre le cap sur l'île de Polillo, Vidal et moi nous nous décidons (à contre-cœur) à prendre le chemin du retour. Le 31 janvier 1880, nous remontons en hamac, et, musique en tête, comme au jour de l'arrivée, nous quittons Binangonan, par une pluie battante, indiscontinue, et ici tous les adjectifs qui conviennent aux averses tropicales.

Nous quittons la famille Seco avec regret : tous ont été si prévenants et si aimables pour nous qu'il nous semble laisser de vieux amis. Je ne parlerai pas du retour, qui s'est opéré à peu de chose près dans les mêmes conditions que l'aller : la pluie, toujours la pluie.

Le 2 février, à six heures du soir, j'étais seul en arrière

avec mes hamaqueros sur le plateau de Palipasan, qu'il fallait descendre pour arriver à la plaine de Siniloan; laissant mon hamac, je prends un homme, et me voilà dégringolant la montagne. La nuit arrive, et, après une heure de marche, mon guide avoue qu'il a perdu le chemin; nous continuons toutefois à descendre; la pluie ne cesse de tomber: tout d'un coup nous sommes entourés de champignons phosphorescents: ici, une vaste et puissante traînée; là, des plaques grandes ou petites; ailleurs, c'est comme une liane de plusieurs mètres de long qui paraît en feu; tout cela est magnifique, mais n'éclaire pas la route; au contraire, cela forme des ombres qui occasionnent plus d'une chute.

Tout d'un coup et de la façon la plus imprévue, je tombe le nez dans le dos de mon ami Vidal, qui a de même perdu sa route; et il est enchanté de notre rencontre, bien qu'elle ait été un peu brusque. Deux hommes le soutiennent dans sa marche ou, pour mieux dire, l'accompagnent dans ses chutes fréquentes. Nous ignorons absolument où nous sommes, mais, au dire de nos hommes, dans une demi-heure nous serons rendus; nous marchons encore pendant quatre heures avant d'arriver à notre halte.

A onze heures trente nous sommes enfin dans la plaine; quelques-uns de nos porteurs nous ont rejoints; ils sont épuisés de fatigue: ils se couchent insouciants. Nous côtoyons la rivière et prenons un bain plus ou moins complet en traversant des fondrières; enfin nous rencontrons une case dans laquelle Garcia et ses hommes se sont mis à l'abri. Ce n'est pas sans besoin que nous demandons à boire, à manger, et des vêtements pour nous changer. Il n'y a rien, nous dit-on; nous mourons de faim, et nous sommes trempés.

Garcia parvient à faire bouillir une poule; nous buvons le bouillon, les hommes mangent la poule, et, après avoir quitté nos vêtements décidément trop humides, nous nous étendons tels quels sur une natte.

Enfin, le soleil du 3 février se lève et vient nous réchauffer et sécher nos vêtements.

Nos hommes arrivent un à un, Samy en tête, mais

l'oreille basse. Il était tombé d'une roche dans la rivière, à 300 mètres de la case, et n'avait pas eu le courage de continuer : il avait passé la nuit mourant de peur et grelottant de froid. Nos hommes rassemblés et nos caisses réunies, nous réparons le désordre de notre toilette, puis nous repartons en hamac au pas de course. Une heure après, nous étions de nouveau près de notre ami, l'alferez Ibas, qui rit beaucoup de notre mésaventure, mais qui, ce qui valait mieux, se hâta de nous faire préparer un déjeuner solide et copieux. Le soir, à sept heures, nous étions à Santa-Cruz de la Laguna. Nous allons directement à la maison de l'alcade, dont les fenêtres resplendissaient de lumière. Il y avait réception. Vu mon costume par trop fantaisiste, je me retirai chez un métis, parent de Garcia, et M. Vidal se présenta seul.

Une demi-heure après, l'alcade don Francisco Yriarte m'envoyait sa voiture; Vidal était chargé de me ramener.

L'alcade s'empressa de mettre à ma disposition les objets les plus nécessaires; ma toilette terminée, il me présenta à sa femme et à ses invités; on se mit gaiement à table, où nous attendait un festin de Balthazar. Repas en musique et contraste complet avec la journée de la veille, où, comme musique, nous n'avions eu que le coassement des grenouilles et le chant des moustiques, comme festin, qu'une gorgée de bouillon de poulet sans sel, et comme lit, le mauvais plancher à claire-voie d'une case indienne.

Le 4 au matin, je pris congé de Vidal, qui retournait à Manille par le petit vapeur de la Laguna. M. Yriarte me prêta son canot pour me reconduire à Jala-Jala.

Pendant ce nouveau séjour à l'hacienda de Jala-Jala, je profitai des dispositions bienveillantes de mon hôte et ami, M. Dailliard, pour parcourir les régions voisines.

Le 9 février, dès quatre heures du matin, nous partions en banca pour Boso-Boso.

La partie du lac que nous parcourons est comprise entre la presqu'île de Jala-Jala à l'est, l'île de Talim et la pointe de Binangonan à l'ouest. Nous piquons droit au nord, et après une courte navigation nous prenons terre à Pililla.

Après un repas sommaire et rapide, nous partons vers l'ouest pour Morong, chef-lieu du district, en suivant les bords du lac et en passant au milieu de superbes rizières. La récolte est faite, et les troupeaux de bœufs, de chevaux et de carabaos y paissent en attendant les nouvelles semailles.

A Morong, nous prenons des chevaux pour gagner Boso-Boso.

Nous traversons d'abord des rizières étendues au pied des montagnes, qui offrent en cette saison un terrain solide, puis nous gravissons de petits mamelons et nous nous élevons peu à peu jusqu'à près de 300 mètres d'altitude. Toutes ces montagnes sont à peu près complètement dénudées : la seule végétation qui les couvre est le cogon, graminée de grande taille, qui n'est bonne pour les bestiaux que lorsqu'elle est jeune. Le cogon est utilisé pour confectionner les toitures des cases : très inflammable, il devient une cause d'extension facile des incendies. Quand une case brûle, la moindre flammèche qui tombe sur un autre toit l'embrase immédiatement, cela fait traînée de poudre, et, en peu de temps, tout un village est détruit.

Nous sommes surpris par la nuit, près d'une hacienda appartenant à un Américain naturalisé espagnol; nous nous dirigeons vers sa demeure; en nous approchant, nous voyons une maison trois fois plus haute que les cases du pays. Son élévation donnerait trop de prise au vent et compromettrait sa stabilité, aussi le Yankee, homme pratique, l'a-t-il amarrée aux quatre angles par des chaînes de navire fixées à des ancres profondément enfoncées dans le sol.

M. Wilson est perché tout au haut, de peur qu'on ne vienne le voler ou l'assassiner la nuit. Crainte qui nous parut ridicule, et qui fut malheureusement justifiée. Quelques mois plus tard il fut tué, et son fils presque assommé par un Indien qui lui avait volé du bois et qu'il voulait arrêter.

Nous sommes reçus d'abord par les chiens, puis par M. Wilson lui-même, qui commence par s'enquérir de nos projets d'excursion. Il nous déclare qu'il n'a rien à nous offrir et que, du reste, le village est proche de chez lui. Nous lui répondons que nous venons simplement lui demander un guide pour nous conduire jusqu'à Boso-Boso. Il appelle immédiatement des hommes et nous fait préparer des torches de bambou. Pendant les préparatifs du départ, il a reconnu Dailliard, et, apprenant que le médecin de Morong nous accompagne, il nous fait entrer chez lui.

Le bas de sa demeure sert de grange où s'entassent les charrues et les machines agricoles perfectionnées dont il avait voulu doter les Philippines. Mais les « Indios » ne sont pas près d'abandonner la charrue de leurs pères; en un tour de main, ils brisent ou faussent les instruments dont ils dédaignent de se servir.

M. Wilson nous conte ses malheurs et ses projets; il regrette que nous ne restions pas jusqu'au matin, parce qu'il nous ferait boire du lait comme jamais nous n'en avons bu; lui et sa famille ne vivent que de cela. Il appelle sa femme et ses enfants, qu'il nous présente et qu'il renvoie aussitôt, puis il nous fait apporter une collation pour nous faire prendre patience.

Nous ne partons pas toutefois sans qu'il nous ait montré ses taureaux et ses vaches, qui sont, il faut l'avouer, les plus beaux de la contrée, et qui font, avec juste raison, l'orgueil de notre amphitryon.

A 8 heures enfin, nous partons avec nos guides, porteurs de torches de 3 à 4 mètres de long, formées d'un paquet de bambou sec; cela donne une grande flamme et éclaire fort bien nos chevaux, qui, sans cela, trébucheraient à chaque pas.

A 9 heures, nous arrivons à Boso-Boso, nous descendons au Cuartel, et tous, sauf un, nous nous couchons par terre sur des nattes. Celui-ci, plus heureux, peut s'étendre sur le seul lit de bambou qui se trouve dans le poste. Nous avons joué en cent points secs au domino pour savoir quel serait le favorisé; M. Dailliard nous a battus, mais pour son malheur : le froid ne l'a pas épargné. Notre sommeil fut court; le froid très vif de la nuit nous réveilla. Aussitôt le jour, nous nous mettons à courir dans les rues du village, pour nous réchauffer. Mon thermomètre est cassé, ce qui nous empêche de connaître la température exacte : elle n'est certainement pas de plus de 8 ou 10 degrés centigrades.

Nous avions, dès le matin, rendu visite au curé de Boso-Boso, un Indien, tout ce qu'il y a de plus Indien. Je lui avais demandé de faire venir des Négritos. « Rien n'est plus facile, m'avait-il dit, demain vous en aurez plusieurs familles. »

Buffle et charrue.

Le lendemain et les jours suivants, nous ne vîmes rien venir, bien que, d'heure en heure, on nous annonçât leur arrivée prochaine. Connaissant par expérience ce que valaient pareilles promesses, je ne restai pas oisif. J'organisai plusieurs parties de chasse qui furent assez fructueuses.

Je dus rentrer à Jala-Jala sans avoir vu un seul Négrito, et je quittai peu de temps après M. Dailliard, avec promesse de lui faire une nouvelle visite.

Le 3 avril, je rejoignais M. Vidal pour aller visiter les montagnes d'Angat, riches en mines de fer, situées beaucoup plus au nord du lac de Bay.

Nous partons en *carromata* et en *calesa*, instruments de supplice dont j'ai donné plus haut la description.

La route, assez belle en cette saison, se dirige au nord jusqu'à Bocage, bordée de ci de là de nombreuses maisons d'Européens et de métis : — elle passe ensuite par San-José et, s'inclinant au nord-nord-est, conduit à Angat, à travers un pays surabondamment peuplé et qui n'est guère qu'une immense rizière.

A Angat, nous prenons des chevaux et des porteurs pour les bagages. Nos chevaux sont pourvus de selles du pays assez semblables aux selles mexicaines, mais excessivement étroites et tout en bois. Les Indiens, généralement très maigres, s'en servent avec avantage ; mais, quand le cavalier est un peu fort, il est certain d'avoir les cuisses littéralement coupées.

Après la traversée de la rivière d'Angat, affluent du Rio Grande, nous marchons directement à l'est, sur Bayabas, situé sur les bords de la rivière d'Angat, à quatre lieues environ et en amont de la ville.

Le 4 au matin, nous allons avec M. Centeno, ingénieur des mines, arrivé à Bayabas depuis deux jours, visiter une grotte peu éloignée de la rivière et que traverse un petit cours d'eau ; la lumière des torches de bambou sec se reflète sur les stalactites ; la grotte, assez vaste, possède plusieurs couloirs adjacents, entièrement formés de roches calcaires très blanches. On ne peut y pénétrer qu'à la saison sèche, envahie qu'elle est à la saison des pluies par les crues du ruisseau qui la traverse ; nous avons pu reconnaître que le courant doit y être très fort, car le sol y est recouvert par une couche d'un sable très fin.

Le 5, pour explorer les montagnes voisines autrefois entièrement boisées, nous abandonnons nos chevaux ; la plus grande partie des arbres a été abattue pour faire le charbon nécessaire aux fonderies de fer.

L'exploitation du minerai est faite d'une façon très rudimentaire ; pour son extraction, on ne pratique pas de larges et profondes excavations ; on se contente de fouiller, pendant la saison sèche, les petits cours d'eau qui descendent de la montagne, où on trouve quelquefois du minerai très riche.

A 5 heures du soir, nous arrivons aux hauts fourneaux, propriété d'une compagnie espagnole.

Cette fonderie, la plus considérable de la contrée, possède trois fourneaux, d'assez petite dimension, deux construits à l'européenne, le troisième à la mode chinoise : ce dernier affecte la forme d'une cloche renversée.

Le soufflet qui sert à alimenter le fourneau est formé d'un gros tronc d'arbre creusé et légèrement incliné; il a deux soupapes qui permettent de lancer l'air à jet continu. L'homme chargé de manœuvrer cette tuyère tient la tige avec ses mains, marche en avant, puis en arrière, et cela pendant des heures entières.

Ces fonderies à la mode indienne, extrêmement simples, presque rudimentaires, ne fabriquent que des fers de charrue, mais ces fers sont d'un grain fort beau, qui prend à l'usage le poli et le brillant de l'acier, et on les préfère à ceux qui viennent d'Angleterre et de Chine. Dans les grands fourneaux, on fabrique à chaque coulée huit ou dix paires de fers de charrue, et dans les petits de trois à cinq, selon la qualité du minerai. Ces fers se vendent de 2 fr. 50 à 3 fr. 50 la pièce, mais le bénéfice est peu élevé, à cause des frais de transport relativement coûteux dans des chemins difficiles en tout temps, principalement à la saison des pluies.

La fonte du minerai se fait au charbon de bois, confectionné de deux façons différentes : la mode indienne ou chinoise, qui consiste à placer le bois de manière à former un cône et à le recouvrir de terre quand la transformation du bois en charbon paraît assez avancée, et la mode anglaise, qui permet de transformer de très grosses pièces. On forme au moyen de poteaux plantés en terre un carré long, que l'on remplit de pièces de bois de toutes grosseurs et d'une longueur d'environ 1 m. 40, disposées à côté les unes des autres et superposées; on remplit les interstices avec de menus branchages et des morceaux à moitié carbonisés provenant d'une autre charbonnière; le tout est entouré de bambous verts, et recouvert de terre. On met ensuite le feu à la charbonnière et il dure environ un mois. Pour l'éteindre, on prépare une mare d'eau dans laquelle on jette le charbon incandescent à mesure qu'on le découvre. Une fois éteint, le charbon est transporté à dos d'homme jusqu'au camarin ou hangar, où est installée la fonderie.

Le transport des produits de la fonderie se fait à dos de carabaos ; chacun de ces animaux ne peut pas porter plus de dix paires de fers, et, pour aller seulement à Angat, il faut payer 5 francs par homme et par bête, nourriture comprise.

J'ai fait dans ces régions d'assez bonnes chasses ; mais, comme dans toutes les grandes forêts tropicales, les oiseaux perchent à des hauteurs telles que j'étais obligé de tirer les calaos à balles.

Le 8, nous continuons d'avancer vers le nord-est, pour nous rapprocher des Négritos si difficiles à atteindre et que je voudrais observer et mesurer de nouveau.

Nous visitons en passant une autre fonderie dirigée par un Chinois et qui ne possède que deux fourneaux. C'est le minimum que l'on puisse avoir, car on doit fondre jour et nuit, tantôt dans un fourneau, tantôt dans l'autre.

A 4 heures du soir, nous nous arrêtons à la fonderie du señor Anchuelo, le premier Européen qui soit venu exploiter les mines de fer de ces régions. Il n'en est pas plus riche pour cela. La fortune ne lui a pas encore donné un sourire favorable. C'est en son genre un véritable type : il vit complètement à l'indienne, faisant des marches insensées nu-tête et nu-pieds, vêtu ni plus ni moins que ses hommes, et n'étaient ses traits, qui le distinguent des habitants de la région, on le prendrait tout au plus pour un métis ; garçon très aimable et très hospitalier du reste. A notre retour à Angat, où est sa maison de ville, il a voulu à tout prix nous retenir chez lui. Je dois ajouter qu'en ville il s'habille à peu près comme tout le monde.

Le lendemain j'allai à la chasse, et je tirai un *baleti* de grande taille, un fort beau pigeon qui n'avait pas encore été décrit. M. Oustalet, aide-naturaliste au Muséum, l'a décrit et a bien voulu lui donner mon nom. Les pigeons et tourterelles sont très nombreux et très variés aux Philippines. J'en ai tué pour ma part pendant mes deux campagnes de nombreuses espèces, et parfois ils sont venus fort à propos sur ma table pour faire un peu diversion au poulet traditionnel, pièce de résistance de mes repas journaliers. Un autre oiseau qui venait aussi varier le menu, c'est un grand calao.

Je rentrai à Manille juste à temps pour assister à l'entrée triomphale du nouveau gouverneur, le capitaine général Primo de Riverq, marquis d'Estrella. Les rues étaient pavoisées, toutes les musiques étaient allées le recevoir. Le soir, illumination et réception officielle chez le gouverneur.

# CHAPITRE VI

## LE MAHAÏJAY — LA PROVINCE DE TAYABAS UN PAPE INDIGÈNE

Après un repos de quelques jours, je repartais le 20 avril avec M. Vidal, qui devait m'accompagner jusqu'à Lugban.

J'avais, pour cette excursion, engagé un nouveau chasseur, qui eut le soin de faire brûler de l'encens sous son fusil avant de partir, et qui me demanda si le fusil que je lui confiais était chaud, c'est-à-dire s'il avait déjà servi à tuer du gibier.

Sur l'un des petits vapeurs qui font un service régulier entre Manille et Santa-Cruz de la Laguna, nous remontâmes le Pasig, bordé jusqu'à Santa-Ana par les villas des riches négociants manillans. A Santa-Ana, dont nous pouvons apercevoir le clocher, vit un de nos compatriotes, M. l'Héritier, chez qui je me suis plus d'une fois reposé de mes fatigues.

Puis le fleuve fait un grand coude et nous passons devant divers pueblos. Le pays est fertile et très peuplé. Nous croisons *bancas* et *cascos* en route pour Manille : les unes portent de l'eau potable, soit dans de grandes jarres en terre, soit tout simplement à même l'embarcation ; les autres emmènent à la ville blanchisseurs ou promeneurs, et celles-ci sont surmontées de petits toits pour protéger les voyageurs contre l'ardeur du soleil ; d'autres enfin, celles des sacateros, sont chargées de sacate, paquets d'herbe. Presque

Sur le Pasig.

toutes ont leur coq à l'avant : du reste, l'Indien tagal ne se sépare qu'avec difficulté de son coq de combat. Les cascos sont de grands chalands plats affectés au transport des grosses marchandises ; ils ont une grande voile, mais marchent très doucement ; en rivière ils ne naviguent qu'à la perche.

De temps à autre, une case s'avance dans l'eau, avec deux marches formées d'un seul bambou et allant d'un bout à l'autre de la case : c'est un restaurant tagal à l'usage des marins du fleuve. Là, le piroguier aime à s'arrêter. Accroupi sur une des marches, il y passe des heures entières à mâcher son buyo (betel), buvant peu, car le Tagal s'enivre rarement, et mangeant sa morisqueta (riz cuit à l'eau) et son poisson sec. C'est là tout son repas, qu'il prolonge le plus possible, tout en caressant son coq. Ici le Tagal déroge à l'usage ordinaire. Chez lui, en effet, il a vite fait de prendre sa nourriture.

Continuant notre route, nous rencontrons une petite chapelle bâtie par un Chinois reconnaissant. Nous rencontrons ici un miracle nouveau, de valeur égale à tous ceux qui sont sans cesse signalés. Ce Chinois se baignait dans le Pasig lorsqu'il aperçut un crocodile se dirigeant vers lui ; on juge de son effroi, il n'était pas possible à notre Chinois de se sauver. Se voyant sur le point d'être inévitablement dévoré par le terrible saurien, il fit vœu, s'il en réchappait, d'édifier à l'endroit même une chapelle à san Iago (saint Jacques). Il n'eût pas plus tôt fait son vœu que l'animal était subitement changé en pierre. Chaque fois que passe un nouveau venu dans le pays, on ne manque pas de lui faire voir le crocodile pétrifié. Malgré toute ma bonne volonté, je n'ai jamais su voir qu'une pierre qui, bien que d'une forme allongée, demandait plus qu'un effort d'imagination pour être comparée à la forme d'un crocodile.

Sur le vapeur qui nous porte il y a des classes différentes. Nous, Européens, nous payons 4 piastres (20 francs) pour notre voyage, tandis que les métis chinois et les Indiens ne payent que 4 reales (2 fr. 50) ; il est vrai que ces derniers ne sont pas nourris.

Nous avons droit à un déjeuner, passablement mauvais et pas toujours proprement servi; on ne lésine pas sur les rafraîchissements, qui sont à discrétion, mais on n'en abuse pas.

A 10 heures, nous arrivons au seuil du lac, devant la barre qu'a formée et qu'entretient l'accumulation des sables à l'endroit où le Pasig sort de la lagune de Bay. Force nous est de débarquer, suivant l'usage, et de passer en pirogue sur l'eau sans profondeur de la barre; de l'autre côté de l'obstacle, nous montons sur un vapeur qui nous attend.

Cette barre et le peu de fond du haut Pasig empêchent les bateaux calant plus d'une brasse de remonter dans le lac, surtout pendant la saison sèche.

A 5 heures et demie nous arrivons au débarcadère de Santa-Cruz, ville qui a succédé à Pagsanjan dans le rang, les honneurs et les avantages de capitale de la province de la Laguna. Nous ne nous attardâmes point dans la nouvelle capitale, d'où nous partîmes aussitôt, et nous passâmes la nuit à Pagsanjan, que nous quittâmes le lendemain matin, en route pour le sud, par Magdalena, où nous assistâmes à un enterrement, cérémonie peu lugubre en pays tagal, surtout quand il s'agit d'un enfant. On le porte à l'église, puis au cimetière, fardé, dans ses plus beaux vêtements, entouré de fleurs, entre des flambeaux argentés ou dorés, au son d'une fanfare qui joue ses airs les plus joyeux : j'ai entendu jouer durant la cérémonie *la Fille de madame Angot*, des polkas et des valses. Le corps du défunt, principalement quand c'est un adulte, est porté sur un brancard par quatre hommes; quand le village n'en possède pas, on prend la première table venue. Généralement, il n'y a pas de bière. Je parle, bien entendu, de la province, car à Manille il en est autrement, et le corps est placé sur un char traîné par quatre ou six chevaux, suivant la richesse du défunt. Les Métis et les Chinois font de très grands frais pour cette cérémonie. Les voitures sont recouvertes d'ornements et d'inscriptions en lettres d'or; sur le haut de la voiture figurent une tête de mort et d'autres attributs qui ne manquent pas de grotesque.

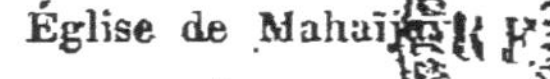

Église de Mahaïm

Après avoir changé de chevaux à Magdalena, nous continuons vers Mahaijay par une route partout bordée de plantations de cocotiers dont on extrait surtout de l'huile et de l'alcool.

Deux ou trois Européens sont venus récemment créer des plantations de cannes à sucre, dans ces terrains vierges et très riches où cette culture prospère admirablement et donne d'excellents produits.

L'hôtel dans lequel nous sommes descendus est de médiocre apparence et donne encore moins qu'il ne représente; ajoutons que les prix sont ici moins élevés que dans les établissements similaires de Manille et qu'on n'y est pas sensiblement plus mal.

Le pueblo de Mahaijay se groupe autour d'une très vaste église en pierre, couverte de briques, bâtie dans un beau site : elle relève de l'ordre des franciscains.

Nous sommes au pied du Mahaijay, la plus haute montagne de la région (2233 mètres).

Le lendemain, nous entreprenons l'ascension, mais une maudite pluie nous empêcha d'arriver jusqu'à la cime : à 1125 mètres, à moitié hauteur, nous battîmes en retraite, mais avec la ferme résolution de recommencer la tentative du côté de Lugban, ville de la province de Tayabas.

Une partie de la montagne avait été mise en culture; nous avons retrouvé à 1800 pieds une ancienne plantation de café créée par un Suisse, M. Tobler, mais elle a été entièrement abandonnée depuis sa mort.

Dans cette excursion, j'ai pu tuer quelques oiseaux de l'ordre des rapaces, dont un d'une grande rareté. Le lendemain, nous partons pour Lugban, à l'est-sud-est de Mahaijay. La route, jusqu'aux confins de la province de Tayabas, est dans un état abominable; elle descend presque continuellement et n'est, par le fait, qu'un torrent desséché et encombré de rochers. Je ne sais vraiment pas comment nos chevaux peuvent marcher, et pourtant, malgré quelques chutes, nous arrivons sans avoir éprouvé de trop graves avaries.

Nous rencontrons en route des caravanes de chevaux

porteurs de petits tonneaux remplis d'huile de coco. Ils ont l'air de véritables chèvres : petits de taille, ils sautent d'un rocher sur l'autre, tout en arrachant un brin d'herbe par-ci par-là ; ils glissent, tombent, se relèvent d'eux-mêmes généralement. Quand la chute a été trop malheureuse, le conducteur vient détacher les barils, et l'animal se relève, puis se remet à brouter l'herbe pendant que son maître le recharge. Ces vaillantes petites bêtes sont très mal entretenues, pleines de blessures causées par le bât en bois sur lequel on attache la charge, et très maigres.

Après avoir passé un petit cours d'eau encaissé entre deux montagnes, nous nous trouvons en face d'une belle route et dans la province de Tayabas. A 11 heures, nous sommes arrivés. A Lughan, installation chez une Indienne, la signora Vicenta, qui a pour spécialité de recevoir les étrangers et de vendre des orchidées ; elle s'occupe aussi d'histoire naturelle, une collègue par conséquent.

Notre arrivée est bientôt signalée, et nous recevons une invitation à dîner de la part des officiers de la province et du curé. Le dîner a lieu au tribunal, lequel est très beau et très confortable : il a trois ou quatre chambres séparées et un grand salon commun. C'est le plus beau que j'aie rencontré aux Philippines.

Le soir, pendant le dîner, la musique vient nous jouer quelques airs : nous sommes vraiment étonnés de son exécution ; c'est, du reste, le Padre, un fort bon vivant et un musicien en même temps, qui l'a formée ; il en est très fier, et avec raison.

Petite ville fort remarquable, que Lugban. Elle est sur le versant nord-est du Mahaijay, par 240 mètres d'altitude ; l'air y est frais ; l'eau coule en abondance dans toutes les rues, et les Indiens y sont beaucoup plus travailleurs que dans les autres parties de Luçon. Il est rare de les voir passer la journée à leurs fenêtres ou assis dans les rues à caresser leurs coqs ; ici, tous travaillent ou font le commerce. Les femmes s'occupent tout le jour à faire des chapeaux ou des porte-cigarettes en *leuri* (espèce de palmier) qui sont très recherchés.

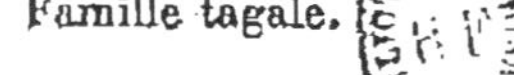

Famille tagale.

Le curé me fait remarquer qu'il n'y a pas ici un seul Chinois, que les Indiens font tout eux-mêmes, commerce et cultures ; aussi est-ce une des meilleures cures de ces contrées : elle doit rapporter de 8 à 10 000 piastres par an.

Je vais voir un forgeron indien qui confectionne une grille pour l'église ; il coule les ornements de la grille dans des moules en bambou et les rattache au marteau sur les barreaux ; le tout est fait proprement et avec assez de goût. Il fait aussi des *bolos* [1] ou couteaux de chasse qu'il incruste d'or ou de cuivre, d'un dessin original. Je n'ai pas pu m'en procurer, car il les vend très cher.

Les Indiens sont, comme les Chinois, très adroits pour reproduire d'après un modèle, et ils poussent le talent d'imitation à l'extrême.

Nous allons voir aussi un peintre indigène, et j'achète une de ses œuvres, une scène champêtre peinte sur une plaque de fer-blanc provenant d'une caisse d'emballage.

Le lendemain, nouvelle attaque du Mahaijay, et nouvel échec : nous sommes battus honteusement. Le curé nous console. « Dans deux mois, les pluies passées, le terrain sera meilleur, dit-il, et je ferai tracer par mes Indiens un sentier jusqu'au sommet. » Le bon Pare, comme disent les indigènes, au lieu de Padre, a tenu parole, et, deux mois après, M. Vidal a gravi la montagne, dont d'ailleurs plusieurs Européens avaient déjà foulé le sommet.

Le 25, le curé nous invite à un grand déjeuner qu'il donne à l'occasion d'une fête. Aux Philippines, les fêtes sont très nombreuses, et il y en a à propos de tout et à propos de rien, et monsieur le curé de quelque nouveau saint charge toujours son prône. D'ailleurs, tout est prétexte à réunion, dîner et bal.

Le matin, un peu avant le déjeuner, nous allons visiter l'église, très vaste et ornée d'un très grand nombre de statues qui sont l'objet de la vénération des fidèles le jour

1. Le bolo est à la fois un couteau de chasse, un sabre d'abatis, assez analogue au machette des Mexicains. Bolo et machette sont indispensables pour se tailler une route dans la forêt envahie de lianes.

de la fête du saint qu'elles représentent. Presque toutes sont en bois, faites par des artistes indigènes; les autres sont en plâtre ou en pierre et de fabrication européenne. Pendant les offices les hommes et les femmes sont séparés par l'allée du milieu, qui, de chaque côté, possède un banc où vient s'asseoir le monde officiel du pueblo.

C'est jour de fête, aussi chacun a revêtu son costume de cérémonie, des souliers vernis, mais sans bas ni chaussettes à de très rares exceptions près, un pantalon de drap noir ou quelquefois de toile blanche, une chemise de toile ou de *piña*, dont les pans écourtés passent par-dessus le pantalon, et une petite veste de garçon de café.

La coiffure varie beaucoup : il y a vingt ou trente ans, les gobernadorcillos portaient le chapeau haute forme, mais maintenant celui-ci n'est plus de mode, et il est remplacé par le petit chapeau rond. La coiffure ordinaire du pays est le salakot; les jours de fête, il est orné d'or ou d'argent et d'un prix plus ou moins élevé selon les ornements qui le décorent. On se sert aussi de chapeaux en paille de *buri*, dont quelques-uns sont excessivement fins et se payent fort cher.

Toutes les autorités se promènent une badine à la main : le maire a un jonc à pomme d'or sur laquelle sont gravées les armes d'Espagne; le bâton est un emblème d'autorité chez les Espagnols.

Une course bien plus facile que l'ascension du Mahaijay, c'est la visite à la cascade de Butocan, très célèbre aux Philippines, et, d'après moi, beaucoup trop vantée au préjudice d'autres accidents de la nature, plus beaux et plus rares, dont l'archipel abonde. La chute est formée par une petite rivière dont le cours est coupé tout d'un coup par un précipice d'environ 60 mètres de profondeur, encaissé entre deux hautes montagnes; les eaux tombent en une seule nappe et vont se briser avec bruit au fond du précipice.

Un autre jour je fis une excursion à Sampaloc, dans la direction de la Contracosta, en compagnie de mon hôtesse la señora Vicenta, laquelle portait le costume équestre du pays : il ne diffère du costume ordinaire que par le petit chapeau ovale dont l'écuyère est coiffée. Les femmes ici montent aussi bien à califourchon qu'en amazone; elles mettent les jambes aussi bien à gauche qu'à droite; elles se tiennent aussi assises sur la selle, les jambes croisées sur le cou du cheval.

Affreuse était la route et mon coursier s'abattait de temps en temps ; mais il était si petit, si petit que, lui par terre, je me trouvais debout, sans accident, avec la bête entre les jambes.

Le culmen de la route est à 400 mètres ou un peu plus d'altitude, sur le faîte entre le bassin du lac de Bay et le versant de la mer Orientale. Nous y arrivons tant bien que mal et descendons de là jusqu'à Sampaloc, dont la hauteur au-dessus des océans n'est que de 27 mètres, dans une vallée très belle où viennent se réunir les torrents qui forment le rio Mapon, dont l'embouchure est près de Mauban.

Mes chasses furent loin d'être fructueuses à Sampaloc, et je reviens à Lugban, sans pousser jusqu'à Mauban, ainsi que je l'avais projeté d'abord.

Cependant, dans les environs de Lugban, les mollusques terrestres sont plus nombreux et plus variés que dans les parties de l'île de Luçon que j'ai déjà visitées ; il y a, entre autres espèces, une grande hélix, qui, au dire des habitants, siffle très fort. Un soir, à Lugban, j'ai entendu siffler dans le jardin du tribunal, mais je n'ai pu savoir si ce sifflement devait être attribué audit mollusque ou si quelque gamin s'amusait de cette façon.

Rentrant un jour de la chasse par un temps de pluie, je marchais en avant, suivi de mon *boy;* j'étais pieds nus, ne faisant aucun bruit sur la terre détrempée, quand, à un appel de mon homme, je m'arrête. Il me montra alors, à environ 2 mètres de moi, un *dagum-palay*, serpent des rizières très dangereux, qui, dressé sur la route, était à la chasse des grenouilles.

Prenant une baguette, j'en donnai un coup léger à l'animal, et, le prenant par le cou, je me retournai pour le passer à mon chasseur, qui s'était sauvé en toute hâte et de loin me criait de jeter cette vilaine bête ; je lui intimai l'ordre de me suivre, et, ayant fendu la baguette qui m'avait servi à le frapper, je pinçai le cou du reptile, qui s'enroula autour du bâton, ce qui me permit de le porter sans aucun risque jusqu'à mon flacon d'alcool. Tout le monde, en me voyant, de se sauver ou de me suivre de loin, se demandant ce que j'allais faire de l'animal. Samy ayant expliqué aux curieux que la bête était renfermée dans une bouteille, ce fut à qui envahirait ma case pour voir ce prisonnier d'un nouveau genre. Ennuyé de ce voisinage, je donnai tout d'un coup l'ordre à Samy de retirer le bouchon; sur ce, mes gens, pris de peur, de s'enfuir au plus vite par toutes les issues. Alors on me laissa tranquille.

Je quittais Lugban le 11 mai, pour continuer mes chasses, en contournant le groupe de montagnes qui domine le Mahaijay, et j'arrivais à 10 heures du matin à Tayabas, fort beau pays « à taille de guêpe » qui est comme un isthme de Panama entre un golfe de la mer de l'Est et la mer du Midi. C'était la ville la plus considérable de ces régions; mais, il y a quatre ou cinq ans, un incendie a tout anéanti, à l'exception de l'église en pierres; on commence à rebâtir les maisons, et, en attendant, les habitants sont campés provisoirement. Aux Philippines, le provisoire, c'est le définitif.

Le gobernadorcillo m'offrit l'hospitalité, me retint de force, et, après un déjeuner fort gai, je poursuivis au sud-ouest vers Sariaya, par une route peu sûre naguère, et infestée de voleurs.

Au sortir de la ville, nous traversons sur un pont de pierre un cours d'eau assez large, encombré de rochers contre lesquels l'eau se précipite en bouillonnant. La route, bien entretenue, est bordée de ci de là de fermes placées parfois dans des sites très pittoresques.

Avant d'arriver à Sariaya, nous rencontrons un poste de cuadrilleros, veilleurs de nuit; près de la porte est pendu un trône d'arbre creusé qui sert de cloche d'alarme, et, dans l'intérieur, nous voyons une forte planche percée de trous, un vaste carcan destiné à conserver les suspects en attendant que la justice les réclame.

Le peu de succès de mes dernières expéditions comme naturaliste m'était on ne peut plus désagréable, un véritable marasme zoologique! Je ne voulais pas rentrer bredouille à Manille.

Je choisis alors pour centre d'excursions de chasse le pueblo de Sariaya, situé à petite distance de la mer du Sud, au versant méridional du Mahaijay.

J'arrivai le 11 mai, à 5 heures du soir, et, comme il n'y avait pas de tribunal pour m'installer provisoirement, je devins l'hôte momentané du gobernadorcillo, qui mit gracieusement à ma disposition l'une des chambres de sa maison.

Sariaya devant être mon quartier général, j'y louai une case à raison de 1 fr. 25 par jour, et, dès le premier soir, j'eus la bonne fortune d'assister de mon balcon à un commencement de représentation. C'était une gracieuseté faite au pueblo par un riche particulier. Quand je dis commencement de la pièce, cela nécessite une explication. Comme durée, une pièce aux Philippines dure souvent trois jours et trois nuits. Celle-ci dura trois nuits pleines. Le théâtre, tout de circonstance, sur la grande place, est en bambous; ni rampe, ni coulisses; seulement deux portes au fond.

Le directorcillo de Sariaya a l'obligeance de me traduire la pièce, qui est jouée en tagal. Acteurs, actrices sont pris parmi les jeunes gens du village. Le principal rôle de femme est très recherché : il est rare que celle qui le remplit ne trouve pas à se marier aussitôt la fête terminée; c'est du moins ce que me dit mon traducteur.

Voici le sujet de la pièce. Une jeune vierge africaine est aimée de deux princes, l'un bon, l'autre mauvais. Chacun d'eux a son serviteur amoureux de la suivante, et, après chaque scène entre les maîtres, scène identique entre les valets qui font le rôle de comiques.

Les artistes sont couverts de baudriers d'or, et les costumes, ornés de plumes et de paillettes, sont d'un rouge écarlate. Je ne dirai pas : le rideau se lève, puisqu'il n'y en a pas, mais la musique joue une marche, et, par les deux portes du fond, s'avancent, à la queue leu-leu, emboîtant le pas, les femmes d'abord, les hommes ensuite; arrivés à la rampe, ils font demi-tour et s'en retournent en silence, du même pas cadencé. Puis vient le régisseur, qui déclame en vers l'analyse de la pièce. Il dit tout sur le même ton, sans aucune nuance, sans rien scander, la colère, la joie, la douleur. Il porte un habit noir, et, à l'encontre de la mode philippinienne, sa chemise est rentrée dans le pantalon, ce qui amuse énormément l'auditoire.

Après la sortie du régisseur, les deux premiers rôles s'avancent, toujours du même pas cadencé, et, tournant sur leurs talons, vont s'asseoir en face l'un de l'autre.

Le prince fait sa cour à la princesse, qui se lève chaque fois qu'elle répond à son adorateur, puis se rassied; alors se lève le prince à son tour, d'un mouvement automatique.

Même scène a lieu entre la princesse et le mauvais prince, puis entre messieurs les comiques.

De discours en discours, à la fin des fins, les princes mettent flamberge au vent; les valets vont, eux aussi, « se prendre au poil », mais, après réflexion, ils font battre leurs coqs à leur place : le vaincu sera celui dont le coq aura succombé. La princesse réconcilie les deux princes et meurt.

Pendant la représentation la fanfare du pueblo joue tous les airs de son répertoire avec un réel entrain.

Le 12 mai, mon installation dans la case indigène que j'avais louée était faite, et je prenais mes dispositions pour la chasse. J'avais bon espoir, car depuis Mahaïjay on me vante sans cesse les régions qui entourent Sariaya comme d'excellents terrains de chasse. Je suis plus heureux qu'à Sampaloc et qu'à Lugban, mais ce n'est pas encore l'Eldorado du collectionneur naturaliste. Peut-être aussi mes chasseurs ont-ils peur des bandits qui fréquentent ces parages. La contrée regorge de bestiaux que les voleurs dérobent, marquent et contremarquent, puis vont vendre à Manille, la distance entre cette partie de Luçon et la capitale étant facile à franchir.

C'est principalement entre Sariaya et Tiaon que les bestiaux sont nombreux, et c'est là que les voleurs, chassés des provinces voisines, se sont rabattus.

Pour obvier aux réclamations sans cesse renouvelées des propriétaires de bestiaux volés, l'administration a publié un arrêté qui enjoint à tout Indien conduisant des bestiaux d'être porteur d'un certificat d'origine; mais les voleurs ne manquent pas de complices, qui leur permettront d'éluder l'arrêté.

Quand ils rencontrent quelque Indien bon à dévaliser, ils s'empressent de le débarrasser de tout ce qu'il porte. Il est très rare que les voleurs s'attaquent à un Européen, par crainte soit de ses armes, soit des conséquences. Il faut dire aussi qu'à l'exception de quelques naturalistes égarés dans ces régions, il n'y a guère d'autres Européens que le curé, les officiers de la guardia civil et des carabineros.

A peine installé, j'eus la visite du directorcillo, qui parle très bien l'espagnol et est en même temps l'individu le plus lettré de la localité.

Il me demanda de lui expliquer ce qu'est la France, si c'est loin de l'Espagne et si l'on peut y aller par terre.

Je lui fis sur le plancher un tracé de l'ancien monde, et je tâchai de lui faire comprendre la place qu'occupe chaque nation en Europe. Il fut très étonné, et peut-être ne me crut-il pas quand il vit que la France était si voisine de l'Espagne, et surtout quand je lui expliquai que de la Chine on pouvait aller par terre en Europe. Il avait la ferme croyance que toutes les nations se trouvent sur des îles plus ou moins grandes.

Le nouveau gouverneur a renouvelé l'ordre de ne choisir, parmi les candidats à l'emploi de maire, que celui qui sait le castillan; assez rares sont les Indiens, en dehors de Manille, sachant d'autre idiome que le leur; non pas qu'ils ne soient pas aptes à apprendre, ils ont, au contraire, beaucoup de facilité pour les langues; mais les écoles étant sous la haute direction des curés, ces messieurs, pour des raisons que je n'ai pas à approfondir, mais aisées à comprendre, ne veulent pas que les Indiens parlent d'autre langage que le leur.

Plus tard, au cours d'une excursion, j'ai entendu un curé

interpeller vivement un gobernadorcillo qui nous disait bonjour en espagnol, et lui dire : « Espèce d'animal, parle donc dans ta langue. » Le plus souvent, les indigènes, ne sachant pas l'espagnol, ont constamment besoin du curé pour défendre leurs intérêts auprès des autorités; de là vient, en grande partie, l'influence du clergé aux Philippines, influence qui commence cependant à décroître, les Indiens cherchant de plus en plus à s'instruire.

Comme entomologiste, j'eus quelque succès et mis la main sur quelques centaines d'insectes intéressants. A ce propos, je note un fait assez comique.

Un jour, je descendais de la forêt, vers 11 heures du matin, rentrant de la chasse un peu fatigué ; le fusil sur l'épaule, et le soleil tombant d'aplomb sur ma tête, j'aperçus un superbe papillon. Prenant mon filet des mains d'un de mes hommes, je m'avance avec précaution et je manque mon lépidoptère. En même temps, je reçois de partout de l'eau sur la figure. Je cherche d'où vient cette averse. Rien. Second coup de filet, pluie fine qui m'arrose le visage. Troisième coup de filet, nouvelle averse, dégouttant des branches des arbres. C'étaient des cigales, qui, à chacun de mes mouvements, me lançaient par l'anus cette pluie minuscule. Je m'amusai quelque temps à ce jeu, qui se termina par l' « intégration » de quelques-unes de ces cigales en un flacon d'alcool.

Le 18 mai, suivi de mes chasseurs, je pars en course jusqu'à la plage de la mer du Sud, vers l'embouchure du rio de Canga, qui se jette dans une grande baie limite sud de la province de Tayabas. La route court directement au sud à travers des champs cultivés et des forêts de goyaviers odorants et en pleine période de maturité à cette époque de l'année.

On m'a bien recommandé d'avoir l'œil aux *toulisins* (brigands) ; je ne négligerai pas cet avertissement, mais je ne rencontre pendant mon trajet que quelques Indiens, qui n'ont pas l'air plus féroce que les autres, et dont les cases bordent la route. Je ne nie pas qu'ils ne soient un peu voleurs à l'occasion, mais rien ne le prouve, et tous, en passant, me disent fort poliment : Magandan arãopo (bonjour, maître).

La partie de la baie où je me trouve est sablonneuse; on y rencontre très peu de mollusques, mais en revanche on y pêche de très beaux poissons. Une partie est consommée sur place à l'état frais; le reste est séché et conservé pour l'usage local ou expédié à Manille et dans l'intérieur.

Durant cette excursion, j'ai pu observer le manège d'un petit oiseau qui poursuivait un corbeau, lequel paraissait assez ennuyé de ce voisinage, mais ne se défendait pas. Cet oiseau a le vol gracieux comme l'hirondelle, avec laquelle, à distance, on pourrait le confondre : il vit aux dépens du corbeau; que celui-ci poursuive une proie, qu'il soit en train de la dévorer, le petit tyran voleur survient et s'empare de la proie sans que le corbeau fasse la moindre résistance.

Le 20 mai, je rentre à Sariaya; je rassemble ce que j'ai réuni de collections dans mes dernières excursions et je pars le 24 mai, toujours à la recherche du pays de mes rêves, là où, comme les Indiens me le disaient, je tuerais plus d'oiseaux que je ne voudrais.

Je me dirige vers l'ouest et, par le nouveau *pueblo* de Candelaria, j'arrive à de vastes plaines pierreuses, légèrement inclinées vers la mer. Les pluies fréquentes conservent l'humidité du sol, sur lequel poussent des goyaviers et, de ci de là, quelques touffes d'une plante très goûtée par les animaux.

Des troupeaux fort nombreux de bœufs et de chevaux vivent en pleine liberté; chaque année on pratique une traque pour marquer les jeunes, et on opère de la même façon quand il s'agit de prendre les animaux destinés à la vente. Des cavaliers armés du lazzo entourent le troupeau, et, avec l'aide de chiens dressés à cet exercice, on le pousse vers un corral, vaste enceinte dont on ferme aussitôt les portes. Après avoir fait le choix des animaux qu'on veut garder, ou quand on a marqué les jeunes, on ouvre les portes du corral et les animaux retournent à la file vers les pâturages très abondants sur le versant sud des contreforts du Mahaïjay.

Je m'arrête pour déjeuner au tribunal de Candelaria. Le gobernadorcillo me demande si je veux lui vendre de la poudre, parce que sa situation est assez difficile, qu'il a de nombreux ennemis, que, dans le pays, il ne peut se procurer ce produit, et que monsieur l'alcade ne le voit pas de fort bon œil. Il est vrai que l'alcade n'a pas tous les torts en lui refusant ce produit, car les gens de l'endroit sont d'anciens toulisins ramenés à de meilleurs sentiments, mais depuis fort peu de temps. Je lui réponds que je ne vends rien, mais que je veux bien lui donner quelques charges de poudre, à la condition qu'il ne s'en servira que contre les brigands.

Après déjeuner, je continue ma route en remontant au nord-ouest jusqu'à Tiaon. L'aspect du pays change à mesure que j'avance; le terrain est plus ferme et plus boisé; on traverse encore, comme entre Sariaya et Candelaria, des rivières actuellement à sec, qui, dans la saison des pluies, courent sur les pentes des montagnes, roulant avec leurs eaux torrentueuses des masses énormes de roches et de galets.

A 4 heures du soir nous arrivons à Tiaon, et nous y passons la nuit.

C'est encore la maison du gobernadorcillo qui, comme à Sariaya, sert de tribunal et de refuge à toute la marmaille du pays.

Tiaon possède une église et un couvent bâtis en pierre et recouverts en tuiles, mais en très mauvais état; il y a aussi un cuartel de guardia civil, commandé par un teniente (lieutenant).

Le 25 mai au matin, par une route ombragée de grands arbres et bordée de plantations de café, j'arrive en une chevauchée à Dolorès, le vrai paradis du naturaliste, assuré qu'il est de ne jamais revenir bredouille.

J'y loue une maison, je m'y installe au plus vite, et je tente avec le curé l'ascension du San-Cristobal, le 1er juin 1880.

A 4 heures du matin nous partons, le curé, le caporal de la guardia civil, quelques porteurs, un guide et moi; au lever du soleil, nous entrons sous bois, puis, la forêt qui entoure le pied de la montagne une fois franchie, nous arrivons à la région du cogon, dont les feuilles raides nous tranchent les mains et la figure. En passant sur une crête de 1 mètre à peine de largeur, et où la chute serait au moins de 200 à 250 mètres, tandis que je regarde autour de moi, afin de voir si je n'apercevrais pas quelque gibier, je fais un faux pas et je dégringole; heureusement, l'épaisseur du cogon me permet de me raccrocher en route : sans quoi, plus de chasses, et surtout plus de chasseur!

A 8 heures, le soleil nous importune déjà; la pente est rude, nous nous cramponnons au cogon, et, à 11 h. 40, on arrive aux fameux lacs du San-Cristobal : trois mares, purement et simplement; encore deux sont-elles desséchées; la troisième, mieux abritée du soleil, n'a pas deux pieds d'extrême profondeur. Hourrah pour les trois lacs, anciens cratères du volcan San-Cristobal! L'altitude du lieu est de 1072 mètres au-dessus de Dolorès, de 1216 au-dessus du niveau de la mer.

Il est décidé que je ne pourrai faire une ascension durant mon voyage sans subir quelque solide averse. Au moment où nous arrivons au cratère, une pluie diluvienne vient nous transpercer, et je n'ai que le temps de quitter mes vêtements et de les rouler dans mon caoutchouc pour les conserver secs.

Des sentiers tracés par les sangliers, montée presque à pic, nous conduisent au plateau supérieur de la montagne. Le cogon y a bien 3 mètres de haut et les brins en sont gros comme le doigt; pour pouvoir regarder l'horizon, nous sommes obligés de l'incliner et de grimper dessus. Nous jouissons alors d'une vue superbe. Seule, la partie est, où se trouve Lugban, nous est cachée par le pic de Mahaïjay; mais au nord-ouest nous découvrons en grande partie la nappe du lac de Bay; en nous tournant un peu plus à l'ouest, nous apercevons Manille et Cavite, le port militaire des Philippines et leur grand arsenal maritime; au sud-sud-ouest étincelle le lac de Bombon, au milieu duquel se dresse le Taal, l'un des volcans de Luçon encore en activité. Au sud et au sud-ouest, c'est la mer, avec les îles de Mindoro et de Marinduque. Plus près de nous, vers Dolorès et San-Pablo, brillent sept petits lacs qui, sans doute, furent aussi des cratères. Le San-Cristobal a 1554 mètres d'élévation.

Nous redescendons par une crête à pic, et, en dix minutes, nous arrivons au plateau où le campement a été établi pour passer la nuit. Nous nous couchons, les trois castillas sur la seule herbe qu'il y ait, et les hommes un peu partout, sans feu, car il a été impossible de nous procurer du bois sec pour l'alimenter.

Le lendemain, dès l'aube, nous descendîmes par le chemin le plus court; ce fut une dégringolade qui dura deux heures. Enfin, nous arrivâmes à la lisière du bois, tout en sang, déchirés que nous étions par les herbes; nous attendîmes nos chevaux en déjeunant, et nous retournâmes ensuite à Dolorès.

Un de mes amis, un Espagnol des Philippines, me rendit facile, agréable, le séjour de Dolorès. M. Guivelondo est un homme fort instruit, parlant également bien l'allemand, l'anglais, le français qu'il a appris à Angoulême. Il a créé une plantation de café très vaste et de tout point magnifique; elle donne des récoltes abondantes et un des meilleurs grains de tout l'archipel. Il serait parfaitement heureux sans l'animosité qu'on a, dans ces beaux pays, pour tout nouveau venu.

Avec lui je chassai le tabun, avec lui je cherchai des nids d'hirondelles, avec lui je visitai le mont du Calvaire, la fontaine du Jourdain, le Purgatoire, etc., noms assez inattendus sur une carte des Philippines!

Le tabun est un gallinacé. Ces oiseaux, de mœurs très particulières, vivent par couple, toujours isolés, mâle et femelle; dans les petites îles, on rencontre leurs œufs enfouis dans le sable de la plage, à une très grande profondeur; ici, dans les montagnes, ils les déposent entre les racines d'un gros arbre mort, toujours sur un point culminant du pays. Les œufs que nous découvrîmes étaient enterrés entre un mètre et un mètre et demi sous le sol. Il nous fut impossible de rencontrer ce jour-là un seul de ces oiseaux. Nous avions fait tout pour les effrayer, ils avaient disparu.

Un de mes chasseurs, indigène de Dolorès, nous avait fait découvrir le nid des tabuns au pied des grands arbres ; pour me procurer des spécimens de ces oiseaux, je dus m'adresser à un autre Indien, qui passe sa vie dans les forêts, sans cesse en chasse avec ses chiens, aussi maigres que lui. Il est, malgré son genre de vie isolée, très gai. Il rompt quelquefois avec ses habitudes de sauvagerie pour venir faire de courtes apparitions au village, où il se remet de ses fatigues et renouvelle sa provision de riz. Il a pu me fournir un mâle et une femelle de tabun.

Quelques jours plus tard, le 15 juin, Guivelondo me conduit à l'est de San-Cristobal, dans un massif calcaire creusé de nombreuses grottes et excavations dans lesquelles abondent les nids d'hirondelles. Les salanganes auxquelles on ravit les nids si goûtés des Chinois se tiennent dans les trous les plus étroits ; nos hommes quittent jusqu'à leur pantalon pour pouvoir y passer, et encore sont-ils forcés de se tordre comme des serpents. Ces nids sont accrochés aux parois des grottes ; quelques-uns sont très blancs, d'autres mélangés avec des herbes et du cabo-negro (filament provenant d'un palmier). Quand ils sont blancs, ils se vendent aux Chinois de Manille jusqu'à 60 piastres (300 francs) les 22 onces. Mais le moment n'est pas favorable pour faire une récolte un peu convenable, et je ne puis avoir que deux ou trois nids.

Après la chasse nous allons visiter la montagne, qui possède une véritable histoire. Dans cette montagne, certaines localités doivent leurs noms à un Indien du siècle dernier, le mont du Calvaire, la fontaine du Jourdain, le Purgatoire, etc., etc. Noms significatifs.

Elle servit de refuge, au siècle dernier, à un nommé Apolinario, espèce de prophète ou plutôt d'illuminé qui voulut fonder une religion.

Apolinario, élevé au séminaire de Manille, était destiné à être curé ou vicaire dans un village de l'intérieur. Un beau jour, chassé pour sa mauvaise conduite, il prit son parti en brave et se dirigea vers son village.

Bientôt après, il se retira dans la montagne, annonça aux indigènes que les Espagnols avaient un pape blanc, mais que lui était pape et prophète des Indiens. Il imagina une religion dont les rites du catholicisme étaient la base. Elle s'étendit comme une traînée de poudre dans cette partie de Luçon, car le bon Apolinario, qu'entourait une bande aussi nombreuse que peu choisie, faisait succéder miracle à miracle. Après quelque temps, son influence grandissant toujours, les méfaits des bandits qui l'entouraient se multipliant, la sécurité du pays étant compromise, il fallut prendre les armes contre lui; peu à peu réduit dans ses forces, un beau jour il fut tué, mais les Indiens croient qu'il n'est pas mort, et qu'à son heure il reviendra.

Les lieux qu'il a sanctifiés sont toujours, bien qu'en cachette, très fréquentés. On y amène des malades, souvent de fort loin, pour se baigner dans l'eau du Jourdain ou aux sources miraculeuses, qui guérissent tous ceux qui ont la foi.

Une de ces sources est assez difficile à atteindre; pour y arriver, il faut se laisser glisser sur le dos entre les rochers.

La fontaine du Jourdain est bien l'un des plus beaux sites que j'aie vus de ma vie; elle sort du milieu d'une touffe de fougères plaquées contre la montagne à pic. On venait d'y découvrir le cadavre d'une femme venue de Mahaïjay, par les montagnes, pour y chercher la guérison, et qui, en effet, y avait trouvé le terme de ses maux.

L'eau de la fontaine du Jourdain se déverse dans une rivière encaissée entre deux montagnes couvertes de forêts, parmi lesquelles quelques roches couvertes de mousse viennent mêler leurs tons sombres aux vives couleurs des arbres et des plantes qui tachent le sol de toutes parts.

Le Purgatoire, grotte immense dans le mont du Calvaire, servit longtemps de refuge au prophète et à ses disciples.

Tous ces lieux sont encore l'objet de la vénération des indigènes, qui s'y réunissent encore en cachette.

Il n'y a pas longtemps, le curé de Dolorès ayant appris, probablement par la vente extra-abondante qu'il avait faite de cierges bénits, qu'il allait y avoir une grande réunion dans la montagne, avertit la guardia civil ; au jour dit, les gendarmes tombèrent au milieu des fidèles, qui s'enfuirent en abandonnant tous leurs cierges, lesquels furent ramassés par les soldats ; le soir, tout le village était éclairé avec les bougies de cire fichées en terre le long de la route.

L'Indien chez lequel j'ai loué une chambre est éleveur et dresseur de coqs de combat. Chaque coq a sa cage spé-

Indiens et leurs coqs de combat.

ciale ; il est, chaque matin, lavé et caressé par son maître, à tour de rôle. Le Tagal aime son coq par-dessus tout ; il le porte partout avec lui, le flatte sans cesse, lui parle en lui lissant les plumes jusqu'au jour où il le fait tuer par un autre. Si un village brûle, les Indiens commencent par sauver leurs coqs et s'occupent ensuite des femmes et des enfants, s'il en est encore temps. La bête colérique paye assez cher cet avantage ; si elle est choyée, elle est aussi constamment attachée par une patte et regarde avec fureur ses pareils coqueter avec les poules, dont la compagnie lui est à jamais interdite.

Le jour où l'on donne une gallera est un grand jour de fête; même il n'y a pas de bonne fête sans gallera. On se réunit autour de l'enceinte. Il faut payer pour entrer, car les galleras sont chose de gouvernement, et c'est l'autorité qui désigne le juge chargé de prononcer en premier et en dernier ressort sur les cas douteux. Les combats de coqs sont l'occasion de paris tout comme les courses de chevaux chez nous. Quand les paris sont réglés des deux parts, on attache à la patte droite de chaque combattant un éperon d'acier fait avec une lame mince légèrement recourbée. Les propriétaires tiennent chacun leur animal, l'un devant l'autre. Pour les exciter, chacun cache avec la main la tête de son coq et le présente à l'adversaire, qui lui donne un coup de bec et lui arrache une plume du cou.

Bientôt l'ire des deux empennés ne connaît plus de bornes. Chaque Indien retire le fourreau qui recouvre l'éperon et, d'un air de défi, le jette aux pieds de son adversaire; on lâche les coqs, qui se précipitent. A chaque passe, le public pousse des cris d'enthousiasme pour son champion préféré. Quand le vaincu s'enfuit ou succombe, ce ne sont plus des cris, mais des hurlements.

Mes chasses furent très belles dans le pays de Dolorès : nulle part il n'y a autant d'oiseaux dans les Philippines, et chaque jour j'ajoutai quelque espèce nouvelle à mes collections. J'étais pour cela admirablement secondé par l'un de mes chasseurs, esclave, ou presque l'esclave, d'un des principaux propriétaires du pays. Je n'ai pas besoin de dire que l'esclavage est rigoureusement prohibé par le gouvernement espagnol, mais il n'en existe pas moins sous une forme déguisée, au vu et au su de tout le monde.

Un indigène emprunte-t-il quelques piastres à un propriétaire indien ou métis, il lui laisse, comme gage, son fils ou sa fille : l'enfant doit travailler jusqu'à ce que la somme soit remboursée : il va de soi qu'elle ne l'est presque jamais, et, si elle l'est, c'est l'exception. Le maître profite du travail et ne doit à l'esclave que la nourriture, l'habillement et le tabac ; s'il va travailler chez les voisins, le salaire appartient au maître ; du reste, tout cela se passe en famille.

Les individus laissés ainsi en gage font partie de la maison ; ils sont souvent très jeunes et élevés avec les enfants du maître, un peu plus jeunes qu'eux, auxquels ils sont spécialement attachés et qu'ils ne quittent plus.

Un autre genre d'esclavage, celui-là volontaire, est celui du jeune homme qui veut se marier. Dans beaucoup d'endroits, il est tenu de travailler pendant deux ou trois ans comme un simple domestique dans la maison du père de sa fiancée ; pendant ce temps, il est nourri, mais ne prend jamais place à la même table que la jeune fille ; il va se promener partout avec elle et a l'avantage de dormir sous le même toit que sa bien-aimée, quelquefois même assez près.

Quand l'amoureux a terminé son stage, il doit, avant la cérémonie du mariage, bâtir une maison, puis faire les achats indispensables. À sa charge sont aussi les dépenses occasionnées par le mariage religieux.

Mais tout ne se termine pas toujours aussi régulièrement qu'on pourrait le croire. Quelques pères de famille cherchent parfois une mauvaise querelle à leur futur gendre au moment où il a fini son stage, et, à sa place, admettent un nouveau soupirant, qui travaille pour ce père peu scrupuleux. Dans ce cas, la case bâtie par le malheureux évincé lui reste comme fiche de consolation.

Il y a encore, aux Philippines, nombre de malheureux vendus comme esclaves, particulièrement des enfants, soit qu'ils aient été enlevés à leur famille, soit que celle-ci les ait vendus à un autre individu qui les revend.

Un dimanche matin, à Manille, j'étais à table chez M. Warlomont, lorsque Samy vint me dire :

« Monsieur, il y a des hommes qui viennent vendre un petit Negrito. »

Comme j'avais déjà acheté des squelettes de Negritos et que plusieurs individus s'étaient engagés à m'en rapporter d'autres, je dis à Samy :

« Vois s'il est complet, et, s'il n'a rien de cassé, après déjeuner je le verrai.

— Mais, monsieur, me répond Samy, il est entier; c'est un tout jeune, il a à peine quatre ans.

— Cela ne fait rien, regarde si la tête n'est pas cassée.

— Mais, monsieur, il n'a rien de cassé, puisqu'il est vivant.

— Comment, vivant?

— Oui, monsieur.

— Et ils veulent le vendre?

— Oui, monsieur. »

Samy appelle les Indiens, qui arrivent à deux, conduisant un enfant de quatre ans à peine.

Par curiosité, je fis semblant de vouloir l'acheter, et demandai combien ils en voulaient. « 40 piastres (200 francs) », me dirent-ils. Je marchandai, et, par mes questions, je m'efforçai de savoir d'où venait ce petit malheureux et comment se l'étaient procuré les deux vendeurs. Mais, en gens prudents, ils dirent qu'il venait de Bataan, de l'endroit où j'ai récolté une grande partie de mes squelettes de Negritos.

Je les congédiai en les engageant à faire donner à téter à l'enfant, leur disant que, lorsqu'il serait plus grand et mort, ils pourraient m'en apporter le squelette. Il n'y a pas à craindre qu'ils fassent ici comme le Malais de la presqu'île de Malacca.

Dans les environs de Dolorès se trouve un petit lac, aux bords à pic et très profond; auprès, une source sulfureuse sourd de dessous un rocher formant grotte. On pouvait naguère y pénétrer à la nage, mais un éboulement occasionné par un tremblement de terre a presque entièrement obstrué l'orifice.

Il y a environ huit mois, un Indien avait tué par jalousie amoureuse un camarade, et, profitant de la circonstance, après l'avoir dépouillé de ce qu'il possédait, il s'était débarrassé du cadavre en le précipitant dans le lac, se croyant assuré de l'impunité, la profondeur en étant regardée comme insondable. A son retour au village, on lui demanda où était son ami; il répondit qu'il n'en savait rien. Cependant, quelques indices firent penser à un crime, et quelques traces amenèrent la police à faire des recherches sur les bords du lac, sans que l'on pût retrouver le corps.

Mais le gobernadorcillo acheta au curé deux cierges bénits qu'il fixa sur deux bouts de planche qu'il lança sur l'eau ; on fit des prières, et les cierges allèrent s'arrêter au centre du lac ; on attacha alors plusieurs bambous ensemble, et, en fouillant le fond, on parvint à retirer le cadavre. Devant ce miracle, le coupable fit des aveux complets et fut condamné à mort. Je cherchai vainement à faire comprendre au gobernadorcillo, qui me le demandait du reste, ce qui s'était produit. Je lui fis remarquer la forme conique de la cuvette du lac et le léger remous que l'on aperçoit au centre quand le vent ne ride pas sa surface, remous qui devait attirer aussi bien le cadavre que les chandelles au milieu du lac ; mais je dois avouer que je perdis mon temps et que le miracle resta avéré. Le merveilleux a toujours plus de poids sur les intelligences faibles et ignorantes que le raisonnement et le fait observé.

Dolorès, petite bourgade de quelques cases, possède une église et un couvent en bois. Le curé est très jeune et assez désagréable pour ses voisins, mais il a fait tout ce qu'il a pu pour m'être utile ; il montrait parfois une fatuité par trop grande, qui nous donna plusieurs fois l'occasion de rire à ses dépens.

M. Guivelondo possède une bibliothèque très bien fournie en auteurs espagnols, anglais, allemands et français ; il l'avait complaisamment mise à ma disposition. J'étais un jour en train de lire une traduction française de Shakespeare, quand arrive le curé.

« Que lisez-vous, me dit-il?

— Les œuvres de Shakespeare, » lui dis-je, et j'ajoute : « un des meilleurs auteurs anglais. »

Sur ce, il prend un des volumes, se met à lire quelques mots qui, par hasard, ressemblaient beaucoup à de l'espagnol, et me dit :

« Telle chose veut dire telle chose?

— Oui », lui dis-je.

Alors, prenant un air superbe : « Oh ! voyez-vous, me dit-il, j'ai appris l'anglais étant jeune ; je ne me le rappelle pas assez pour le parler, mais, en le lisant, c'est autre chose. » Et, posant le livre sur la table, il s'en alla enchanté, croyant m'avoir persuadé qu'il connaissait l'anglais.

Depuis quelques années, la culture du café s'est développée avec succès à Dolorès et aux environs. La propriété de M. Guivelondo s'est étendue peu à peu par des acquisitions et elle forme aujourd'hui un vaste domaine facilement exploitable.

Quelques gouverneurs ont cherché à propager cette culture et n'ont pas toujours réussi, parce que les indigènes ne consomment pas de café et qu'il leur répugne toujours de faire quelque chose de nouveau.

Les Indiens, n'usant pas de café, ignorent la manière de le préparer. Un jour M. Guivelondo, se trouvant chez un de ses travailleurs, demanda une tasse de café ; au bout de quelque temps, on lui apporta une décoction qui, à sa grande stupéfaction, ressemblait à de l'eau pure ; ayant dit à la femme de mettre plus de café, elle lui répondit qu'elle en avait mis déjà beaucoup, mais qu'elle allait en ajouter encore une poignée. Il regarda alors ce que contenait le récipient qui avait servi à faire la décoction ; les grains de café étaient entiers et non torréfiés.

Les Indiens connaissent mieux le thé et en font leur boisson ordinaire.

Ils cultivent aussi du riz de montagne et du riz de rizière. Le premier est une espèce qui se passe d'eau et vient très bien sur un terrain sec, tandis que l'autre doit constamment baigner dans l'eau jusqu'à ce qu'il soit près de sa maturité.

Quand j'eus battu tout le pays, le moment vint de quitter Dolorès, et, le 8 juillet 1880, je dis adieu à M. Guivelondo et à son aimable famille.

Je repris le chemin du nord et repassai à San-Pablo, dans la province de Batangas, à moitié détruit par les flammes deux mois auparavant.

Le tribunal aurait été très beau, dit-on, mais il n'a

jamais été terminé. Depuis dix ans les murs sont construits; mais, faute d'avoir trouvé l'argent nécessaire, on n'a pu placer la toiture. Aussi de très beaux arbres ont poussé dans l'intérieur des salles et même sur les murs.

Je dois signaler aussi, chose très rare, surtout en province, la maison à deux étages d'un riche Indien, propriétaire d'une grande étendue de terrain qui ne lui a pas coûté grands débours.

Le système usuraire est, dans ces pays, poussé très loin; il est très compliqué et difficile à expliquer. Un propriétaire de rizières, n'ayant pas d'argent pour acheter la semence, emprunte au premier venu, Indien ou métis, la somme nécessaire qu'il remboursera en riz à la récolte prochaine. Si le riz vaut au moment de l'emprunt 5 piastres le picul, par exemple, il devra rendre 6 piculs pour un. Cela fait donc un intérêt fort élevé. Mais comme le riz subit toujours une baisse considérable au moment de la récolte et ne vaut plus que 2 piastres 1/2 le picul, l'Indien sera alors obligé de donner 12 piculs de riz, puisqu'il en devait 6 à 5 piastres. Si le débiteur ne peut en livrer que 8, il reste en devoir 4, qu'il payera l'année suivante à raison de 5 piastres le picul, indépendamment de l'intérêt; et tout s'accumule ainsi jusqu'à ce que le malheureux soit obligé de vendre sa rizière pour rien à son créancier, chez lequel on le voit ensuite travailler, car il reste toujours son débiteur. C'est par une pratique semblable que le propriétaire de la maison à deux étages est devenu fort riche.

Un curé m'a raconté qu'un jour deux hommes se présentèrent devant lui. L'un avait prêté 4 piastres à l'autre, deux ans auparavant, et la dette s'élevait alors à 60 piastres, par le fait de la capitalisation à un taux très élevé des intérêts et de leurs intérêts. Le curé se fit expliquer comment 4 piastres avaient pu en produire 60 en deux ans.

Voici l'explication donnée :

« Je lui ai prêté 4 piastres et il devait m'en rendre 5 au bout de deux mois; il ne me les a pas rendues au terme fixé, et comme, à cette époque, j'aurais acheté du riz à

3 piastres le picul que j'aurais pu vendre le double, c'est donc 10 piastres qu'il me doit et avec ces piastres j'aurais pu acheter..... » Le curé l'arrêta et lui dit : « C'est très bien, tu as raison; mais toi-même, tu me dois 10 piastres depuis plus d'un an, et, en comptant comme toi, j'aurais pu gagner 1000 piastres, que tu vas me payer. » L'Indien créancier de se récrier aussitôt et de dire au curé : « Toi, tu es un Castilla, un Padre, et tu ne dois pas compter comme nous. »

Pour ces indigènes il y a, on le voit, deux manières de compter suivant que l'on est de race blanche ou indigène.

Les chevaux reposés, je pris au nord, du côté de Calauan. La route n'est pas directe; en sortant de San-Pablo, on descend d'abord une côte très raide, où ma carromata a été brisée par une belle nuit du mois dernier.

Calauan m'avait été recommandé par mon ami et collègue, Gustave Baër, commerçant de Manille, qui s'est toujours occupé d'histoire naturelle et même d'anthropologie. C'est lui qui m'a offert le premier squelette de Negrito que j'ai rapporté. Je ne fis pas en cet endroit la récolte que je pouvais espérer, car les oiseaux, la saison aidant, avaient émigré.

Ce village est au pied du Maquilin, antique volcan qui a conservé des solfatares.

Nous sommes encore ici dans la province de la Laguna aux riches cultures de riz et de canne à sucre. A l'époque de la guerre de Sécession aux États-Unis, on y avait créé une vaste plantation de coton, élevé des constructions destinées à recevoir les machines et le matériel nécessaire pour une pareille exploitation. Mais il n'en reste actuellement que des ruines. Cet échec a été à la fois la conséquence d'une direction insuffisamment réglée, d'une culture improductive, et des entraves mises par les lois et les règlements à l'exploitation commerciale.

Le 14 juillet, je quitte Calauan pour un barrio (faubourg) de la ville de Bay, au bord de la Laguna. Cette ville a donné son nom au lac dont elle borde la rive méridionale. Je m'installe dans la case d'un Indien que son infirmité a fait appeler l'homme au bec-de-lièvre. C'est la plus belle du bourg, et, comme celles de tous les indigènes riches, elle est bâtie en planches. Les volets des fenêtres glissent dans des rainures, ce qui permet de ventiler le logis. C'est ce que l'on appelle ici une *casa de tabla* (maison de planches).

Le soir, au moment de me coucher, je vois Samy mettre mon fusil sous mon lit et mon revolver à portée de ma main.

« Que diable fais-tu là? lui dis-je. — Ah! voyez-vous, Monsieur, le maître de la maison m'a dit qu'il y a ici beaucoup de brigands, et puis il vient aussi quelquefois des pirates du lac. — Pour des brigands, répondis-je à Samy, nous n'en verrons pas, et quant aux pirates, nous sommes logés chez eux, tout le monde ici l'est plus ou moins, et nous n'avons rien à craindre. »

Là-dessus, je me couchai et m'endormis.

Vers minuit, je fus réveillé par un bruit de porte et de volets qu'on avait l'air de vouloir forcer; j'écoutai, puis comme cela continuait, je demandai : « Qui va là? »

Pas de réponse, et le bruit de continuer de plus en plus fort. Je m'assis sur mon lit et m'écriai : « Que l'on me réponde, ou que l'on décampe. »

Même silence, mais, en revanche, on a l'air d'y mettre plus d'acharnement et d'essayer de forcer l'entrée. Alors, je me fâche et je prends le parti de me lever pour mettre fin au tapage : au même moment je sentis la case osciller de l'ouest à l'est.

C'était tout simplement un tremblement de terre qui avait commencé par des trépidations et s'était terminé par des oscillations. En un instant tout le monde fut debout dans le village; quant à moi, voyant que je n'avais pas affaire aux brigands ou aux pirates du lac, je me recouchai et m'endormis profondément, rêvant de chasse au crocodile pour le lendemain.

La Gironnière parle souvent des nombreux caïmans qu'il y avait de son temps dans la Laguna. Maintenant, ils sont beaucoup plus rares. Il existe sur une pointe, près de *los*

*Baños*, un petit lac très encaissé et qui serait, dit-on, très profond; tous les crocodiles de la Laguna y auraient élu domicile, au dire des habitants.

En quittant notre campement, nous dirigeâmes notre banca vers l'ouest pour doubler un cap qui s'avance assez loin dans le lac. Ayant mis pied à terre pour chasser un peu, je pus reconnaître une source dont l'eau, d'une température très élevée, me parut sulfureuse; je me rembarquai, et, faisant un peu route au sud, nous allâmes toucher à los Baños.

Là, nous prîmes un guide, et nous allons débarquer à 1000 ou 1200 mètres, sur la pointe dont j'ai déjà parlé plus haut. On me conduisit d'abord à la case d'un Tagal, grand chasseur de crocodiles. Je n'y trouvai que son fils. L'enfant me dit : « Il y a deux jours, nous avions un de ces animaux vivant, mais, comme il était petit, mon père lui a donné la liberté. »

Il me guida jusqu'au bord du lac, et, au bout d'un instant, il me montra un saurien qui nageait très doucemnet à fleur d'eau. Je lui envoyai une balle, qui, vu la position élevée d'où j'avais été obligé de tirer, glissa sur son dos; mais la secousse ou le bruit de la détonation le fit disparaître, et je n'en revis pas d'autres.

Je dis au fils du pêcheur que je payerais bien son père s'il m'en rapportait un. Ce dernier vint me voir le lendemain et m'assura qu'avant huit jours j'en aurais un très gros à Manille. Je l'attends encore. De là nous allâmes dans les marais environnants, mais nous ne fûmes pas plus heureux.

# CHAPITRE VII

## LES TREMBLEMENTS DE TERRE AUX PHILIPPINES EN JUILLET 1880

Le 17 juillet 1880 je me disposai à retourner à Manille. Parti en pirogue dès 6 heures du matin, le vent étant très violent, il faut border la côte pour éviter les grosses lames; mais toutes nos manœuvres pour ne pas embarquer sont infructueuses : il faut sans discontinuer épuiser l'eau qui emplit l'embarcation. Nous arrivons enfin exténués à Santa-Cruz à 5 heures du soir. Le soir même je m'embarquais sur le *Lipa*.

A la date de ce jour je lis sur mon carnet de voyage : « Le temps menace, gare les tremblements de terre! » Telle était la réflexion que je faisais pendant le dîner à mon voisin de table, le capitaine Pascual, qui se rendait lui aussi à Manille.

A 8 heures, nous faisons une visite à l'alcade, le señor Yriarte : il nous raconte les malheurs arrivés dans la province lors du tremblement de terre qui avait eu lieu la nuit du 15 au 16 juillet 1874 ; il souhaitait n'en pas voir la répétition. Il était loin de notre pensée à tous que quelques heures plus tard un nouveau et terrible cataclysme allait se produire.

Le 18 juillet 1880 est une date qui restera célèbre dans l'histoire des Philippines et qui en sera une des plus tristes pages.

A midi quarante-sept minutes, comme nous venions de finir notre déjeuner, le bateau fut violemment secoué et jeté sur l'appontement de Santa-Cruz.

C'était un tremblement de terre, l'un des plus terribles qu'aient subis les Philippines. Cet archipel ne connaît que trop ces convulsions subites et imprévues de la nature : témoin les années 1625, 1795, 1827, 1828, 1863, 1874, 1880 surtout, qui fit tant de victimes, qui entassa tant de ruines.

Nous nous précipitons à l'avant ; de chaque pueblo montait une colonne de poussière, comme une fumée qui s'élève : c'était l'écroulement des couvents, des églises, de tout édifice en pierres.

Nous sautons à terre et courons à Santa-Cruz, pour porter secours, s'il est possible. Par des rues où grondent les rumeurs de la foule, nous arrivons à l'église et au couvent. De l'église il ne reste qu'une partie des murs et la coupole au-dessus de l'autel, encore ce qui est debout menace-t-il de crouler : au moment de la secousse l'église était vide, heureusement. Le couvent n'avait plus de toit : nous y trouvons le curé fou de peur, par terre, cramponné à l'herbe du sol ; il l'avait échappé belle. Au moment de la secousse, il allait entrer dans sa salle à manger ; il n'avait eu que le temps de descendre en courant dans la cour ; ayant buté contre une pierre, il était resté anéanti quand il avait entendu le toit de sa maison s'effondrer dans les appartements.

La Casa Real était à moitié disloquée, mais l'alcade et sa famille étaient saufs. Entre la secousse et l'écroulement des édifices, il s'est écoulé assez de temps pour permettre à un homme de sang-froid de se mettre à l'abri. Ainsi le fils aîné de l'alcade a pu courir d'un bout de l'appartement à l'autre, 100 mètres environ, chercher son plus jeune frère qui était au berceau, et avant la chute des murs il avait rejoint sa famille.

Nous retrouvâmes tout le monde un peu pâle chez le señor Yriarte ; mais tous, jusqu'aux petites filles, avaient conservé leur sang-froid, quoique le père eût dû les abandonner pour s'occuper des habitants, ses administrés.

Les nouvelles de Pagsangan sont mauvaises et contradictoires ; M. Pascual, un autre Espagnol et moi, nous partons aussitôt.

A notre arrivée, nous constatons que les dégâts sont moindres qu'à Santa-Cruz. Les maisons en pierres sont

Maison d'angle à Manille, après le tremblement de terre.

toutes plus ou moins lézardées, mais pas ou peu de ruines ; ce sont les magasins du gouvernement et la maison de l'administration qui ont été le plus maltraités.

L'administrateur a eu le temps de se sauver, mais, dans sa précipitation, il avait oublié sa femme et sa belle-mère, qui ont pu cependant le rejoindre saines et sauves. Nous les trouvâmes dans une case indigène, loin de toute construction en pierres.

A 9 heures, nous étions de retour à Santa-Cruz et nous rendîmes compte de notre excursion.

Pas de nouvelles de Manille! Et cependant les télégraphistes sont à leur poste, sous la porte cochère de leur bureau. Souvent le courant est brusquement interrompu : cela veut dire que le pueblo dont nous recevons une dépêche vient de passer par une secousse suivie de la fuite immédiate du télégraphiste. Je constate que pas plus que le curé les fonctionnaires métis et indiens n'ont repris leur sang-froid.

Enfin, à 2 heures du matin, télégramme effrayant. La capitale est en ruine.

A 5 heures du matin, M. Pascual et moi, nous allons demander au sommeil le repos et le calme nécessaires; nous devons lever l'ancre à 6 heures.

Un peu avant notre départ, nous reçûmes la visite de M. Yriarte, qui venait nous remercier de l'aide que nous lui avions donnée; il remit au capitaine les lettres et dépêches pour le gouverneur et me fit promettre de ne plus passer à Santa-Cruz sans m'arrêter et descendre chez lui.

A 4 heures du soir, nous arrivons à Manille; tous mes amis sont debout sains et saufs, mais tous diversement éprouvés.

La secousse a été épouvantable; tous les édifices ont subi des avaries graves et beaucoup sont complètement ruinés; les maisons d'angle des diverses rues sont toutes effondrées; quant aux maisons isolées, il y en a peu de renversées. Dans la rue du Rosario, une des plus grandes artères de Binondo, cinq ou six maisons du centre sont en fort mauvais état, d'autres sont complètement écroulées; dans les premières, les Chinois qui les habitent ne veulent pas, malgré le danger, abandonner leurs marchandises, par crainte des voleurs. Dans l'Escolta, la grande rue de Binondo, les façades ont relativement peu souffert, mais les intérieurs, sur les cours, sont ravagés. Dans l'atelier d'un photographe, les poutres sont mêlées comme les fils d'un embrouillis d'écheveau. Spectacle analogue dans une carrosserie et dans le bazar de Luçon. Toutes les maisons de la rue San-Roque sont disloquées, la rue de Jolo

Bazar de Luçon à Manille, après le tremblement de terre.

ne vaut guère mieux qu'elle ne valait après le désastre de 1863, qui n'y laissa debout que deux à trois demeures.

Dans la « ville murée », presque tous les toits sont par terre, et presque toutes les églises veuves de leur tour ou menaçant de l'être, tant celles qui n'ont pas croulé sont lézardées. La vieille tour de la cathédrale s'est effondrée sur une maison dont elle a coupé un des angles; on apercevait encore hier soir la table sur laquelle était dressé le couvert et autour de laquelle, cinq minutes plus tard, sept ou huit personnes allaient prendre place.

Les habitants, contrairement à ce que l'on pourrait croire, ont l'air allègre et réjoui; tous s'abordent en se félicitant d'avoir échappé à la catastrophe; même les plus timorés plaisantent. On se raconte des histoires drôles. Ceux qui étaient au bain lors de la secousse, hommes et femmes, se sont sauvés impudemment dans les rues, en costume supérieurement simple. Des Européens du bord de l'eau ont sauté dans le Pasig, préférant l'élément perfide à la terre, pour le moment peu sûre; et justement ceux-là étaient habillés de pied en cap.

Dans beaucoup de maisons, cuisine et cuisinier avaient disparu, ces derniers en fuite, et l'on était obligé, dans ce cas, de recourir à l'hospitalité d'un ami, mais une fois à table impossible de manger ces plats saupoudrés de toute sorte de poussières. Ceux dont les maisons étaient détruites allèrent chercher un gîte chez un voisin, un ami moins éprouvé.

Tous mes amis ont repris contenance, excepté le docteur Parmentier : il m'avoue avoir de plus en plus peur des tremblements de terre. C'est là un fait presque général : plus on éprouve de secousses, plus on redoute le phénomène.

On ne connaît, me dit-on, qu'une seule victime européenne, un jeune Anglais : il avait réussi à sortir avant l'écroulement de sa maison; il se rappela que son perroquet était resté dans la salle qu'il venait de quitter, et il eut la malheureuse idée d'aller le chercher; mal lui en prit, car au même instant il fut enseveli sous les décombres. Même cette victime n'en fut pas une; deux mois après je le vis à cheval, avec un bras de moins. Mais si pas un Euro-

Tour de la cathédrale de Manille, après le tremblement de terre.

péen n'a péri, plus de cent Chinois ou Indiens ont dit adieu à la vie et deux cents sont plus ou moins blessés.

Dans la prison, le nombre des victimes a été assez considérable ; une partie des bâtiments s'étant écroulée, on parque les prisonniers dehors, et pas un ne profite du désarroi pour prendre la clef des champs.

Dans les casernes, quelques dégâts matériels ; celle du génie, qui ne comprenait qu'un rez-de-chaussée, a été la plus endommagée.

Les villages environnants, où sont établies les maisons de plaisance, ont aussi beaucoup souffert. Le sol s'est crevassé en plusieurs endroits.

La première secousse a duré 70 secondes, et les mouvements, d'après le relevé fait par le P. Faura, ont été d'oscillation, de rotation et de trépidation ; les oscillations ont été très fortes, et la plus grande amplitude mesurée a été de 22° 11′ à l'est et 11° à l'ouest.

Les secousses continuent toute la journée, mais beaucoup moins fortes que la première, à des intervalles de près de 1 heure jusqu'à 6 heures du soir, puis de 8 heures du soir à 8 heures du matin, de plus en plus faibles, à des intervalles beaucoup plus courts.

Pendant la journée du 19 quelques faibles secousses et tout le monde se couche tranquille.

Le 20, à 7 heures du matin, nous prenions le café quand la terre oscilla fortement.

« Sauvons-nous », cria quelqu'un, et tout le monde se sauva. Au moment de fuir comme les autres, je vois M. Warlomont père disparaître. Croyant à un accident, je reviens sur mes pas. M. Warlomont est paisiblement blotti sous la table. « Quand on croit n'avoir pas le temps de s'élancer hors du logis, me dit-il, ou de descendre sous les voûtes du rez-de-chaussée, le plus sage est de se cacher sous une table (elles sont très solides ici) pour éviter les tuiles qui tombent du toit. » Ces courtes paroles à peine finies, la terre avait repris son aplomb, et nous, notre place à table.

Dans l'après-midi du même jour, j'étais dans ma chambre

au premier étage, avec deux de mes hommes et M. Paul Warlomont, le fils aîné de mon hôte, en train d'arranger mes collections, lorsqu'à 3 h. 45 nous ressentîmes une secousse encore plus forte que celle du 18.

Samy disparut en courant et Pedro se mit immédiatement à l'abri, tandis que Paul me criait : « Fuyons! » et disparaissait au plus vite. Je courus vers l'escalier, mais, au moment de descendre, voyant les murs s'écrouler par morceaux sur les marches, je rétrogradai et, me souvenant de la leçon du matin, je me blottis sous la table pour attendre la fin de la crise.

Elle ne dura que quarante-cinq secondes, cette secousse, mais elle me parut éternelle. Je voyais droit devant moi un diable de mur que chaque mouvement crevassait, et qui avait l'air de me faire la grimace. Et une poutre qui, à chaque instant, semblait près de tomber. Profitant d'une accalmie, je me lançai dans l'escalier; arrivé dehors, la terre ne bougeait plus.

M. Warlomont et moi nous remontons alors pour examiner les dégâts nouveaux, qui heureusement n'offraient aucune gravité.

En redescendant, je retrouvai mes hommes; Samy, affolé par la peur, avait descendu l'escalier en courant et s'était précipité dans la rue; malheureusement, au même moment, une carromata qui passait au galop l'avait renversé, et je dus, quelques jours plus tard, l'envoyer à l'hôpital. Ce que cette secousse lui a procuré de repos est incalculable!

Nous allons visiter la ville. Les ruines sont doublées, tout ce que le 18 avait fendu est tombé; les maisons des Chinois de la rue du Rosario sont tombées sur leurs maîtres, qui, suivant l'usage de John Chinaman, n'ont pas voulu quitter leurs magasins, leurs marchandises, pas plus qu'ils ne les abandonnent en cas d'incendie (chose incroyable, quand leurs boutiques brûlent, il faut souvent faire défoncer les portes pour les faire sortir!).

Cette fois tout le monde a perdu la tête; on fuit la ville, on va louer à des prix exorbitants des maisons

Une rue de Manille après le tremblement de terre.

d'Indiens à la campagne. Des familles vont se réfugier à bord des bâtiments en rade et en rivière; les dragues elles-mêmes, malgré leur malpropreté, servent de refuge et d'abri à autant de personnes qu'elles en peuvent contenir. Sur les places publiques, des villages de tentes abritent les Indiens.

Le gouverneur Primo de Rivera se multiplie; nous le rencontrons partout, s'efforçant de rassurer et de soulager les malheureux. Par bonheur aucun incendie ne s'est déclaré, mais c'est fort à craindre. Aussi le général de Rivera fit-il publier un arrêté interdisant de la façon la plus absolue l'usage de l'essence de pétrole, particulièrement dans les maisons en paille et en bambou. Il prescrivait en outre les mesures à prendre pour que chaque habitant s'efforçât d'arrêter les progrès du feu s'il se déclarait.

A 10 heures, la ville et ses faubourgs sont déserts; il a été interdit aux voitures de circuler.

Nous campons sous la porte cochère; notre ami le docteur Parmentier ne veut même plus manger au premier étage, et le cuisinier chinois déclare que, sa cuisine étant transformée en balcon par suite de la chute d'un pan de mur qui donne sur la rue, il ne s'y trouve plus suffisamment en sûreté pour y faire son travail; force est alors d'installer un fourneau provisoire dans l'écurie.

A 10 h. 40 du soir, nos hôtes s'étaient glissés chacun sous sa moustiquaire, et, ma lumière éteinte, j'allais faire comme eux, quand le sol vibra de nouveau et d'une secousse aussi violente que celle de l'après-midi. En un clin d'œil tout le monde fut debout sous les arceaux des voûtes. M. Garcia, un ami de la maison qui campait avec nous, s'arcbouta contre l'un des piliers comme s'il eût voulu le maintenir.

Je regardais la maison, l'une des plus hautes de Manille, osciller sur sa base; les deux côtés de la cour paraissaient vouloir se rejoindre; les murs avaient des contorsions, et il semblait impossible qu'ils pussent jamais revenir à leur aplomb. Quarante secondes après, tout avait repris son équilibre.

A 2 heures du matin, nous nous endormons enfin, et les

petites secousses, qui se succèdent sans interruption, ne nous réveillent point.

Hier, après la secousse de 3 h. 45, si les habitants ont conservé encore un peu de confiance, il n'en est pas de même aujourd'hui. L'effroi règne partout; on veut quitter ce sol maudit : s'il y avait en rade un, deux, trois navires en partance, le tiers des Européens s'en irait des Philippines, et, de fait, quelques *Castillas* persévérèrent dans cette idée et quittèrent Luçon par le premier vaisseau qui leva l'ancre.

Et les bruits les plus étranges de courir : le volcan de Taal est en éruption; un nouveau cratère s'ouvre dans les monts de l'intérieur; une partie du district de l'Infanta dort maintenant sous la mer qui l'a submergée; c'est le sort prochain de Manille, car le fond du lac de Bay s'élève et le Pasig va inonder la capitale....

Tous ces bruits fâcheux et acceptés trop facilement, sans contrôle, avaient surexcité les esprits; aussi, en présence de cette situation exagérée par la terreur, le gouverneur a-t-il publié une note très digne, pour relever le moral de certains fonctionnaires qui parlaient d'abandonner leur poste; son courage et son sang-froid ne tardèrent pas à ramener le calme dans les esprits.

Les Chinois sont encore plus affolés que les blancs, et malgré cela toujours rivés à leurs boutiques bondées de marchandises.

Les Indiens sont curieux à voir, surtout à entendre. Quand viennent les secousses, ils crient comme des possédés du démon; ils invoquent tous les saints et saintes du paradis : le calme revenu, ils reprennent leur apathie... et louent leurs cases à des prix fantastiques. Ils ont lieu d'être philosophes. Que sont leurs maisons? Du bois, du bambou, du cognon sur des pilotis : si par hasard la case s'incline et s'écroule, ils la relèvent un jour ou l'autre, sans se presser, car pourquoi se presser?

Le 25 juillet, à 4 heures du matin, une cloche tinta; et comme, pour sonner, le sonneur doit monter au haut de son clocher, je disais à M. Warlomont : « Voilà un curé point prudent à l'égard de son « campanero » ; ce n'est pas le moment de le percher si haut, sur une tour qui menace ruine! » Je n'avais pas fini que le sol trembla; la maison oscilla comme un navire secoué par la lame — comparaison rigoureusement exacte, puisque, dans certaines secousses de la terre, les personnes sujettes au mal de mer en éprouvent tous les symptômes. Quant au clocher, il résista.

Jusqu'au 6 août, vibrations sur vibrations; le sismomètre ne s'arrête pas.

Pendant tout ce temps, les affaires marchèrent cahin-caha, mais enfin elles marchèrent.

Dans chaque maison on avait descendu au rez-de-chaussée les meubles indispensables, et chacun campait dans son magasin ou sous sa porte cochère. Je travaillais le jour à mes collections au premier étage; mais, à l'heure des repas et du coucher, je rejoignais mes amis, et pas un de nous n'oubliera ces nuits que nous passions côte à côte, secoués sur nos nattes et inondés par les pluies torrentielles qui accompagnèrent et complétèrent le cataclysme. Du 21 juillet au 18 août, ce fut un continuel déluge; les *rios* inondèrent tout le pays. Comme on dit : « Un malheur ne vient jamais seul. »

De tous les tremblements de terre auxquels j'ai fait allusion plus haut, celui de 1863 fut le plus grave comme conséquences. Il se produisit vers 8 heures du soir, alors que la cathédrale de Manille était littéralement envahie par les fidèles accourus pour assister à une cérémonie religieuse. L'édifice, secoué dans tous les sens, s'écroula, ensevelissant sous ses décombres des centaines de malheureux; leur nombre ne put être établi, et parmi ceux que l'on put sauver plusieurs restèrent temporairement aveugles. Quelques-uns de ces ensevelis purent vivre un certain temps sous les décombres, recevant leur nourriture par un tuyau. Enfin un enfant que l'on put délivrer après bien du travail ne fut pas plus tôt libre qu'il s'échappa complètement affolé.

Le palais du gouverneur et plusieurs couvents s'abîmèrent en ruines que l'on voit encore aujourd'hui, envahies qu'elles sont par la puissante végétation des tropiques, ensevelissant eux aussi de nombreuses victimes.

Il s'est produit au cours du dernier tremblement de terre auquel nous venons d'assister un soi-disant miracle, qu'il n'est pas inutile de rapporter, pour bien montrer les jongleries du clergé, la poltronnerie et la bêtise humaines.

Une statue de la Vierge fut trouvée sur le bord de la mer après la secousse du 20 juillet, et, personne n'ayant voulu ni osé dire comment elle pouvait être venue là, on s'empressa de crier au miracle. On la déposa immédiatement dans un coin quelconque de la caserne du génie militaire, où elle n'a pas tardé à être visitée par de nombreux fidèles qui faisaient brûler des cierges devant elle. Au bout de quelque temps, elle disparut, transportée probablement par quelqu'un dans une église du voisinage.

L'archevêque de Manille prit texte des malheurs qui venaient d'arriver pour morigéner ses fidèles. Aussi convoqua-t-il les chrétiens de Manille et des environs à une cérémonie religieuse expiatoire, qui s'accomplit sur le champ de manœuvres au bord de la mer. Gouverneur, officiers, fonctionnaires y assistèrent par ordre, et, à la fin de la messe, sermon de l'archevêque, très beau, au dire des Espagnols, mais d'une extrême violence et quelque peu ridicule dans ses conclusions.

Ces terribles catastrophes étaient, disait-il, un juste châtiment des péchés et des crimes des hommes. Il va de soi qu'il exhorta son auditoire à la pratique de toutes les vertus et particulièrement à la soumission envers l'Eglise. Mais les naturels me parurent, quoique très catholicisés, fort peu convaincus par le sermon de l'archevêque, et j'en ai entendu bon nombre dire au sortir de cette grand'messe : « Après tout, c'est bien possible ; mais les plus punis, ce n'est pas nous ; nos cases ont peu souffert, tandis que les maisons des Européens ont été démolies ainsi que les couvents et les églises. »

Le bon sens populaire faisait justice du fanatisme à sa façon. Plus philosophe que religieux, le bas peuple manillan voyait la situation sous son véritable jour.

Dans les provinces, les pertes provoquées par les secousses successives du tremblement de terre étaient considérables.

Nous avons pu constater au cours de nos excursions dans l'île de Luçon que l'on pouvait diviser les traces laissées par ce cataclysme en groupes distincts suivant leur nature.

En premier lieu, les effets généraux sur les édifices construits à l'européenne, églises, couvents, maisons diverses, qui ont tous été presque partout plus ou moins disloqués. Secondement, les effets généraux sur le sol lui-même, soit dans les plaines, soit dans les montagnes, tels que formation de crevasses très nombreuses et profondes dans certaines régions, affaissements ou exhaussements du sol, apparition ou disparition des sources.

Enfin, sur plusieurs points de l'île, il y eut de nombreuses victimes. Des femmes, des enfants furent ensevelis sous les ruines des habitations; d'autres furent noyés ou engloutis dans des crevasses. L'effroi, excitant les esprits, paralysait la raison, et on croyait avoir vu ou entendu les choses les plus diverses et les plus étranges.

Tout cela était pour nous, voyageurs, touristes, un sujet incessant de conversations et d'observations, et nos hôtes d'un jour ne se lassaient pas de nous redire les péripéties de ces journées fécondes en désastres.

# CHAPITRE VIII

## PROVINCES DU NORD-OUEST DE LUÇON — PANGASINAN LA UNION — ILOCOS — CHEZ LES IGORROTES

Le 16 août je pris la mer, en compagnie d'un homme fort distingué avec lequel j'allais voyager pendant plusieurs mois, M. Centeno. Il emmenait avec lui un jeune Espagnol, M. Enrique d'Almonte, et partait en qualité d'ingénieur en chef des mines pour étudier dans le nord les effets du tremblement de terre! Avec un personnage aussi important et, j'ajoute, aussi aimable, toute espèce de voyage est bien plus facile et bien plus agréable que lorsqu'on patauge dans les boues avec le titre et les honneurs de collectionneur naturaliste.

Notre premier arrêt, en quittant Manille, fut dans la baie d'Olonapo, pour prendre quelques passagers à Subig, ville de la province de Zambales ; le soir, nous doublâmes la pointe de Sampaloc, et le lendemain, à midi, le cap de Bolinao, au delà duquel nous entrâmes dans le très vaste et beau golfe de Lingayen, qui reçoit le rio Agno-Grande, l'un des plus longs et des plus abondants cours d'eau de Luçon. A Sual, nous quittons le bateau, petit vapeur espagnol qui fait le service bi-mensuel de la côte ; en même temps que le service des passagers, il fait celui de la poste, et pour cela reçoit une assez forte subvention du gouvernement.

Trois lignes bi-mensuelles desservent l'archipel : la ligne du Nord relâche dans cinq ou six ports et s'arrête à Apari, à l'embouchure du fleuve le plus important de Luçon, le Rio Grande de Cagayan ; la ligne du Sud a pour point extrême Tabaco, port du Pacifique, sur la côte sud-est de Luçon, dans l'ample golfe de Lagonoy ; la troisième ligne fait le tour des îles du Sud par la mer de Soulou. A tous les points de vue, prix, nourriture, commodités, on est fort mal sur les trois lignes. Espérons que la Compagnie qui vient de succéder à celle qui m'a transporté dans tant de ports de l'archipel sera plus indulgente aux voyageurs.

A 3 heures, M. Alonzo, parent de M. Centeno, nous reçoit au débarcadère. Il nous emmène en voiture à Lingayen, capitale de la province de Pangasinan, dont il est l'alcade et le gouverneur. Des cuadrilleros à cheval et armés d'une lance au bout de laquelle flotte le guidon de la ville aux couleurs d'Espagne nous escortent.

La route côtoie le golfe par San-Isidro, à travers de superbes rizières : cette province est l'une des plus fertiles en riz de Luçon et celle de toutes qui en exporte le plus vers la Chine. Sual est port franc pour cette denrée. On traverse en bac l'Agno-Grande, puis une autre rivière de moindre importance sur un pont de bambou.

Rien à voir à Lingayen, sinon l'église et le couvent, qui est immense. La Casa Real, ou palais du Gouvernement, est vaste aussi, mais couverte en cognon.

Le 19 août, première excursion dans les environs ; demi-heure de voiture par une belle route de Lingayen à Bimalay, petite ville au bord d'une rivière, ce qui permet d'embarquer directement les produits pour l'exportation. C'est justement jour de marché : on y voit un peu de tout, principalement une pâte formée de très petites crevettes, qui se vend assez cher et sent plus mauvais encore.

De là à Dagupan, une heure de route. Le principal produit est le riz, dont le commerce est fait par deux Européens, dont un jeune Allemand, marié à une métisse du pays, et par des Chinois. Le soir, rentrée à Lingayen.

Le lendemain, par la même route, nous gagnons Magaldan. Notre petite caravane se compose de deux carretones, traînés par des bœufs et des buffles. Le carretone est une petite carriole basse montée sur un essieu en bois aux extrémités duquel se trouvent deux roues pleines, également en bois et fabriquées à coups de hache, mais qui cependant sont assez rondes. Outre nos deux carretones, nous avons pour notre usage spécial deux calesas traînées par des chevaux. La route devient bientôt mauvaise et difficile, et nous traversons successivement plusieurs petits affluents de la rivière Angat, qui, plus au nord, se jette dans le golfe de Lingayen. De Magaldan, par San-Jacinto, nous allons toujours à l'est, jusqu'à Mananag, où nous devons coucher.

Dans cette partie de l'île, les villages sont très rapprochés les uns des autres.

A Mananag, vu le mauvais état du tribunal, on nous loge dans une case devenue libre par la mort de son propriétaire ; les héritiers étant mineurs, la propriété est entre les mains des autorités locales.

Ce qu'il y a de plus remarquable dans ce pueblo, c'est la cloche de l'église, qui pèse 10 000 bonnes livres ; le clocher menaçant ruine, le curé est fort inquiet, car il tient beaucoup à sa cloche.

Le 21 août, ayant expédié hommes et bagages d'assez bonne heure, nous partons vers 4 heures de l'après-midi et, remontant un peu vers le nord, nous arrivons par un pays presque toujours plat, bien qu'au voisinage des montagnes, à Binalanan, après une course rapide d'une heure.

Au delà de ce pueblo est un village fondé en 1860 avec des Ilocanos et des Igorrotes insoumis de la montagne.

Le sol de cette région est formé d'alluvions englobant de nombreux cailloux roulés venus des contreforts les plus proches. On y cultive le riz, le maïs et quelque peu de tabac.

Pendant que nous nous rafraîchissons, le curé nous débite tous les cancans du pays, nous parle des nombreux caïmans et des ruisseaux qui charrient de l'or. Puis il nous fait assister à une répétition théâtrale qui a lieu sur une estrade élevée devant ses fenêtres. On donnera des représentations pendant la fête du village, qui aura lieu incessamment.

Nous passons ensuite à Urdaneta (c'est là un nom bas-

Carretones (charrettes traînées par des buffles).

que). Les pluies reprennent, et si fortes que, après deux tentatives pour aller plus loin, il nous faut reculer devant l'état des routes, qui sont devenues l'abomination de la désolation. Nous revenons à Bimalay, d'où nous nous lançons vers le sud.

Le 25, à 7 heures du soir, nous sommes arrêtés au milieu de la route : notre voiture vient de s'embourber jusqu'au-dessus de l'essieu et ne peut plus avancer ni reculer. Je réquisitionne un buffle que l'on attelle à la voiture, et, après bien des efforts, nous pouvons continuer notre route.

A 9 heures, nous arrivons au tribunal de San-Carlos, mais nos bagages sont en arrière et ne nous parviennent que le lendemain à 4 heures du matin.

N'ayant rien sous la main pour réparer nos forces, d'Almonte et moi, nous mettons tout le village en réquisition pour trouver une poule et des œufs et pour préparer ce repas improvisé. L'omelette à l'huile de coco rance fut presque mangeable, mais le poulet à peine cuit sentait tellement la fumée et l'huile de coco, qu'il nous fut impossible d'y goûter. Heureusement, je trouvai dans mon sac une boîte de sardines, qui, avec un peu de morisqueta (riz cuit à l'eau) que l'on nous donna et un verre d'eau fraîche, nous permit d'attendre l'arrivée de nos bagages.

L'itinéraire que nous avons suivi passe au milieu d'immenses rizières traversées par plusieurs cours d'eau; la pluie aidant, tous ces terrains sont complètement inondés, et le chemin, déjà mauvais par un temps sec, devient alors complètement impraticable.

Le 26, de San-Carlos jusqu'au Malasique, les chemins sont un peu moins mauvais, mais nous avons dû atteler les voitures avec des bœufs qui nous mènent au petit trot quand la route le permet. Nous sommes très bien accueillis ; le curé nous invite à déjeuner. En me rendant à son invitation, je remarque à la porte de son vaste couvent, le long du mur, une jolie petite boîte longue, toute doublée en étoffe blanche, bleue et rose, et renfermant une espèce de grande poupée coiffée, fardée et habillée de vêtements de toutes couleurs. C'était le cadavre d'une petite fille que les parents avaient déposé là en attendant que le vicaire fût prêt à lui donner la bénédiction. Il le fit tout de suite, et les parents partirent, musique en tête, pour le cimetière.

Le 27, nous sommes à Bayambang, et le lendemain, malgré la pluie, nous traversons l'Agno-Grande pour arriver à Alcala, pueblo de fondation récente, situé à l'est et en amont de la rivière. Sur la rive gauche, à peu de distance du bourg, nous voyons quatre grandes crevasses, se dirigeant en sens divers, ouvertes sur la berge formée de terrains mouvants. Le soir, nous rentrons à Bayambang.

Pendant la nuit, une crue subite de plus de 1 mètre a fait déborder l'Agno-Grande et nous coupe la route du sud-est; nous nous rabattons sur celle du nord-est pour rentrer à Lingayen.

Ce furent nos deux dernières visites pour le centre de la province de Pangasinan, un des principaux centres de fabrication des porte-cigares et des chapeaux dits de Manille, qu'on tresse de l'écorce d'un petit bambou très commun par ici.

A Lingayen, les *nortadas* nous retinrent jusqu'au 2 septembre. On appelle ainsi aux Philippines des ouragans du nord qui ravagent la terre et démontent la mer.

Profitant enfin d'une accalmie, nous partons pour aller, par des routes exécrables, coucher à Mangaldan.

Le 3 septembre, en route pour le nord, et d'abord vers San-Fabian, le long de la mer; il faut traverser de nombreux rios au-dessus de leur embouchure. Les ponts ont été coupés par les récentes inondations; le passage s'opère sur des radeaux de bambou et, quand ils sont trop larges, sur un plancher que portent deux pirogues. Ce service des embarcations, destiné à remplacer pour un temps les ponts enlevés, est fait par les corvéables qui n'ont pas acquitté le tribut annuel dû à l'État. Lorsque les radeaux sont provisoires, le passage est gratuit; il faut payer s'ils sont permanents : dans ce cas, ils sont concédés par le gouvernement à des adjudicataires moyennant une redevance annuelle. Il va de soi que, durant tout notre voyage, on nous a fait payer tous nos passages le plus cher possible.

Entre San-Fabian et Santo-Tomas, on passe de la province de Pangasinan dans celle de la Union, district « politico-militar ». Elle n'est pas gouvernée par un civil, par un alcade ; elle obéit à un officier supérieur de l'armée.

Le pays a été très éprouvé par la dernière inondation; beaucoup de bestiaux ont été emportés, ainsi que nombre d'habitations.

En passant la rivière Mabatao, excessivement rapide, le radeau manque plusieurs fois de chavirer; nous arrivons toutefois à bon port. La route devient de plus en plus mauvaise, et parfois nous l'abandonnons pour suivre le bord de la mer.

Dans un de ces détours, la carromata de mon ami Centeno fut renversée; les voyageurs étaient prudemment descendus; seul un jeune domestique alla rouler pêle-mêle avec les chevaux sur la grève.

A 11 h. 15, traversée en radeau de la petite rivière *Rabana*, limite de la province de *Pangasinan;* après une légère et rapide collation, car le temps menace, nous continuons notre route vers l'ouest en contournant les bords du golfe pour nous arrêter à Santo-Tomas, premier village de la province de la Union, où nous arrivons vers 1 h. 45.

Point de curiosités dans ce village; cependant, contre l'usage commun des Philippines, la tour de l'église est au milieu de la façade et repose sur le cintre de la porte.

Santo-Tomas possède un petit port sur le golfe.

Un Indien nous offre l'hospitalité pour la nuit.

Le 4 septembre, nous arrivons, par un pays accidenté, à Agoo, à 3 milles environ de Santo-Tomas. Tout ce pays à pied de flot est fort joli.

Nous continuons notre route jusqu'à Aringay, où je trouve des descendants de Français. Ils ne portent plus le nom de leur père, mais seulement son sobriquet. Ce sont les messieurs Balthazar. Ils sont ici deux frères, d'autres sont dispersés un peu partout. Ceux de ce village sont les plus riches gens du pays. Pour être nommés gobernadorcillos, ils ont renoncé à leur qualité de métis et ils ont pris rang parmi les Indiens. Ils ne savent même pas le nom de famille de leur père et ne connaissent pas un traître mot de la belle langue française. L'aîné fait le commerce de l'or avec les Igorrotes de l'intérieur et en expédie à Manille environ pour vingt mille piastres par an.

Nous trouvâmes chez M. Balthazar trois Igorrotes venus pour lui vendre quelques lingots; saisissant aux cheveux l'occasion, j'essayai de tirer de ces sauvages des renseignements de toute sorte concernant leur vie, leurs idées morales et religieuses, leurs mœurs et coutumes, puis, la séance finie, je donnai six cuartos au principal des trois. Il fit la grimace, et peu s'en fallut que je ne visse se renouveler, à trois mille lieues de distance, la scène qui s'était passée en compagnie de mon ami Victor de Compiègne, lorsque le premier Pahouin que nous avions rencontré chez les Apingi nous avait dédaigneusement rendu notre sel.

Ce n'est pas du reste le seul fait qui m'ait rappelé mes précédentes explorations en Afrique; j'ai pu, dans maintes circonstances, observer que l'indigène des Philippines a, au point de vue moral, de grandes affinités avec le nègre.

Aringay était un excellent lieu de départ pour monter chez les Igorrotes du district de Benguet. Nous y organisâmes une caravane, et, le 6 décembre, nous prîmes le chemin de l'est avec des porteurs pris les uns dans le village, les autres parmi les naturels de la sierra que nous allions explorer.

Je pris les devants avec les porteurs. Nous marchons d'abord dans une direction est; puis mes hommes prennent les bords de la rivière, mais mon cheval ne peut suivre un pareil chemin; ils m'indiquent la route qui me permettra de les rejoindre; je remonte vers le nord par un sentier qui passe au-dessus des collines bordant la rivière, et me voilà à patauger dans la boue; je m'en tire tant bien que mal, quand tout à coup mon cheval enfonce à couvrir la selle, que je réussis à détacher et à jeter au loin; alors, debout sur l'animal, je saute à mon tour sur un terrain plus solide, où j'enfonce encore jusqu'à mi-jambe; la pauvre bête soulagée parvient à sortir du bourbier, et je continue ma route jusqu'à une petite rivière où je retrouve mes hommes tranquillement assis sur l'herbe et m'attendant en fumant leur pipe.

Ayant de l'eau en abondance, je fais laver ma monture et son harnachement; quant à moi, je prends un bain et je change de vêtements; j'étais couvert de boue des pieds à la tête. Une heure après, mes compagnons, qui avaient, à peu de chose près, passé par les mêmes péripéties, me rejoignaient.

Après le déjeuner nous continuons d'avancer à travers un pays de plus en plus accidenté.

Premier arrêt à Bonga, où l'on est déjà dans le district de Benguet; ce bourg couronne une colline conique de 400 mètres d'altitude. Je dis bourg, mais, de fait, il n'y a ici que quatre à cinq cases de tisserands ilocanos, dont les étoffes de coton, très solides, sont justement renommées.

Second arrêt à Galiano : on y couche dans le tribunal, et l'on y trouve trois chaises à porteurs que le commandant du district a la gracieuseté de nous envoyer. Ces chaises à porteurs sont tout simplement des fauteuils ordinaires auxquels on adapte, à la hauteur des bras, deux longs bambous, dépassant d'environ 1 m. 50 devant et derrière. Ces bambous servent de brancards aux hommes pour transporter ce véhicule improvisé. Chacune de nos chaises avait à son service huit hommes qui se relevaient à tour de rôle; quand la route n'était pas trop dure, ils mettaient les brancards sur leur tête et partaient au petit trot.

Le lendemain, après avoir traversé à gué la petite rivière Lipay qui coule au pied du village, nous nous dirigeons vers l'est; il s'agit de gravir les montagnes, dont les plus hautes atteignent 1500 à 1800 mètres, à travers des bois de chênes, et au-dessus de ces chênes, des sapins, d'abord clairsemés, puis pressés en forêt; dans les ravins, la flore des pays tempérés se mêle à la flore tropicale. Ce sont à la fois des sapins et des fougères arborescentes. Nous faisons la halte du milieu du jour dans un *vantay* construit par le gouvernement comme lieu de repos et de refuge. Il est à mi-chemin de Galiano à la Trinidad et à 934 mètres au-dessus du niveau de la mer.

Les piliers de ce vantay sont de superbes pieds de fougères arborescentes couverts de très jolis dessins naturels; à l'insertion de chaque feuille, il y en a un dont les dimensions diminuent à mesure qu'on se rapproche du bouquet, tout en conservant une régularité parfaite; ce dessin se rapproche de ceux que l'on remarque sur les cachemires des Indes.

Splendide y est le panorama : on aperçoit au loin, par delà des montagnes en amphithéâtre, la mer, la grande mer, et, se détachant en blanc, les tours des églises de Bunan et de Cava.

Ces montagnes sont composées en partie de roches plutoniennes; on y voit aussi des grès et des conglomérats : plus haut, ce sont des calcaires presque entièrement composés de madrépores assez bien conservés. Cependant, vers 1670 mètres, nous avons trouvé un échantillon de *pecten* et deux ou trois autres bivalves qui paraissent appartenir à la période tertiaire.

A 5 h. 45 nous sommes à 1720 mètres d'altitude et nous pouvons apercevoir la Trinidad, chef-lieu du district de Benguet, où nous arrivons le soir. Une église, un tribunal, la maison du commandant, celle de la guardia civil, une vingtaine de cases d'indigènes habitées par des naturels de la province de la Union et par quelques rares Igorrotes convertis au christianisme, voilà toute cette capitale située au bord d'un lac, à près de 1700 mètres au-dessus des océans, sous un climat frais : la température s'y abaisse jusqu'à 6 degrés et ne dépasse jamais 28 ou 30; les plantes européennes, telles que la pomme de terre et les haricots, y croissent à côté du cacao et du café. Ces cultures, importées et propagées par les gouverneurs du district, sont faites par les Igorrotes, qui vendent à la côte l'excédent de leurs produits. Le soir, dans le tribunal, tout battant neuf, construit en sapin, la fraîcheur est vive, et nous mettons les Européens à contribution pour doubler nos couvertures.

Parmi les blancs, c'est à qui nous fera fête en ce pays perdu. Ils ne sont que cinq : le commandant-gouverneur et sa femme, Espagnole des Philippines, le capitaine de la guardia civil, le curé et un missionnaire. Nous y serions resté des mois entiers si nous eussions voulu.

Le district de Benguet confronte au nord à celui de Lepanto ; à l'est, la grande Cordillère centrale le sépare de la Nueva-Viscaya ; au sud, il est limité par la province de

Un vantay (lieu de repos) dans la montagne.

Pangasinan, au sud-ouest et à l'ouest par celle de la Union, au nord-ouest par celle d'Ilocos-Sud.

Le salon de réception est orné de roses cueillies dans le jardin : elles répandent leur parfum dans la salle, dont on a fermé les fenêtres à cause du froid. Le thermomètre marque 18 degrés centigrades. Nous avons rencontré à plus de 1830 mètres d'altitude des rosiers à l'état sauvage.

J'ai eu tout le temps nécessaire pour étudier les Igorrotes,

chez lesquels, dès le lendemain matin, nous allons de compagnie faire une excursion. Les montagnes environnantes présentent un aspect plus ou moins calciné.

Nous visitons quelques cases d'Igorrotes disséminées un peu partout, principalement dans la vallée du lac.

Elles ne sont pas élevées sur pilotis; le feu, placé au centre, soigneusement entretenu, ne s'éteint presque jamais, et les habitants se couchent autour du foyer, enveloppés dans leurs couvertures; il y avait cependant dans une case où j'ai pénétré quatre couchettes en planches, sur lesquelles se trouvait une espèce de petit matelas.

Les Igorrotes sont regardés par les indigènes de la côte comme des frères qui n'ont pas voulu autrefois se soumettre aux Espagnols, ni accepter leur religion; du reste, le mot Igorrote voudrait dire habitant de la montagne, Remontado.

Ils ont au premier aspect assez de ressemblance avec les naturels de la côte, mais chez eux le type est beaucoup plus pur, quoiqu'il varie beaucoup : les uns ressemblent aux Chinois, les autres aux Malais, le plus grand nombre aux Japonais. En un mot, ils se rattachent au groupe des populations indonésiennes.

En général ils ne sont pas très beaux. Les hommes cependant ont des figures qui ne sont pas désagréables, quand ils n'ont pas pourtant l'air farouche ou craintif; des femmes, toute courtoisie à part, je dirai qu'elles sont horribles.

Le nez chez quelques-uns est très droit et légèrement recourbé; chez d'autres, le lobule en est aplati.

Les femmes l'ont presque toutes très petit et relevé à son extrémité. La bouche varie aussi beaucoup; mais les lèvres sont rarement pendantes, bien qu'elles soient toujours assez grosses. Les yeux sont presque bruns, et quelques individus les ont légèrement fendus à la chinoise. Les oreilles ne sont pas très grandes. Le front est bas, surtout chez les femmes. Les dents sont presque toujours droites, mais toutes en très mauvais état. Les pieds sont larges et épais, et les mains très fines. Les cheveux sont noirs, droits, fins, très fournis, mais coupés courts sur le front. Quelques-uns laissent pousser leur barbe; ils sont assez généralement velus, contrairement à ce que l'on observe chez les Tagals.

Types d'Igorrotes.

Il est bon de rappeler que peu de temps avant la prise de possession des îles Philippines par les Espagnols, et même à ce moment, des pirates chinois et japonais, ayant eu leurs embarcations prises ou perdues sur les côtes de

Luçon, se sauvèrent à terre et de là pénétrèrent dans l'intérieur, où ils s'établirent.

Quant aux Malais, ils vinrent de tout temps ravager les îles Philippines; il n'y a que peu d'années que l'on est parvenu à les repousser chez eux, grâce à la navigation à vapeur, qui a permis aux Espagnols d'établir une croisière efficace.

J'ai, pendant cette excursion, mis souvent à contribution mon jeune ami, M. Enrique d'Almonte, très habile dessinateur, pour me faire quelques croquis de ces indigènes; mais malheureusement, il n'a pu prendre ceux que j'aurais désirés, ces modèles refusant absolument de poser.

Les Igorrotes sont petits et trapus, aux jambes fortes et aux bras grêles; les femmes sont de très petite taille; je n'ai pu mesurer, et encore imparfaitement, qu'une seule femme et quelques hommes, grâce aux ordres du commandant et avec l'aide du curé. Chez les hommes, la taille moyenne est de 1 m. 570; celle de la femme, qui est à très peu près celle de toutes ses compagnes, atteint 1 m. 460.

Les Igorrotes, hommes et femmes, font de très bons porteurs; on les emploie non seulement pour les hamacs, mais encore pour le transport de tous les produits de leur pays, car les chemins dans leurs montagnes sont impraticables pour les animaux. Pour transporter leurs fardeaux, ils confectionnent une espèce de crochet assez semblable à ceux de nos commissionnaires, seulement très court, le sommet dépassant un peu la tête; il est muni de trois bretelles, dont deux viennent s'assujettir aux épaules et la troisième vient passer sur le sommet du front, qui supporte ainsi une grande partie de la charge. Les femmes portent leurs enfants sur le dos, retenus par une bande d'étoffe.

Hommes et femmes sont très sales, surtout ces dernières, qui, descendant rarement dans la plaine, n'ont pas l'occasion de passer un cours d'eau et de prendre malgré elles un bain. A cette altitude, d'ailleurs, l'eau est glacée et provoque très vivement la sensation de froid, même à nous Européens. Ayant demandé de l'eau pour me laver, un de mes hommes, qui n'avait jamais quitté la plaine, alla en puiser à la rivière. Quand il me l'apporta, je lui dis de nettoyer la cuvette : l'Indien, sans défiance, plongea les mains dans l'eau, mais il les retira aussitôt, prétendant qu'il s'était brûlé.

L'eau n'avait certes pas plus de 4 à 5 degrés centigrades; il est vrai de dire qu'il était 6 heures du matin et que nous avions presque l'onglée.

Le costume des hommes se compose d'une bande d'écorce ou d'étoffe qui leur passe entre les jambes et s'enroule autour des reins, à l'instar des Negritos; seulement ils ont en plus une espèce de couverture de coton qu'ils drapent à l'espagnole.

Les femmes portent une espèce de petit jupon et, en présence des Européens, une petite chemisette.

La coiffure est la même pour les deux sexes; pourtant les hommes portent leurs cheveux plus longs que les femmes. Ils les graissent avec de l'huile de coco qui ne tarde pas à rancir, ce qui leur donne une odeur passablement désagréable.

Hommes et femmes ont des boucles d'oreilles en cuivre, qu'ils fabriquent eux-mêmes, ainsi que des bracelets en cuir et en cuivre aux bras et aux jambes.

Les maladies de peau ne sont pas aussi fréquentes que dans d'autres régions, mais sont cependant loin d'être rares.

Chez eux le tatouage est presque une œuvre d'art; il est fait avec beaucoup de précision et représente parfois des serpents ou des fleurs, mais le plus souvent des dessins d'ornement exécutés avec grand soin et méthode; à mesure que l'on devient plus riche et plus puissant, les dessins augmentent; quelques Igorrotes n'en ont qu'autour des poignets, tandis que d'autres ont les bras, les jambes et le buste tout tatoués.

Ils recueillent ingénieusement l'or, répandu un peu partout dans ces montagnes. Avant l'époque des pluies, ils creusent un grand trou au pied d'un talus, dont ils préparent l'éboulement; les pluies arrivent, le talus s'écroule et l'eau entraîne les terres dans le trou, avec le métal qu'elles contiennent et qu'ils « lavent » à la saison sèche. C'est ainsi qu'ils récoltent annuellement de 100 000 à 120 000 francs d'or qu'ils vont vendre à notre compatriote dénationalisé, M. Balthazar d'Aringay.

Non seulement ils savent fondre l'or, mais ils le mêlent aussi fort habilement avec de l'argent ou du cuivre : on a donc raison (par crainte de tricherie) de leur payer l'or en paillettes 80 francs l'once, et 40 seulement sous forme de lingot.

Ils font des ornements en cuivre et des pipes qu'ils nomment *guyos* avec le minerai qu'ils ont extrait et réduit. Ces pipes, dont nous reproduisons des spécimens, sont de plusieurs formes et de divers dessins; quelques-unes représentent une femme ou un homme assis, les coudes sur les genoux et le menton sur les mains : c'est aussi la posture favorite de leurs fétiches.

Ils fabriquent aussi des petits paniers en rotin, qui, parfois, sont en deux parties s'emboîtant exactement l'une dans l'autre.

Ils portent ces paniers en sautoir et ne les quittent jamais : ils mettent dedans leurs pipes, leur tabac et tout ce qu'ils ont de précieux. Pour fumer leur tabac, ils enroulent des feuilles en forme de cigares et les plantent ainsi dans leurs petites pipes; ils mâchent peu de betel, préférant de beaucoup le tabac qu'ils cultivent dans ces hautes régions.

Leur alimentation, principalement végétale, se compose de *camote* (*Convolvulus batatas*), d'ignames, de maïs, et de très peu de riz, qui ne pousse que difficilement dans ces régions peu marécageuses. Ils mangent peu de viande, à l'exception des jours de grande cérémonie; mais ils utilisent les animaux tués à la chasse avec leurs lances et leurs flèches, et quelques poissons qu'ils prennent dans les cours d'eau.

Ils élèvent beaucoup de bestiaux, chevaux, bœufs, buffles, chèvres, et aussi beaucoup de chiens, dont ils sont excessivement friands. Leurs greniers sont bâtis sur pilotis.

Quand un homme meurt, on rassemble le bétail qui lui appartenait, et tout le village festine jusqu'à ce que le dernier animal soit consommé. On ne se quitte qu'après l'épuisement complet du stock de vivres

Le langage des habitants de ces montagnes n'est pas compris des indigènes de la côte ; il y a trois dialectes *igarreto :* l'*imibalog*, le *cansan* et le *cataoan.*

Les Igorrotes sont monogames ; un jeune homme qui veut se marier choisit une fille du pays, et, sans autre cérémonie, ils vivent ensemble ; s'ils ont un enfant après un certain temps, le mariage est indissoluble. L'adultère est puni très sévèrement.

Les secousses volcaniques sont ici assez fréquentes.

La légende dit qu'autrefois, à la place du lac qui est au pied du village et de la vallée qui l'entoure, existait une

Pipes des Igorrotes.

haute montagne qui disparut à la suite d'un grand tremblement de terre. Ce fait aurait eu lieu vers la fin du XVI^e^ siècle ou au commencement du XVII^e^ siècle.

L'histoire naturelle, dans cette contrée, ne m'a pas fourni un grand nombre de spécimens ; cependant le commandant du district m'a fait cadeau d'un petit rongeur, très voisin d'un autre animal que j'avais tué à l'Infanta.

Le 11 septembre nous laissâmes la Trinité endormie dans une paix profonde. Nul ne s'y doutait que la guerre était proche, que la Casa Real et la caserne de la guardia civil s'abîmeraient dans les flammes et que nos bons amis les Européens auraient à peine le temps de fuir.

Cette guerre, d'ailleurs vite apaisée, ne fut qu'une de

ces échauffourées comme il en arrive dans les Philippines toutes les fois que l'autorité veut réduire à la soumission et forcer au tribut les peuplades monticoles jusque-là libres de tout joug. Ces indigènes, comme tous ceux, du reste, de l'intérieur, ne se reconnaissent pas comme sujets espagnols et ne payent aucun tribut.

Le nouveau gouverneur, trouvant cet état de choses préjudiciable aux intérêts de la colonie, a décidé que tous devaient être soumis et réunis en villages; publié partout, comme on le put, cet ordre enjoignait aux naturels de faire leur soumission au mois de janvier ou de février 1881.

Quelques-uns ont accepté et sont venus au-devant des conquérants, qui leur apportaient des cadeaux de toutes sortes, provenant de dons faits par les habitants de Manille pour faciliter la soumission des infidèles.

Le gouverneur général alla en personne dans certaines parties de Luçon recevoir ceux qui voulurent bien descendre de leurs montagnes.

Après les cadeaux, ce furent les coups de fusil pour ceux qui préféraient la liberté et la vie vagabonde des bois à l'existence plus sédentaire qu'on leur offrait. Il y eut des combats un peu partout, quelques assassinats commis sur des Espagnols et sur des soldats indiens isolés; en peu de temps, la montagne fut en feu, et le soumis de la veille devint souvent l'ennemi le plus acharné.

Il y eut aussi quelques défections dans les rangs indiens; ainsi un groupe, profitant de l'absence des chefs invités à un bal donné en leur honneur, disparut dans la montagne avec armes et bagages.

Je rapporte ici les renseignements que quelques amis ont bien voulu me communiquer, car il est assez difficile de savoir exactement la vérité; les trois journaux de Manille, soumis à une censure rigoureuse, ne font que chanter les louanges de l'armée et annoncent sans cesse de nouveaux succès. Mais ces nouvelles se ressemblent toutes et l'œuvre de civilisation n'avance pas plus vite.

On prend quelques malheureux indigènes qui promettent, par crainte, de devenir sédentaires; mais quelques jours après, l'expédition n'étant plus à redouter, les Igorrotes ont regagné la montagne.

Le 16 septembre, nous quittons Aringay pour continuer notre route vers le nord; nous côtoyons toujours le bord du golfe, de Lingayen jusqu'à Bauang en passant par le petit village de Cava.

En sortant de Bauang, le dernier village bordant le golfe, nous marchons au nord, et, en 30 minutes, nous arrivons à San-Fernando, chef-lieu de la province de la Union et résidence de l'officier supérieur de l'armée espagnole.

La ville n'a rien de remarquable, si ce n'est la grande place, autour de laquelle sont bâtis la maison du gouverneur, l'église, le couvent et le tribunal.

San-Fernando est à peu de distance de l'endroit où vient aborder le courrier qui remonte au nord après avoir touché à Sual.

Pendant que nous sommes à table chez le commandant, arrivent deux dépêches, l'une annonçant un nouveau tremblement de terre à Manille, mais peu important, et l'autre la délivrance de la reine et l'ordre de donner des réjouissances au peuple : *Panem et circenses.*

Le gouverneur octroie aux Indiens deux jours de *gallera.*

Le lecteur sait que les combats de coqs sont une des grandes récréations des Indiens; ils ne sont peut-être pas autant en honneur dans cette partie de l'île, mais, comme ils ne sont permis que le dimanche et les jours de fête, cela vaut pour eux tous les feux d'artifice tirés en Europe.

On cultive le tabac dans cette province, culture encore obligatoire à ce moment dans la région.

C'est chose de gouvernement, et chaque chef de famille, chaque « tributo » est tenu de fournir annuellement un certain nombre de feuilles à l'État. La récolte faite, on la porte au village et là le gobernadorcillo compte les fardeaux, qu'on dépose dans les magasins; puis les employés de la régie séparent les feuilles, non pas suivant leur qualité, mais suivant leur longueur : il y avait quatre dimensions distinctes, suivant lesquelles les feuilles étaient payées au prix fixé par le gouvernement; quant aux feuilles trop courtes, elles étaient refusées, mais non rendues au cultivateur, l'administration les brûlant sans aucune indemnité.

Depuis juillet 1882, la culture du tabac est dégagée de toute entrave; qui veut, la pratique, et l'État n'a plus le monopole de l'achat et de la vente.

Le tabac étant facile à cultiver, ce travail convenait parfaitement aux indigènes; mais, il y a quelques années, des difficultés financières obligèrent l'administration à payer les producteurs avec des bons qui plus tard seraient échangés contre de l'argent monnayé. Mais mal accueillis, au début, par les Indiens, ces bons tombèrent bientôt dans le discrédit, et ce fut là le point de départ d'une exploitation générale des indigènes par les individus avec lesquels ils faisaient leurs échanges habituels. Le discrédit des bons du trésor ne fit qu'augmenter. Ce fut, on le comprend, une occasion d'agiotage. Cette situation s'est prolongée pendant plusieurs années, et quelques maisons de banque de Manille, dirigées par des métis ou des Chinois, ont accaparé à vil prix ces bons, qu'ils savaient devoir être intégralement payés tôt ou tard.

On a vu des Indiens donner 5 piastres de papier pour une d'argent ou pour la même valeur de riz.

Le général Moriones, vieux soldat intègre, ayant eu connaissance de ces faits, et pour empêcher la ruine des Indiens au profit de quelques individus, publia une ordonnance annonçant que les bons allaient être remboursés. Mais, sachant que le payement des bons au pair n'aurait pas favorisé les cultivateurs, le général ordonnait que l'on rembourserait à une certaine époque pour tant de milliers de bons à tant la piastre, et que le reste serait payé à échéances.

Le tabac des Philippines est très bon et serait encore meilleur s'il était mieux soigné.

Celui qui a la plus grande renommée est le tabac de Cagayan, vaste pays situé entre les deux grandes Cordillères du Nord et arrosé par de nombreux cours d'eau se jetant dans le fleuve qui donne son nom à la province.

Indigènes préparant le tabac.

Le tabac cultivé dans les montagnes a les feuilles petites, mais possède un très bon parfum.

La contrebande du tabac était très active aux Philippines avant la nouvelle réforme. Le gouvernement vendait en effet le tabac assez cher au détail, et, dans nos courses, il nous est arrivé souvent de voir des individus se sauver à travers les rizières ou dans les bois, prenant les Européens qu'ils rencontraient pour des inspecteurs de la régie.

Le 17 septembre, à 4 heures du matin, nous nous mettons en route avec le commandant, qui nous accompagne jusqu'à la limite de son territoire.

Nous passons rapidement San-Juan et, montant toujours vers le nord, nous arrivons à Bagnotan.

Les routes de cette partie de Luçon sont, sans contredit, les meilleures des Philippines, même et y compris Manille.

Le commandant n'a pas, comme les alcades, à s'occuper des innombrables procès publics et privés, et il peut accorder tout son temps à l'administration et au bon entretien des routes de sa province.

En sortant de Bagnotan, le chemin s'incline au N.-N.-O. pendant environ 2 kilomètres, puis tourne brusquement à l'E.

Nous laissons reposer nos chevaux dans ce village, puis nous nous dirigeons au S.-S.-E., pour gagner le village de Balaoang, situé au pied d'une chaîne de montagnes, dépendance d'un des contreforts de la chaîne centrale.

A Balaoang nous sommes reçus, comme dans les autres villages, par la musique réunie à l'occasion de l'heureux accouchement de la reine et de l'arrivée du nouveau gouverneur; elle nous paraît moins mauvaise que celles que nous avons déjà entendues.

Retournant sur nos pas jusqu'à Bagnotan, nous continuons notre route vers le N.-E. jusqu'au village de Bangar, le dernier de la province de la Union.

Nous arrivons en grande compagnie au couvent, car tous les curés des villages que nous avons traversés nous ont suivis dans leurs voitures et viennent prendre part à la fête que nous donne le curé de Bangar.

Je laisse ces messieurs jouant aux cartes ou aux dominos en attendant le dîner; prenant mon fusil, je profite de la tombée de la nuit, moment du réveil des paniques, pour en abattre quelques-uns. Ce sont de grandes chauves-souris qui vivent par bandes. Pendant le jour, ils restent suspendus par un de leurs crochets à un arbre qu'ils choisissent et qu'ils ne tardent pas à dépouiller de toutes ses feuilles. Le jour, on peut les approcher facilement et les tuer à coups de bâton. Quand une pierre vient les réveiller, ils se contentent de changer de place en poussant de légers cris. Ceux que j'ai tués ici sont très beaux; les mâles ont le plastron et le col d'un jaune d'or brillant d'un très bel effet, et le poil du corps roux et soyeux.

Les indigènes trouvent la chair de ces animaux très bonne; quant à moi, la forte odeur qu'ils exhalent m'a toujours inspiré beaucoup de répugnance, et je n'en ai mangé qu'en cas de disette.

Le pays que nous avons parcouru aujourd'hui n'est qu'une vaste plaine d'alluvion s'étendant de la mer au pied des montagnes et mesurant plus d'une lieue de largeur. Les principales cultures sont le tabac et le riz.

Le lendemain, laissant nos compagnons endormis, nous continuons à remonter vers le nord, et nous traversons le grand fleuve Ambunayam, dont le delta a près d'une lieue d'étendue.

Au milieu se trouve une grande île qui est un sujet continuel de contestations entre les villages des deux rives; parfois de véritables batailles ont lieu entre les pêcheurs de l'une et l'autre province.

Après la traversée du fleuve, nous arrivons à Tagudin, premier village de la province d'Ilocos sud.

Puis viennent successivement Sevilla, Santa-Cruz, Santa-Lucia, et nous entrons à Candon, ville où nous avons projeté de tenter une longue excursion dans les sierras de l'intérieur.

Le P. Canon, curé du lieu, ne veut pas que nous logions au tribunal ou autre part ailleurs; il nous installe de force chez lui; tous ses amis viennent nous voir; l'un des directeurs des mines de cuivre des environs offre de nous y servir de guide et met ses hommes et ses chevaux à notre disposition.

C'est une belle chose que l'hospitalité aux Philippines. Tout le monde ici m'affirme que ce n'est pourtant pas l'hospitalité d'autrefois.

Depuis les dernières révolutions d'Espagne, il s'est produit ceci. Chaque parti arrivé au pouvoir épure à sa façon le personnel gouvernemental des Philippines; il remplace toutes les créatures du ministère précédent par ses créatures à lui. On a vu jusqu'à trois fonctionnaires à la fois dans un seul poste : le premier était resté en lieu et place faute d'argent pour partir, et le second, n'ayant pas fait diligence, avait été gagné de vitesse par son remplaçant. Sur cette foule de fonctionnaires passagers, beaucoup ont abusé de l'hospitalité, et les Philippiniens sont devenus prudents.

Autre raison : jadis on allait aux Philippines par le cap de Bonne-Espérance, et en bien petit nombre; maintenant l'archipel reçoit par Suez autant d'Européens en un mois qu'autrefois en toute une année.

Mais si nous, voyageurs étrangers, nous sommes moins bien accueillis qu'autrefois, notamment par les curés des Philippines, il faut l'attribuer à la publication de l'ouvrage de M. Jagor connu aux Philippines par la traduction espagnole qu'en a publiée M. Sébastien Vidal. Dans son œuvre, Jagor décrit les mœurs des curés espagnols et plus particulièrement des curés indiens. Bien que ses appréciations soient très souvent justes, elles sont peu flatteuses. Depuis lors, on nous reçoit mal et on nous cache beaucoup de choses, dans la crainte que nous ne les fassions connaître.

La journée du 20 se passe à régler les fardeaux et à faire les provisions; on nous prête des chaises à porteurs, dont deux sont très commodes; elles sont en bambou et viennent de Hong-Kong; on y est très bien assis; chacune d'elles doit être portée par huit hommes.

Le district que nous allons visiter est situé dans l'intérieur et s'étend jusqu'à la grande Cordillère centrale.

Il est limité au nord par l'Abra [1] et le district de Bontoc, à l'est par la grande chaîne centrale qui le sépare de Cagayan et qui va jusqu'aux confins de la province de la Nueva-Biscaya, au sud par le district de Benguet, et à l'ouest par la province d'Ilocos sud, dont il dépend administrativement.

Notre caravane se mit en marche le 21 septembre, avec la pluie sur le dos; elle se dirigeait au sud-est vers le district de Lepanto et la grande Cordillère centrale.

Salcedo, à 16 kilomètres de Candon, fut le premier pueblo rencontré.

La route que nous suivons traverse des plaines et des terrains marécageux; il existe, il est vrai, une autre route que le général Moriones a fait construire l'année dernière; mais, abandonnée depuis son départ, elle est en peu de temps devenue impraticable.

En sortant de Salcedo, nous remontons un petit cours d'eau et nous marchons directement à l'est; bientôt, nous gravissons les premières montagnes, et, à 4 heures, nous arrivons à Lingay, petit village au pied du mont Tila (1072 mètres), peuplé par moitié d'Ilocanos et d'Igorrotes.

Le pays est sagement cultivé; sur les terres, retenues en gradins par des murs de pierre sèche, croissent riz, igname et maïs; ces gens entendent parfaitement la pratique des irrigations. Nous eûmes tout le temps de jouir des plaisirs de Lingay; une affreuse *nortada* nous y retint toute la journée dans la case du maître d'école, où la pluie pénètre en toute liberté; et c'est la meilleure du village!

A chaque rafale, les quelques touffes de bambous qui sont devant nous plient jusqu'à terre, et il y en a qui ne se relèvent pas; les champs de riz ondulent comme une mer en furie; pendant trente heures, les cataractes du ciel sont ouvertes, et pas un être vivant n'ose s'aventurer dehors, de

1. *Abra*, en espagnol, signifie *gorge de montagnes*. On désigne sous le nom de *territoire de l'Abra* la partie du nord de l'île de Luçon limitée par la grande Cordillère centrale à l'E. et la chaîne de montagnes parallèle à la côte O. Dans la région qui s'étend entre les deux chaînes coule un cours d'eau important qui a nom *Abra*.

peur d'être enlevé par la tourmente et jeté dans un précipice.

Enfin, le 23, le temps s'étant éclairci, nous entreprenons l'ascension du Tila, dont le pic s'élève à 1200 mètres d'altitude. De la passe, qui n'est qu'à 1100 mètres, je puis prendre un tour d'horizon, car nous apercevons parfaitement Santa-Lucia, Santa-Cruz, Candon et la pointe de Namagpacan.

De Lingay nous descendons à Angaqui, hameau d'Igorrotes à 720 mètres d'altitude. Ces montagnes, bien qu'arides, sont belles, et l'on se croirait presque en Suisse, mais le thermomètre nous détromperait : à 6 heures du soir, il marque 29°. Le pays est calcaire, plus qu'à moitié dénudé ; les pentes sont couvertes de cogon. De ci, de là, on rencontre quelques bouquets d'arbres dans le fond des ravins.

J'ai pu récolter pendant la marche quelques mollusques intéressants ; c'est tout ce que le naturaliste pouvait recueillir sur ces pentes. Mon ami M. d'Almonte a bien voulu faire à mon intention un croquis exact de la vue du mont Tila et du pays voisin.

Le 24, nous continuons notre route au sud-est, toujours à travers les montagnes ; nous nous arrêtons pour la halte du déjeuner à 691 mètres d'altitude, et le point culminant atteint ce jour-là est de 698 mètres.

Nous continuons à marcher jusqu'au bord de la rivière Imalaya, qui court dans la direction du nord et qui se jette à peu de distance dans le fleuve Abra. Les eaux ayant emporté le pont deux jours avant notre arrivée, nous voilà obligés de chercher un gué qui nous permette de traverser la rivière. Nous arrivons ensuite au village de Cervantès, entre Cayon, chef-lieu du district, et Maugayen, où se trouvent des mines de cuivre.

Le lendemain, une heure de course à cheval à travers des sentiers taillés sur les flancs des montagnes nous conduit à Camillas, où nous recevons l'hospitalité chez les propriétaires des mines de cuivre.

Dans les plaines dépendant de l'habitation, on a essayé d'établir des plantations de café, mais elles n'ont pu réussir à cause de la sécheresse; en revanche, ces plaines sont excellentes pour l'élevage des bestiaux.

Le 26 au matin, nous traversons avec assez de difficulté la petite rivière Suyo, qui, en ce moment, roule avec fracas ses eaux torrentielles; trois heures de marche par l'est-sud-est à travers des sentiers semblables à ceux d'hier nous conduisent jusqu'à Maugayen.

Il y a quelques années, un Espagnol établi à Candon achetait le cuivre aux Igorrotes de l'intérieur; il eut l'idée de fonder une société pour l'exploitation des gisements; on fit venir des ingénieurs qui les reconnurent. Une fois le terrain acheté, on commença l'exploitation.

Ces mines sont admirablement situées; d'immenses forêts de sapins fournissent abondamment le charbon nécessaire à la fonte, mais le transport de la côte aux fonderies et des fonderies à la côte grève tellement l'entreprise qu'elle a succombé d'abord et que, une fois relevée, elle n'a plus donné que 16 000 à 24 000 francs de revenu par an. De plus, le travail d'extraction est contrarié par les infiltrations d'eau, et l'approvisionnement en combustible est devenu difficile : on a coupé les sapins inconsidérément, sans jamais replanter, et il faut maintenant aller chercher les bois très loin. On a dû, pour fabriquer le charbon, s'installer loin de la mine, au milieu des bosquets isolés de sapins, et il faut changer ainsi de résidence à mesure que la forêt disparaît.

Au cours de cette visite dans les galeries nous voyons quelques filons de cuivre assez riches; j'ai pu réunir une série complète des roches et minerais de cette région.

Les ouvriers des mines sont ou des Chinois ou des Igorrotes. Parmi ces derniers, j'ai pu mesurer quelques hommes, d'ailleurs en petit nombre, mais aucune femme n'a voulu s'y prêter. Il en est un presque noir, très différent de tous les autres gens du pays, qui en font eux-mêmes la remarque : on dirait d'un Californien noir.

Les hommes sont, en général, plus grands et d'un type un peu différent de ceux que j'avais observés à Benguet. Ici on croirait voir des Japonais; ils gardent plus volontiers leur barbe ; leurs cheveux sont lisses et ils les portent longs.

Les Igorrotes sont encore peu sociables ; on a établi un village auprès des mines ; jusqu'à présent ils ne s'y sont pas établis, préférant vivre isolément dans les montagnes.

A peu de distance des mines de cuivre, les Igorrotes récoltent de l'or, comme ceux du district de Benguet.

Les naturels fabriquent non seulement des pipes et des ornements en cuivre, mais encore des marmites et autres ustensiles de ménage, qu'ils fondent d'abord et qu'ils martèlent légèrement ensuite.

J'ai pu rapporter une de ces marmites, grâce à l'obligeance des propriétaires des mines, car les indigènes n'aiment pas à s'en dessaisir.

Après les mines, on fit visite à la montagne Data. D'après les nouvelles reçues à Manille, un volcan y aurait surgi durant les récents tremblements de terre ; nous n'y voyons qu'un effondrement de 120 mètres de longueur, de 60 de largeur, près d'un terrain de 1400 mètres carrés bouleversé et crevassé en tous sens.

Le 28 septembre, retour à Cervantès, et de là on se rend à Cajan, bourg situé à 670 mètres d'altitude. C'est une longue rue en pente faite de maisons en planches de sapin et élevées sur pilotis. Malgré son humble apparence et sa petitesse, Cajan est le chef-lieu du district de Lépanto.

Comme dans le district de l'Abra, il n'y a qu'un centre un peu important, le chef-lieu, les autres agglomérations sont de petites bourgades.

On y cultive, comme dans les régions inférieures, du riz, des ignames et du maïs ; le terrain de culture est également en amphithéâtre sur le flanc des vallons ; tout le reste est inculte.

Les indigènes récoltent aussi un peu de tabac et ramassent de l'or ; le commandant nous a montré une série de fétiches faits de ce métal et quelques pépites assez grosses.

Les Européens sont représentés ici par le commandant du district et par le capitaine de la guardia civil ; il n'y a pas de curé ; un missionnaire y passe deux ou trois fois par an.

On fait tout ce que l'on peut pour attirer les Igorrotes des montagnes ; quelques-uns se sont décidés à venir, mais la plupart retournent bientôt dans les bois, et, dernièrement, un groupe tout entier a disparu brusquement, l'un d'eux ayant coupé la tête d'un de leurs ennemis.

Leurs mœurs sont à peu de chose près les mêmes que celles de tous les Indiens de ces contrées ; seulement, il est à remarquer que les dialectes varient beaucoup et qu'un très petit nombre d'individus parlent le même.

J'aurais bien voulu m'y procurer des squelettes d'Igorrotes, mais ils cachent soigneusement leurs morts ; ils les enterrent au pied d'un rocher incliné, de manière que le corps soit à l'abri.

Plus heureux en fait de curiosités, j'emportai de Cajan quelques objets, entre autres un plat double en bois et une cuillère, en bois également : le grand plat est pour le riz, le petit plat pour le ragoût et la sauce ; la cuillère représente une femme nue avec une espèce de bonnet de police recourbé en avant. On ne rencontre ces ustensiles que dans un seul village, et ils se rapprochent beaucoup des objets de même espèce rapportés des îles de l'Océanie.

J'y fis aussi l'acquisition de deux idoles, homme et femme, sculptées en plein bois. L'homme est assis les coudes sur ses genoux et la femme est debout, les deux mains appuyées sur le ventre ; les yeux sont faits de deux cauris, et sur une troisième coquille introduite dans la bouche on a sculpté les dents.

Je désirais aussi beaucoup quelques-unes de leurs armes, lances, sabres et flèches, qui sont assez belles, mais j'attends toujours avec impatience celles qu'avait bien voulu me promettre le gouverneur du district de Lépanto. Il devient de plus en plus difficile aux Philippines de se procurer des armes ; depuis quelques années, le gouvernement a mis la main sur toutes celles qu'il a pu atteindre et il ne permet plus aux Indiens d'en avoir. Quelques alcades en possèdent de très belles collections, mais ils les gardent pour eux.

Je n'ai pu me procurer un ancien tibor, en porcelaine

de Chine assez commune, et pas très ancien probablement, mais cependant intéressant.

L'Indien qui le possède n'a voulu le vendre à aucun prix. C'est un objet de famille auquel il tient beaucoup, comme un souvenir de ses ancêtres.

J'ai pu mesurer cinq hommes, non sans peine, et grâce aux ordres exprès du gouverneur. Je donne, plus haut (page 153), leur type, hommes et femmes, et un spécimen de leur tatouage, en tout semblable à ceux des autres Igorrotes que j'ai rencontrés jusqu'ici.

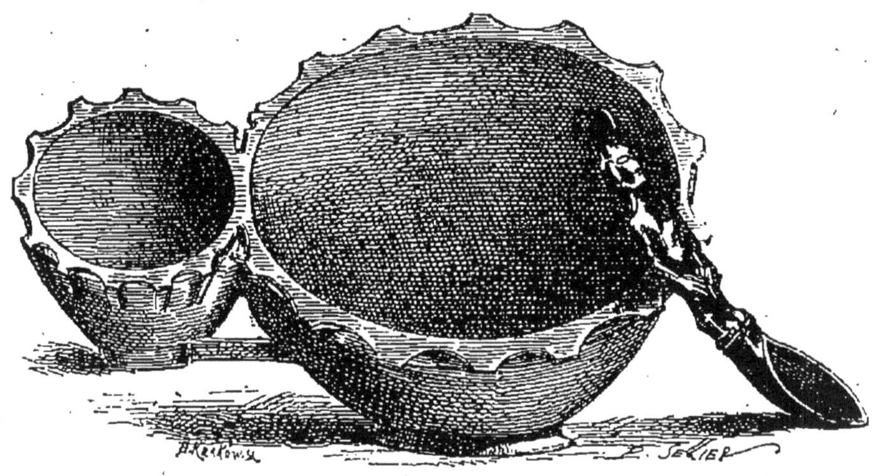

Plat double et cuillère en bois des Igorrotes.

Les types sont toujours très variés; les maladies de peau sur ces hauteurs sont moins communes qu'à une altitude inférieure; chez quelques indigènes le nez est tout à fait droit avec le bout légèrement recourbé. Chez d'autres, au contraire, surtout chez les femmes, il est large et épaté.

Les hommes ont les membres inférieurs velus; la barbe est souvent abondante et quelques-uns la portent coupée court; ils ont les cheveux longs en général; et quelques chevelures atteignent 90 centimètres de longueur.

Ils les divisent en deux bandeaux qu'ils tortillent autour de leur tête; presque tous portent en outre un morceau d'étoffe d'environ 1 m. 50 de longueur, enroulé en forme de turban et dans lequel ils plantent leur pipe et serrent le tabac.

Comme les Igorrotes de Benguet, ils ont les mains petites, les pieds grands et larges, les bras grêles et les jambes fortes. Les oreilles sont généralement grandes, les yeux bruns et, chez quelques sujets, un peu obliques, ce qui accuserait chez eux une infusion très manifeste de sang chinois.

Les dents, généralement droites, sont en très mauvais état. Chez les femmes l'usage du bétel leur donne une couleur brune vernissée d'un aspect sale et assez laid ; mais c'est la mode, comme il est de mode aussi de porter les cheveux courts sur le front, ce qu'on appelle *à la chien* dans nos modes de coiffures européennes. Les femmes portent les cheveux beaucoup plus courts que les hommes, et les élégantes les retiennent sur la tête avec une espèce de diadème en perles.

Le 1er octobre, nous rebroussons chemin jusqu'à Angaqui ; les eaux des rivières ont encore monté ; le passage ne peut s'effectuer qu'en radeau et à l'aide d'un grand nombre d'hommes.

Le lendemain, nous prenons la direction nord-nord-ouest, en contournant les montagnes ; les chemins sont très mauvais et, dans une gorge appelée Tabalina, nous avons toutes les peines du monde à passer sans nous embourber entièrement ; nous sommes sur un terrain calcaire qui semble délayé ; nous arrivons enfin à Triagau, village situé à 725 mètres d'altitude, où se trouve un entrepôt de tabac approvisionné par les Igorrotes des montagnes. Ce tabac est assez bon, mais les feuilles en sont petites.

Malgré les instances du commandant et de sa femme, qui veulent nous retenir, nous continuons notre route, car mon ami est pressé de rentrer, malade qu'il est d'une forte bronchite.

Dans la descente, nos guides nous égarent ; la nuit empêche qu'ils se reconnaissent ; nous passons et repassons dans le lit de la rivière Lilidon, qui sert de chemin ; et, après avoir franchi des clôtures et pataugé dans la vase, nous arrivons enfin à 8 heures du soir dans un village, d'où nous repartons le matin au jour pour Nueva Carbeta et Santa-Maria. Nous avons rejoint le bord de la mer. Le curé de Santa-Maria, homme fort aimable, nous fait le meilleur accueil; il me montre sa collection de coquilles et nous donne sa voiture pour regagner Candon, où, pendant notre absence, on a ressenti quelques secousses de tremblement de terre.

Santa-Maria possède l'église la plus pittoresquement située que j'aie vue dans les Philippines, sur le front d'un rocher de plus de cent mètres de hauteur, au-dessus de la plaine ; de là on domine tout le pays.

Le couvent sert souvent de refuge aux habitants pendant les inondations assez fréquentes qui envahissent la contrée.

Après Santa-Maria, nous traversons Narvacan ; la route, après un brusque détour à l'ouest, se dirige de nouveau vers le nord jusqu'à Santa, où l'hospitalité ne nous paraît pas poussée à l'extrême, et où nous passons la nuit tant bien que mal dans un tribunal ouvert à tous les vents.

Le lendemain nous entrons à Vigan, chef-lieu de la province d'Ilocos du sud, et en même temps siège d'un évêché.

Monseigneur est une ancienne connaissance de M. Centeno. Nous allons lui faire une visite, mais M. Centeno s'aperçoit bien vite de la différence qu'il y a entre l'amitié d'un simple curé et celle d'un prélat mitré.

Nous ne voulons pas rester dans cette capitale du nord, mais le gobernadorcillo, qui est ici un grand personnage, se soucie peu de secouer son apathie pour nous chercher chevaux et porteurs. Notre ingénieur en chef des mines perd patience, il en appelle à l'alcade, et celui-ci fait une verte semonce au gobernadorcillo, puis lui inflige quelque chose comme cinquante francs d'amende. Le gobernadorcillo ne sourcille pas. « Je les ferai payer, dit-il à M. Centeno, par mes adjoints, qui se rattraperont sur leurs subordonnés, et ainsi de suite jusqu'aux contribuables, *y va bene!* »

Les Ilocanos passent pour être fiers, entiers, prompts à la révolte.

Ils cultivent le riz, l'indigo, beaucoup le tabac, le coton.

C'est une population industrieuse, qui fait des étoffes de coton, notamment des couvertures très belles et solides, fort supérieures à celles que l'Angleterre et l'Allemagne vendent aux Philippines.

Enfin, à 4 heures, nous avons enfin nos chevaux.

De Vigan au point extrême atteint par nous dans le nord, notre course fut rapide ; elle nous fit connaître (bien superficiellement, s'entend) Masingal, Lapog, Sinay, dernier village de la province d'Ilocos du sud, Badog dans la province d'Ilocos nord, et dont le padre, fort bon homme du reste, a une peur atroce des tremblements de terre. Il nous fait les honneurs de son couvent, qui menace ruine de toutes parts, et nous y montre dans sa chambre à coucher, auprès de son lit, une espèce de guérite en forts madriers : c'est là qu'il se blottit à la moindre secousse, quand il ne croit pas avoir le temps de gagner l'escalier par lequel il peut se sauver dehors.

Il nous prête sa voiture, grand omnibus à quatre chevaux, et nous filons à grandes guides vers la métropole de l'Ilocos nord.

Cette métropole a nom Loag; elle est bâtie au bord d'un fleuve large et rapide que nous franchissons sur un radeau porté par deux *bancas,* c'est-à-dire par deux canots faits chacun d'un tronc d'arbre.

De Loag, nous mîmes le cap vers les mines que nous voulions visiter, dont une de ce rare produit qui se nomme l'*asbeste* ou amiante, mais à Pasuquin un tel coup de *nortada* survient que nous abandonnons toute idée de monter jusqu'à la pointe septentrionale de Luçon, dont pourtant nous ne sommes guère éloignés. Encore quelques heures de marche et nous serions les prisonniers de l'inondation.

Le chef-lieu a été brûlé plusieurs fois, et, en ce moment, on est en train d'élever de nouvelles constructions sur les anciennes ruines.

Pendant la saison pluvieuse, ces contrées sont fréquemment inondées par des torrents descendus des montagnes et entraînant tout sur leur passage; nombre de bestiaux sont ainsi enlevés tous les ans.

Ici, les indigènes sont moins mêlés de sang chinois; les Igorrotes, qui descendent assez souvent de leurs montagnes, commettent de fréquents assassinats, puis regagnent leurs retraites sauvages, assurés de l'impunité.

La principale culture est le tabac, dont le produit s'élève à 50 000 piastres pour la province seulement, 250 000 fr.

La culture du riz est négligée pour celle du tabac, qui est obligatoire. C'est là une des conséquences de la paresse des indigènes, qui travaillent tout juste ce qu'il faut pour subvenir à leurs premiers besoins, mais qui, par crainte, travailleront pour l'administration; le cultivateur a le droit de conserver deux charges de tabac pour sa consommation particulière et doit vendre le reste de sa récolte au gouvernement. Il est vrai que cela n'empêche aucunement d'en vendre et d'en acheter ailleurs que chez les marchands autorisés.

A force de recherches ordonnées par notre ami don Juan Piqueras, l'alcade, je pus enfin me procurer deux tibors; l'un d'eux, orné de dessins au trait et d'un caractère spécial, est l'une des pièces les plus curieuses de la collection ethnographique que j'ai recueillie pendant ce voyage. Ces vases, trouvés enfouis dans la terre sur le rivage, sont très anciens.

Dans les deux provinces d'Ilocos nord et sud, les chemins ne sont pas trop mauvais, à l'exception de ceux qui suivent les lits des rivières : celles-ci, toutes très larges, changent souvent de place.

Les inondations étant fréquentes, les routes sont fort difficiles à entretenir. Elles courent à travers de vastes plaines sablonneuses ou couvertes de galets; les chariots n'y avancent qu'avec peine et restent souvent embourbés ou même ensablés.

Le 16 octobre, le temps nous permet enfin de partir et nous battons honteusement en retraite jusqu'au port de Salomague, dans l'Ilocos sud. De là un vapeur nous emporta, don Enrique d'Almonte et moi, jusqu'à Sual, dans le golfe de Lingayen.

Le 22, nous quittons Sual pour aller visiter la province de Zambales. Le trajet par mer nous donna toute occasion d'admirer un archipel en miniature du golfe de Lingayen. Ce semis d'îles, d'îlots plutôt, n'est pas nommé sur la grande carte des Philippines du colonel Coello ; il n'y est pas non plus exactement figuré, et il faudrait l'augmenter de diverses îlettes au nord-nord-est. Mon ami Enrique en a pris plusieurs croquis. Une luxuriante végétation les revêt ; des charbonniers chinois y vivent et expédient leur charbon à Manille. De l'aspect de plusieurs d'entre elles qui, vues de loin, semblent réellement montées sur un pied, nous donnâmes familièrement, entre nous, à ces îles, le nom d'archipel des Champignons.

A 5 heures, nous arrivons à l'île de Cabaluyan ou Anda, qui est la dernière du groupe à l'ouest.

Nous descendons au tribunal, mais le gobernadorcillo ne l'entend pas ainsi, le curé lui ayant donné l'ordre d'amener chez lui tous les Européens.

Nous nous résignons ; nous aimerions mieux être chez nous au tribunal. Nous n'eûmes, il faut le reconnaître, qu'à nous louer de l'hospitalité du padre Andreo Romero, qui fut d'une amabilité parfaite. Il nous dit qu'il était toujours très heureux quand le hasard lui amenait des hôtes.

Il nous montra sa ménagerie, un superbe cerf apprivoisé, qui nous suivait à la promenade comme un véritable chien, des singes, des chiens, des chats et une basse-cour aussi nombreuse que variée.

Dans cette île est une des réserves des bestiaux destinés à la consommation de Manille ; il y a là d'immenses troupeaux, qui constituent son seul commerce.

Le lendemain, après avoir pris congé de notre aimable amphitryon, nous traversons l'île afin de nous embarquer et de passer sur la terre ferme. Notre débarquement s'opère dans les meilleures conditions, mais nous sommes obligés d'attendre que l'on nous amène des chevaux du village voisin. Très pénible et fatigant fut le voyage, et nous dûmes à plusieurs reprises faire une partie de la route à pied, enfonçant parfois dans la vase jusqu'aux genoux. Enfin, à 2 heures après midi, nous arrivons à Laminosa, charmant village situé à quelque distance des montagnes.

Après avoir mis nos bagages au tribunal, nous allons au couvent, prendre des renseignements sur les dégâts occasionnés par le tremblement de terre. En montant l'escalier, nous entendons les accords d'un harmonium.

On prétend que la musique adoucit les mœurs, mais nous nous apercevons bien vite qu'il n'y a pas de règle sans exception. En arrivant dans la salle, nous voyons trois

Archipel des Champignons.

hommes qu'à leur tonsure nous reconnaissons pour des prêtres, mais tous trois en caleçon et en chemise flottante, à la mode tagale.

Nous demandons à parler au padre ; celui qui a la chemise la plus sale s'avance et nous demande d'un ton assez rogue ce que nous voulons et qui nous sommes ; le jeune Enrique le lui explique, et il nous répond alors qu'il n'y a rien eu par ici, et qu'il ne comprend pas l'idée baroque que nous avons eue de nous déranger par un temps pareil et par des chemins comme ceux qu'il nous a fallu parcourir.

Mon ami lui dit que, s'il est venu, c'est par ordre du

gouverneur général ; puis, nous le saluons et partons sans même nous être assis. Pendant mes six années de voyages aux Philippines, c'est le seul curé qui ait été aussi peu gracieux; généralement on est plutôt trop bien reçu.

Nous nous installons au tribunal, où on a l'air de vouloir nous faire attendre, mais il nous suffit d'élever la voix pour être aussitôt servis et avoir des vivres et de quoi nous coucher.

Le lendemain, nous quittons ce village peu hospitalier et retournons rejoindre notre embarcation ; le chemin est encore plus mauvais, et nous devons monter sur une espèce de traîneau tiré par des carabaos qui, avec beaucoup de peine, nous font enfin franchir les bourbiers. Quand nous arrivons au bord de la mer, nous sommes complètement couverts de boue.

Notre bateau équipé, nous mettons à la voile et tout va bien jusqu'au milieu de l'archipel des Champignons ; mais, quand il nous faut débouquer des îles pour doubler la pointe Calamition, la brise de nord-est nous empêche d'avancer et nous rejette constamment sur les récifs ; enfin, à la nuit, force nous est de chercher un gîte chez les charbonniers, qui, heureusement, ont de l'eau douce à nous donner. Le lendemain, dès le matin, nous essayons de repartir ; ayant encore eu un insuccès, nous prenons le parti de gagner la côte à l'abri des îles et de faire route à pied. Après sept heures de marche, tantôt dans la vase, tantôt dans la mer, nous arrivons à Sual, d'où nous repartons immédiatement pour Lingayen. La pluie n'a pas cessé de tomber un seul instant durant cette journée.

La province de Zambalès est renommée pour le travail de ses nattes ; elle exporte aussi beaucoup de bestiaux. C'est à l'extrémité du cap Bolinao, au nord de Laminosa, que vient aboutir le câble télégraphique, dont on a récemment achevé la pose, qui relie les Philippines à l'Europe par Hong-Kong.

De Sual à Manille la route traverse les trois provinces de Pangasinan, de la Pampanga, de Bulacan et le district de Tarlac.

Le 30 octobre, nous prenons congé pour la dernière fois de l'alcade, le señor Alonzo, et de sa famille. Nous espérions arriver le soir même à Bayanbang, mais les chemins sont encore plus défoncés qu'à notre dernier passage ; en dépit des ordres de l'alcade, qui a pris toutes les mesures possibles pour nous faciliter le retour, nous sommes obligés de nous arrêter dans le bourg de San-Julian, où nous nous installons dans la case la plus propre, à la grande joie de ses propriétaires.

Le lendemain matin, nous continuons notre route ; nous traversons Bayanbang et poussons jusqu'à San-Miguel de Camiling, dans la province de Pangasinan, où nous tombons en pleine fête.

Le soir, on nous apporte un enfant mort et deux blessés, victimes des Negritos et des Indiens Remontados [1].

Tous les ans, à la même époque, ces meurtres se renouvellent ; au dire du curé, c'est surtout quand il y a fête dans la montagne que Negritos et Remontados commettent ces crimes.

Le pays que nous avons traversé est légèrement accidenté et bien arrosé.

Le 1er novembre, nous arrivons à Tarlac, où nous amène de San-Miguel une terrible chevauchée d'un jour, sous un soleil de plomb. Cette ville borde un rio fort large, très inconstant, qui change de cours à chaque inondation, et les crues brusques qui suivent les pluies de la *nortada* détruisent impitoyablement tous les ponts — c'est justement le cas en ce moment, et c'est à gué qu'il nous faut traverser torrents et torrenticules.

Un autre fléau du pays, ce sont les coupeurs de route. On nous en avait menacés, mais nous n'en avons pas rencontré un seul, soit hasard, soit parce que nous sommes Européens, et qu'ici l'on n'ose guère s'attaquer aux « Castillas », — et d'ailleurs notre caravane est bien armée,

1. On donne le nom de Remontados (retournés dans les montagnes) aussi bien aux indigènes qui ont établi leurs pénates dans les chaînes de montagnes qu'aux voleurs, assassins, malfaiteurs qui s'y sont réfugiés pour avoir l'impunité.

nombreuse et ne craint rien; — mais les pauvres Chinois n'en pourraient dire autant : on en tue un par semaine et par village, me dit-on avec quelque exagération. Le district est pauvre, et justement il est voisin de deux des plus riches provinces de Luçon : grande tentation pour ceux qui n'ont ni sou ni maille, et la Cordillère est là pour servir de refuge.

A 3 heures, nous étions au tribunal, où nous trouvons des Suisses colporteurs qui, en attendant l'arrivée de nos bagages, nous prêtent des vêtements de rechange et nous offrent des rafraîchissements, que nous acceptons de grand cœur.

A 5 heures, visite au commandant du district, qui nous installe chez lui.

Tarlac, chef-lieu du district de ce nom, est situé dans le nord de la province de la Pampanga, dont il dépend administrativement; le district a pour limites, au sud la province de Pangasinan, à l'ouest celle de Zambalès, et à l'est la province de Nueva-Ecija.

La tour de l'église, violemment secouée par le tremblement de terre du mois de juillet, est restée inclinée; du reste, elle ne devait pas se maintenir ainsi; cette nuit même, au cours d'un violent orage, frappée par la foudre, elle a été écornée.

Ici, contrairement à ce que nous avons vu dans les autres parties de Luçon, l'église et la tour sont en bois, ainsi que toutes les grandes constructions de la ville.

Le 3 novembre, nous nous dirigeons vers le sud. De la capitale du district de Tarlac à celle de la province de la Pampanga, la route est d'abord presque déserte jusqu'à la mission de Capas, et même jusqu'à Mabalacat, puis les villages se succèdent, rapprochés les uns des autres et presque reliés entre eux par des cases, par des fermes.

On traverse successivement Coliat, San-Fernando, Angèles, etc., pour arriver à Bacolor, résidence des autorités pampangiennes. De riches plantations de cannes à sucre l'entourent, et aussi de magnifiques pâturages avec grands et gras troupeaux de bestiaux; les rizières sont superbes; l'activité règne partout. C'est essentiellement la province opulente de Luçon, celle où se trouvent les plus belles fortunes. Il y a des haciendas immenses : presque aucune n'appartient à des Européens; des Indiens, des métis en sont les propriétaires.

Ce très riche pays est une plaine d'alluvion au centre de laquelle monte un ancien volcan, l'Arayat, situé à quelques lieues au N.-E. de Bacolor. Une foule de *rios* l'arrosent

L'Arayat.

et, pour hasarder un mot nouveau, la surarrosent. Ils se déversent presque tous dans le Rio Grande de la Pampanga, tributaire de la baie de Manille. Le plus important de ces affluents est la rivière de Cabanatuan. C'est avec la plus grande difficulté que les propriétaires espagnols se procurent des travailleurs, vu la paresse extrême des indigènes.

De Bacolor à Manille, nous ne suivîmes pas la route la plus directe, par le sud-est, mais le chemin des écoliers.

Le 4 novembre, nous remontons vers le nord en côtoyant

la petite rivière de Santa-Ana, voie de transport des produits venant du nord de la province. Nous passons ensuite à Mexico.

Continuant notre route au nord-nord-est, nous traversons Arayat et Santa-Ana. Dans le premier de ces villages nous recevons l'hospitalité dans une grande case d'Indien.

Le 5, nous faisons un circuit du nord-est à l'est jusqu'à Cabiao, où nous descendons chez l'alcade, un ami de Centeno. Le senor alcade organise aussitôt en notre honneur une soirée qui fut assez nombreuse. Outre l'alcadessa, femme du monde dans toute l'acception du mot, parlant admirablement le français, il y avait sa jeune sœur et plusieurs jeunes métisses. M. Centeno et moi nous avons vivement regretté de ne pas danser, mais notre jeune compagne d'Almonte ne manqua pas une seule danse.

Le bal fut coupé d'intermèdes musicaux et de chants, et nous entendîmes encore la *Bella Filippina*.

Cabiao, chef-lieu de la province de Nueva-Ecija, est situé au bord d'une rivière qui va se joindre au Rio Grande de la Pampanga. Je n'ai pas encore vu de ville qui ait plus lieu de maudire la catastrophe de juillet, dont on nous fait un récit fort détaillé.

Au dire des Indiens, les dégâts ont été épouvantables dans les montagnes voisines. La case d'un de leurs compagnons, bâtie sur le haut d'une colline, aurait été engloutie avec ses habitants.

Le pays est très fertile; le riz, la canne à sucre, le maïs, le tabac, y viennent admirablement. Ce dernier, comme celui des montagnes, est très odorant, mais il a les feuilles petites.

Le 8 novembre, nous continuons notre route à l'est. Nous contournons ensuite le Pinag de Candava, immense bas-fond à sec ou humide suivant la saison; en temps pluvieux, c'est un lac, et les cartes le désignent comme tel.

Nos cochers sont inquiets et se demandent s'ils pourront passer tous les cours d'eau qui coupent notre route : la plupart des ponts ont été emportés; enfin, grâce à des carabaos qui aident nos chevaux dans les endroits où nous enfonçons par trop, et après avoir traversé San-Miguel de Mayumo, nous gagnons Balinag, ville opulente, dans un pays plantureux ; mais plus nous approchons de la capitale, moins les gens sont obligeants : il semble même que l'hospitalité est inversement proportionnelle à la fortune.

Balinag est dans la province de Bulacan, et son territoire appartient en grande partie à des congrégations religieuses. Continuant tant bien que mal notre route jusqu'à Bulacan, chef-lieu de la province, nous repartons le lendemain matin pour Manille ; nous aspirons après un repos bien mérité.

# CHAPITRE IX

## LE PASIG — LES VOLCANS DE LUÇON
## LA PRESQU'ILE DES BICOLS

Dès notre retour à Manille, nous constatons que l'on a mis le temps à profit. On a réparé en partie les plus sérieux dégâts, la gaieté est sur tous les visages, et l'oubli commence à se faire. Mais après quelques jours employés à se remettre, à prendre connaissance de la correspondance d'Europe et à y répondre, il faut de nouveau songer au départ.

M. Centeno et moi nous désirions, d'après le plan d'étude convenu entre nous, constater *de visu* les dégâts faits par le tremblement de terre dans la région qui entoure la Laguna, et, au besoin, pousser jusque dans le district de l'Infanta, d'où étaient arrivées de sombres nouvelles.

Le 11 décembre 1880, nous remontons le Pasig, décrit avec plus ou moins d'enthousiasme par ceux qui l'ont vu. Ses bords offrent au voyageur une grande variété de constructions; à côté d'une élégante maison moderne, avec sa véranda et ses jardins, on voit une case indigène s'avançant sur l'eau et souvent dans un état de délabrement complet. Nous avons bientôt laissé à notre gauche le palais du gouverneur et à notre droite Santa-Ana; nous arrivons à 11 h. 15 m. à Guadalupe.

Dans tous les bourgs qui avoisinent le Pasig, les ruines sont nombreuses; — le couvent de Guadalupe, sorte de forteresse massive qui, fièrement campée sur la colline, avait jusqu'à ce jour bravé toutes les commotions du sol, n'est plus qu'un amas de décombres.

Après avoir parcouru les ruines de Guadalupe, nous reprenons notre navigation et nous passons successivement à Santo-Tomas, Kaniogan, Rosario, Maibourg et Polo.

Le moindre pueblo des bords du Pasig pratique en grand l'élève du canard pour la consommation de Manille.

Ce sont des Chinois qui se livrent à l'élève de l' « harmonieux volatile ». Au bord des petits rios qui s'embouchent dans le fleuve, on voit partout des cases ; une pente entourée d'un grillage de bambou va jusqu'à l'eau : là, grouillent des légions de canards piaillant à qui mieux mieux.

On les nourrit avec les mollusques provenant du fleuve. Ces mollusques sont l'objet d'une pêche constante à laquelle servent les innombrables bancas amarrées sur les bords du Pasig. Ces bancas sont montées par un seul homme armé d'un long râteau terminé par un filet avec lequel on racle le lit du fleuve pour ramener les précieux mollusques destinés à la nourriture des intéressants palmipèdes.

A 5 heures du soir, nous arrivons à Taguig. Ici, c'est la journée du 20 juillet qui a laissé des traces terribles.

Le 12 décembre, à 7 heures du matin, nous débouquons dans le lac ; puis, mettant le cap au sud, nous arrivons à midi à Tunasan, gros village de la rive occidentale ; nous suivons le littoral, vers le sud-est, pour nous rapprocher du Maquiling.

A partir de ce bourg, le rivage de la Laguna appartient presque entièrement aux dominicains, qui retirent du riz et de la canne de leurs magnifiques haciendas un produit double de celui qu'obtiennent les autres habitants du pays. Santa-Rosa est une de ces superbes haciendas cultivées par ces *colonos*, Indiens qui travaillent à la part.

Binang succède à Tunasan. Les habitants de cette petite ville avaient été peu éprouvés par la secousse du 18 juillet. Aussi le plus grand nombre d'entre eux se mit-il en route le 19 pour aller porter secours aux Santa-Cruzenos (Santa-Cruz est la capitale de la province de la Laguna).

Le 20, à leur retour, ils trouvèrent leur ville en ruine ;

pas une construction en pierre ne restait intacte : église, couvent, tribunal et caserne, tout n'était plus qu'un tas de décombres ; trois malheureux avaient été tués, et les autres forcés d'aller habiter des cases en bambou, où ils sont encore, j'imagine.

Par Santa-Rosa, la grande ferme dominicaine, Cabuyao et Calamba, nous arrivons au pied du Maquiling.

Cette montagne, fort élevée, est un ancien volcan qui, pendant toute la durée des tremblements de terre de juillet, fut la grande terreur des habitants et le sujet de toutes les conversations ; on en rêvait, on le voyait se réveiller, ensevelir Manille sous des fleuves enflammés, et les nouvellistes annonçaient dix fois par jour que le volcan lançait des flammes, que la lave coulait de ses flancs, etc., etc. ; cette fois-ci Cassandre eut tort : la montagne ne souffla mot.

De l'antique activité du volcan, il n'y a maintenant de visible que des solfatares et des sources thermales sulfureuses, dont la principale a donné lieu à la création d'un hôpital européen. Le gouverneur général Moriones a fait élever de vastes bâtiments, dont une partie est réservée aux malades, et l'autre, formée de petites chambres, aux officiers. Malheureusement, une fois le général Moriones parti, le nouveau gouverneur n'a pas jugé à propos de continuer à s'occuper de l'hôpital, qui, resté inachevé, ne tardera pas à tomber en ruine.

Nous y sommes reçus par des Espagnols, négociants de Manille, qui se sont installés tant bien que mal dans les chambres réservées.

La température des sources varie, à leur sortie de terre, entre 65° et 80° centigrades. Elles jaillissent à une petite distance de la rive méridionale de la Laguna. L'établissement se nomme los Baños, c'est-à-dire les bains, les thermes.

Nous voyons partout de grands préparatifs pour la fête, dont l'ouverture doit avoir lieu le lendemain.

Entre temps nous allons visiter les différents bassins où viennent se déverser les sources.

Ici, les habitants ne plument pas leurs poulets ; ils se contentent de les plonger dans l'eau des sources et les en sortent complètement déplumés.

Cette manière de procéder a coûté la vie à un malheureux indigène : ayant voulu user de ce procédé expéditif pour échauder un porc, il alla au bord de la grande piscine; malheureusement son pied glissa et il fut entraîné avec sa bête dans le bassin; on le retira aux trois quarts mort; la peau du pauvre diable se détachait par lambeaux; il ne tarda pas, du reste, à succomber.

Le Maquiling.

Le 14, nous allons visiter Bay-Caluan et Pilo, à l'est du Maquiling, région très éprouvée par les derniers tremblements de terre, et le soir nous arrivons à Santa-Cruz, où notre ami Yriarte, l'alcade de la ville et sa famille nous offrent une cordiale hospitalité.

Telle j'avais laissé Santa-Cruz le 19 juillet, telle je la retrouve aujourd'hui : les secousses du 20 n'ont rien ajouté à sa ruine.

Le 15, l'alcade veut nous accompagner et nous faire visiter lui-même sa province; aussi sommes-nous reçus partout au son de la musique.

L'un des villages où nous nous arrêtons a la gloire d'entretenir deux orchestres, celui de la municipalité et celui du curé; l'un prend la tête du cortège, l'autre ferme la marche. Malheureusement pour nos oreilles, ils jouent tous deux à la fois, et comme ils sont loin d'être en bonne harmonie, chacun joue son morceau favori et cherche à dominer l'autre, non par le talent d'exécution de ses musiciens, mais à grand renfort de tambour, de cymbales et de grosse caisse.

Nous visitons successivement Pagsanan, Lumbang, Longos, Paeté, Paquil et Panguil; ces villes, dont quelques-unes renferment 20 000 habitants, se touchent presque; elles sont à peu de distance du lac et en suivent le contour. Dans leurs environs, les terrains sont d'une très grande fertilité; on y cultive avec succès la canne à sucre et il y a généralement deux récoltes de riz par an.

L'un de ces bourgs, Paeté, renferme une colonie d'artistes sculpteurs sur bois qui font d'assez jolies choses; ils sont tous occupés en ce moment par l'alcade; il leur a donné des modèles qu'ils reproduisent avec une fidélité étonnante.

Cette région a été singulièrement éprouvée par les tremblements de terre qui, du 14 au 20 juillet, ont détruit les églises et autres bâtiments en pierre; rien n'est resté debout, et de nombreuses victimes sont restées sous les décombres. Mais nulle part il n'a fait plus de mal qu'à Siniloan.

Je retrouve en cette ville toutes mes anciennes connaissances, mais leurs maisons n'existent plus.

La caserne, où j'avais reçu l'hospitalité de l'alferez Antonio Ibaz, s'est effondrée complètement; du couvent il ne reste que le mur de façade; l'église n'a plus que quelques pans de mur, la tour a été projetée presque de l'autre côté de la route.

La maison aux colonnes dorées n'existe plus, et les secousses séismiques ont détruit non seulement toutes les constructions en pierre, mais encore plusieurs cases en bois et en bambou. Chose incroyable, parmi tant de ruines et tant de désastres, pas une personne n'a été atteinte; tous les habitants ont eu le temps de s'enfuir. Mme Ibaz sortait en courant avec un enfant dans ses bras, quand le cuartel, le tribunal, le couvent et l'église s'écroulaient autour d'elle, et pas la plus petite pierre ne l'atteignit.

Ruines de Siniloan.

Le 17 décembre 1880, nous partons avec une escorte que l'on nous impose ; il y a quelques jours, les gens de la montagne ont tué et dévalisé un courrier venant de l'Infanta, et il faut se garder.

Le 21 décembre, je me retrouve au milieu de la famille Seco à Binangonan de Lampon, sur les bords du Pacifique. L'église et le couvent, les seules constructions en pierre, sont entièrement détruits[1].

1. Voici, du reste, la traduction du rapport adressé à l'alcade par le commandant Seco :

« Le 14 juillet, à 4 heures du soir, ciel nuageux, pluie abondante; à 10 heures, il tonne très fort; à minuit, vingt-deux secousses successives de tremblement de terre avec oscillations très étendues, trépidations et bruits souterrains. Les secousses continuent à 12 h. 40, 1 h. 30, 1 h. 45, 3 h. 2, 4 h. 15, 4 h. 24, 7 h., 7 h. 10 et 9 h. 15.

« Le 15, les secousses se font sentir d'heure en heure, avec une régularité extrême, et la plupart d'entre elles sont accompagnées de bruits souterrains.

« Le 18, à midi 10 m., forte secousse qui démolit la tour de l'église et le couvent; le cuartel tombe; la casa real s'incline sous un angle de 25 à 30 degrés; deux cent huit familles se trouvent sans asile; le tribunal et l'école sont presque complètement inhabitables.

« Les *Corrales* de pêche (enceintes formées de piquets et de treillages en bambous) ont disparu; un bateau de pêche, patron Marius Carlota, se trouvant en mer par 23 brasses de fond, fut soulevé et chaviré ; le patron, lancé à la mer, ne dut son salut qu'à la présence d'autres pêcheurs qui vinrent le chercher; le patron déclara qu'au moment de la secousse les eaux furent troublées comme si toute la vase était remontée à la surface.

« La montagne Binalouan s'est éboulée dans sa partie sud-est; près de la première, la montagne Cabulun a éprouvé huit éboulements successifs, et plusieurs cases ont été entraînées; un homme a été tué et huit blessés plus ou moins grièvement. A Kinaulimon, au sud-est de Binangonan, le terrain s'est ouvert sur une longueur de 180 mètres et sur une largeur de 7 m. 20, et l'excavation s'est remplie d'une eau rougeâtre, exhalant une odeur sulfureuse ; ces eaux, très abondantes, se déversèrent dans la mer.

« A Talligan, à 5 ou 6 kilomètres au sud-est de Binangonan, une étendue de terrain de 102 mètres de long sur 34 mètres de largeur s'est affaissée de plus d'un mètre et s'est couverte d'eau de couleur rougeâtre, répandant, elle aussi, des vapeurs sulfureuses.

« A Catabligan, au nord-nord-ouest, et à 3 heures du chef-lieu, d'autres parties de terrain se sont entr'ouvertes dans les mêmes

On peut, d'après le rapport reproduit en note, saisir toute l'intensité du phénomène que M. Centeno et moi nous essayons d'étudier dans tous ses détails. Il permet encore de se faire une idée de la terreur qui devait envahir les esprits en pareille occurrence. C'était l'imprévu sur terre et sur mer, et on conçoit que l'affolement de la population fut immense et très difficile à calmer.

Le 25 décembre, nous prenons congé de nos hôtes et retournons sur nos pas ; à 2 heures de l'après-midi, nous arrivons sur les bords du Pacifique, au Castillo real, dont les alentours sont entièrement bouleversés.

Le terrain à l'abri des grandes marées a baissé de plus de 1 mètre à l'endroit où se trouvait la visite de San-Rafaël ; les cases ont disparu et les arbres sont morts, tués par la mer, qui maintenant couvre ce terrain à chaque marée.

Un peu plus loin, à l'est, la pointe de Tachigan s'est enfoncée sous l'eau, ne laissant plus voir que la cime des arbres.

conditions ; à quelque distance de la ville, un puits a cessé de donner de l'eau et s'est rempli de sable ; à la plage de Santa-Monica, à 1 heure 1/2 du pueblo, le terrain s'est ouvert sur une longueur de 51 mètres, et une case indigène, bâtie sur pilotis, a baissé de 1 m. 20. Dans les montagnes environnantes, des quartiers énormes de roches détachés subitement sont venus rouler dans la plaine, détruisant tout sur leur passage. La montagne Cacayen, à Gatuang, au sud et au nord-ouest, à onze heures de marche de Binangonan, s'est écroulée en grande partie, entraînant arbres et rochers dans la plaine, rendue par ce fait absolument incultivable. Enfin des cours d'eau ont été entièrement obstrués.

« Le terrain, près de la tour de l'église, s'est surélevé d'un mètre.

« Le 19, à 2 heures de l'après-midi, forte tourmente accompagnée de secousses séismiques plus ou moins violentes. Le 20, quatre fortes secousses, et chaleur accablante. Le 21, le matin, temps clair, secousses dans la journée ; le 22, secousses à 4 h. 30 du soir ; le 23, à 4 h. 3 et 9 h. 25 du matin ; le 25, à 1 h. 10, à 4 h. 20 et 4 h. 25 du matin, et à 3 h. 25 et à 10 h. 10 du soir ; le 26, à 2 h. 35 du matin et 2 h. 35 du soir ; le 28, à 3 h. 35 du matin ; toutes d'une faible intensité. Du 29 juillet au 5 août, secousses fréquentes, mais généralement faibles, accompagnées de bruits souterrains. »

Le 29, nous sommes de retour à Santa-Cruz, où nous nous embarquons pour aller à Jala-Jala. La propriété de notre ami Dailliard a été fort éprouvée ; des bords du lac où il se baignait au moment du cataclysme, il assista au désastre. Le 20, il était appuyé à une des cheminées de son usine, quand l'autre s'effondra à 10 mètres de lui à peine.

De Jala-Jala, une banca nous mène à Pillila, extrémité nord de la Laguna, où nous trouvons couvent et église ruinés. Coucher à Tauay, et le lendemain, 30 décembre, après avoir passé les villages de Bavas, Moron, Binangonan, Angono, Taytay, Caïnta et Pasig, nous arrivons à Manille.

Je repartais le 6 janvier 1881 avec MM. Centeno et Enrique d'Almonte. Le Taal, volcan malfaisant en plein lac de Bombon, province de Batangas, excite notre curiosité.

Le vapeur nous transporte jusqu'à Calamba, au sud du lac de Bay : de là une carromata nous conduit par Santo-Tomas, dont l'église est ruinée, à Talauan ; le 7 au matin nous arrivons au village de Talisay, sur les bords du lac de Bombon, au centre duquel nous apercevons le volcan dressé comme un énorme pain de sucre au sommet déchiqueté. Il est en ce moment en pleine activité.

Plus encore que le Maquiling, le Taal était l'effroi des habitants de la capitale. Comme aussi le Maquiling, ce volcan. qui, lui, n'est pas éteint, se montra paisible, — paisible relativement, puisque son activité est constante [1].

1. Voici, du reste, la traduction des notes prises par le curé de Talisay, qui, placé à peu de distance de là, a pu se rendre un compte exact de ce qui s'est passé :

« Le 1er juillet, le volcan commence à jeter des fusées de flammes ; le 6 et le 7, il lance des pierres qui retombent sur ses flancs ou dans le lac. Les 14, 17, 18 et 22 juillet, les pierres vont tomber jusqu'à deux kilomètres du volcan ; les jours où le tremblement de terre s'est fait sentir, l'éruption a justement été moins forte et l'on n'a vu la lueur des flammes que pendant la nuit ; maintenant il fume comme à son ordinaire. Toutes les éruptions ont été précédées et accompagnées de bruits souterrains ; la dernière a eu lieu le 3 octobre 1880.

« Les principales crises du Taal furent celles de 1709, 1716, 1740, 1754, et, plus près de nous, celle du 4 octobre 1867.

« L'explosion de 1754, en décembre, dura huit jours, sans

Pour rien au monde nous n'aurions quitté les bords de la Laguna de Bombon sans avoir fait notre visite au plus redouté des volcans philippiniens. Le curé de Talisay nous conduisit dans l'île avec son grand canot et voulut nous servir de cicerone. Dans l'île, nous enfourchâmes des chevaux harnachés d'avance pour la circonstance, et nous montâmes jusqu'au cratère, par un sol de laves, de scories et de cendres.

Le cratère est une immense cuvette d'au moins 200 mètres de profondeur; le diamètre nord-sud peut avoir 500 mètres; le diamètre est-ouest dépasse certainement 1000 mètres. Les parois intérieures sont hérissées d'aspérités.

L'intérieur et l'extérieur du cône ont une couleur de cendre blanchie par les rayons du soleil; presque au centre du cratère dort un petit lac vert pomme qui fume constamment, et, à côté, un autre, de moindre grandeur, en est séparé par un monticule de lave peu élevé; sa couleur est vert et jaune.

Au sud-sud-ouest s'ouvrent béants trois trous à bords surélevés, en forme de puits, dont les margelles, avec leur teinte noire, tranchent sur la couleur grise uniforme qui les entoure.

L'un de ces puits est le cratère actuel, d'où sortent en ce moment de longues colonnes de fumée qui montent lentement vers le ciel. A gauche de ces puits, une montagne de 300 mètres de hauteur s'élève à pic; ses parois sont percées de mille creux et fissures laissant échapper des vapeurs sulfureuses qui déposent sur les flancs du soufre en couches épaisses.

Dans le fond de la cuvette, occupé par les puits et par les deux soi-disant lacs, le terrain est coupé dans tous les sens par de fortes crevasses aux parois friables, qui rendent la marche difficile et périlleuse.

Après avoir contemplé le volcan pendant que notre jeune

interruption; les cendres volèrent jusqu'aux provinces de Bulacan et de la Pampanga, si épaisses qu'il fallut s'éclairer en plein midi; les eaux du lac bouillaient, tous les poissons périrent; et autour de la lagune les villages furent détruits, et plus d'un presque dépeuplé. »

ami Enrique d'Almonte en prend une vue, nous redescendons le cône, mais à pied, ce que je fais en courant et en ligne droite, par un angle de 45°, grâce au terrain friable, où mes talons pénètrent assez pour m'empêcher de glisser et me permettre de sauter sans péril d'une crevasse à l'autre.

L'après-midi, nous remontons par le côté nord-ouest du volcan pour en prendre une autre vue. Au moment où nous nous promenons sur les bords du cratère afin de l'étudier sous toutes ses faces, une colonne monte du centre du lac, masse d'eau et de soufre qui se soulève en bouillonnant. C'est le même bruit, mais infiniment plus fort, que celui d'un pot-au-feu qui bout trop vite et se répand dans les cendres. A cette vue, nos hommes prennent la fuite. Nous, nous restons en contemplation, mais ce spectacle ne dure malheureusement que quelques secondes. La colonne, en tombant, fait déborder le lac, et la fumée du cratère redouble d'intensité.

Le soir, nous étions de retour à Talisay, heureux d'avoir visité si facilement un volcan en activité et nous promettant bien d'y envoyer nos amis de Manille, qui paraissent ignorer qu'ils ont à trois jours de marche un des plus beaux spectacles de la nature aux Philippines.

Le 10 janvier, au lever du soleil, nous partons en banca pour Taal; après avoir traversé le lac du nord au sud, nous pénétrons dans la rivière qui verse à la mer du Sud les eaux de la Laguna de Bombon. Cette rivière est sans profondeur et nous touchons à chaque instant : pourtant notre pirogue tire bien peu d'eau.

Taal, ville très riche, commande l'embouchure du rio; l'église, qui la domine, véritable monument dont la coupole a plus de 20 mètres de haut, a été commencée par le prédécesseur du padre actuel : cela ne veut pas dire qu'elle sera bientôt terminée.

Il y a ici beaucoup de Sangleyes, métis de Chinois et d'Indiennes, mais les Chinois sont rares, par la raison qu'on les y assassine lorsque, par le commerce, ils ont déjà réalisé quelques bénéfices. On retrouve cette haine contre la race jaune dans les diverses régions des Philip-

Le volcan Taal

pines, mais nulle part aussi intense qu'à Taal et dans la province de Batangas. Et justement ce sont les métis chinois, lesdits Sangleyes, qui ont le plus en horreur les habitants du Céleste Empire.

Le café, le sucre et l'élevage du bétail sont les principales branches du commerce de la province de Batangas. Cette région, d'après les indications que l'on m'avait fournies à Manille, était regardée comme produisant les chevaux les plus grands des Philippines, mais sur place j'appris que ces animaux viennent de la province de Camarines.

A Taal on est trop près du chef-lieu de la province pour se dispenser de l'aller voir. Comme le pays qu'elle administre, elle s'appelle Batangas, ou, pour mieux dire, c'est d'elle que la province a reçu son nom.

En suivant une fort belle route bordée de cases et de plantations, nous arrivons à la nuit tombante dans un gros village ; on nous avait fait un grand éloge de ses habitants et de leur hospitalité, mais nous n'avons qu'une médiocre confiance dans cet éloge, ayant reconnu bien souvent qu'on exagérait les renseignements.

Le seul Européen du pueblo, le curé, est absent ; le gobernadorcillo nous conduit dans une case infecte, réservée, dit-il, aux colporteurs ; nous protestons énergiquement et déclinons nos titres et qualités. Enfin, un habitant, quelque peu parent et sacristain du curé, nous offre sa maison, nous accable de prévenances et s'empresse de préparer notre souper. Le lendemain matin, le gobernadorcillo vient nous faire des excuses, et il insiste pour nous prêter sa voiture, qui nous conduira à Batangas. Comme la veille, la route court au sud-est, et le pays présente le même aspect riant ; au loin, de hautes montagnes d'origine volcanique d'une très grande fertilité bornent l'horizon ; plus près de nous, les premières ondulations du sol.

Batangas, à l'embouchure du rio de Calampan, est un port très bien abrité au fond d'une baie ouverte au seul vent du sud-ouest ; c'est la première escale des vapeurs qui desservent le sud de Luçon et les îles Bisayas. Nous allons directement à la casa real, où l'alcade et sa femme nous reçoivent avec le plus grand empressement. En ce moment, la petite vérole fait de grands ravages et je retrouve ici la même façon de guérir, lisez : d'aggraver cette maladie, que dans l'Afrique occidentale : on plonge les malades dans l'eau froide, par quoi on les tue presque tous dans le plus bref délai.

Après Batangas, nous visitons Lipa, où nous arrivons à la nuit et que l'annonce de notre venue a mis en rumeur. La prison et le tribunal sont encombrés de prisonniers faits dans les montagnes jusque sur le territoire de Tayabas.

Parmi ces prisonniers, dont quelques-uns ont la conscience chargée de plusieurs crimes, se trouvent quelques femmes et plusieurs enfants de huit à douze ans, qui ont suivi de bonne volonté leurs maris et leurs pères.

Riche, très riche est la province ; elle attire les voleurs et les brigands.

La sécurité de cette partie de Luçon est assez problématique ; il faut sans cesse être sur le qui-vive. Alarmé de cet état de choses, le gouvernement de Manille venait d'y envoyer un fort détachement de guardia civil sous les ordres du capitaine Villabrille pour rétablir l'ordre et rassurer les habitants.

Les voleurs sont des Tagals ou des Bicols, rarement organisés en bandes sous les ordres d'un chef.

Le capitaine Villabrille, d'une bravoure à toute épreuve et au courant des dialectes indiens, va lui-même aux renseignements ; il parcourt seul les montagnes, et, lorsqu'il sait où prendre son gibier, il fait signe à ses hommes, ou quelquefois il garrotte lui-même l'individu et le ramène à son quartier.

Cette expédition policière, très bien conduite, a donné quelque tranquillité à la région, mais de nouveaux malfaiteurs se sont bien vite remis à l'œuvre dès que la surveillance s'est relâchée.

La ville de Lipa est bâtie à 300 mètres d'altitude, et n'a pas été atteinte par l'épidémie de petite vérole.

Le 12 janvier, retour à Santo-Tomas, d'où nous repartions le 14 au matin.

On nous voit ensuite nous enquérant des dégâts et dommages causés par les secousses de juillet, à San-Pablo, Dolorès, Tiaon, Sariaya, Tayabas, Lugbang, Pagbilao, localités déjà connues du lecteur, Laguinmanoc, village situé sur la côte est de l'île de Capulan, où je jouis quelques heures de l'hospitalité de M. Brown, un Américain qui fait le commerce des bois.

Les bois sont très abondants aux Philippines, et de qualité excellente. Les essences utilisables pour la construction des navires, pour l'ébénisterie sont nombreuses, mais réduite en est l'exploitation, à cause du mauvais état des routes et de l'insuffisance absolue des moyens de transport. Nombreuses aussi sont les espèces de bois de teinture. Cependant M. Brown et quelques Européens arrivent tous les ans à expédier, mais toujours à destination de l'Amérique du Nord, une assez grande quantité de ces bois, que plusieurs navires viennent charger d'une façon régulière.

Nous prîmes le courrier le 20 janvier, pour aller visiter la péninsule des Bicols (ainsi nommée du peuple, parent des Tagals, qui l'habite), et, le 21 au matin, nous doublâmes la cabeza de Bondog, pointe méridionale de la province de Tayabas.

Nous débarquons à l'Abra de Pasacao, anse de la province de Camarines sud, et mouillage très peu sûr ; quand le temps est mauvais, les navires passent sans s'arrêter.

A peine débarqués à Pasacao, nous nous mettons en quête des chevaux et véhicules indispensables pour nous transporter, ainsi que nos bagages, dans l'intérieur de la province de Camarines sud.

Elle a pour capitale la ville de Nueva-Cacerès, où l'on arrive de Pasacao par une belle route, à travers des plaines admirablement arrosées que domine le volcan d'Ysarog (1966 mètres). Ce mont est couvert de forêts où trouvent leur refuge les Negritos et les Indiens qui ne veulent point payer le tribut. Pour aller voir ces sauvages et ces réfractaires, le moment n'était pas propice. Le gouvernement des Philippines s'apprête à leur faire une chasse en règle et à les réduire depuis le premier homme jusqu'au dernier, à l'imitation de ce que l'on essaye de faire dans le nord de l'île.

La ville est entourée de nombreux villages, Mogaro, Canaman, Luipayo, etc., etc., tous reliés à la ville par des faubourgs disposes le long des routes sous forme de villas avec de grands jardins. Nueva-Caceres ou Naga est non seulement le chef-lieu de la province de Camarines sud, mais encore la capitale de la partie méridionale de Luçon. Elle possède un évêché, une grande maison d'éducation pour les filles dirigée par des sœurs de charité, et un séminaire où les jeunes indigènes viennent faire leur éducation. Il y a encore un tribunal très vaste, et une casa real récemment construite d'après les nécessités du pays, c'est à-dire en état de mieux supporter les commotions du sol, si fréquentes, que les constructions en pierre.

Les routes qui relient Naga aux provinces environnantes sont solides et assez bien entretenues. Outre les routes carrossables, la rivière Vicol ou Bicol, assez abondante, sert aux transports agricoles et se jette dans la baie de San-Miguel.

L'alcade don Joaquin Beneyto, et comme lui l'alcadessa, charmante femme à la mine superbe, nous reçurent avec une extrême bonne grâce. Qui de nous eût prédit qu'elle serait emportée quelques jours plus tard par l'épidémie de petite vérole qui sévit sur la contrée?

L'alcade a fait construire un hôpital en bambou, devenu bientôt trop étroit pour le nombre des varioleux ; c'est en visitant la maison des malades que la pauvre alcadessa prit le germe de la mort. L'épidémie variolique prend, en effet, de jour en jour des proportions inquiétantes ; les sœurs de charité qui ont la direction de l'hôpital sont exténuées de fatigue, n'étant que quatre pour plus de 200 malades. Le linge et les couvertures étant en quantité insuffisante, on a pris tout ce que contenaient les magasins de la ville. Quant aux médicaments, ils sont près de faire défaut, et l'on attend avec une vive impatience le navire qui doit apporter de nouveaux approvisionnements et un personnel reposé destiné à remplacer celui qui, depuis quinze jours, fait le service d'une façon ininterrompue.

Je rencontrai à Nueva-Caceres un Espagnol qui avait été mon compagnon de voyage de Singapore à Manille, le señor Oronga, qui m'offrit l'hospitalité.

A Naga, je me séparai définitivement de mes amis, MM. Centeno et Enrique d'Almonte, qui retournèrent à Manille. Les effets du tremblement de terre ayant été presque nuls dans la presqu'île des Bicols, ils voyaient par là même leur mission terminée.

Je voulais visiter les provinces de Camarines nord et d'Albay et rentrer ensuite à Manille par un autre itinéraire. Le moment semblait toutefois peu favorable. Des pluies violentes avaient coupé la route qui, de Naga, conduit à Daët, chef-lieu de la province de Camarines nord, ce qui aurait imposé un long détour et rendait, en l'allongeant, le voyage plus dispendieux. De plus, j'étais très fatigué; aussi je dus garder un repos absolu et nécessaire pendant plusieurs jours. Il me fut enfin permis de reprendre mes recherches.

Je fis d'abord, le 1er février 1881, une excursion aux majestueuses grottes de Limanan. Je partais dans la voiture de M. Oronga, qui m'avait remis une lettre pour le curé de l'endroit lui exposant le but de ma visite. Pour mon malheur, le curé, homme fort aimable et complaisant au dire de tous ceux qui le connaissent, était absent. Je dus m'adresser à son coadjuteur, doué, lui, de qualités tout opposées. Autant on dit de bien du padre, autant le coadjuteur est mal élevé.

Son premier soin fut de s'enquérir de mon départ. « Aussitôt que j'aurai pu me procurer une banca et le personnel nécessaire », lui répondis-je.

Ce n'est pas sans peine que j'étais arrivé à Limanan; si la route était bonne, les ponts avaient été enlevés par les crues ou détruits par le tremblement de terre. Il fallait alors s'arrêter, dételer et faire porter à dos d'hommes le véhicule de l'autre côté de la coupée.

Le chemin qui conduit à Limanan, au nord-ouest de Naga, passe par des plaines d'une richesse inouïe, fertiles en riz, en canne à sucre, et où viendraient aussi facilement le cacao et le café, très peu cultivés jusqu'à ce jour; là paissent aussi de nombreux bestiaux et les chevaux les plus beaux de l'archipel.

Comme toujours, pour avoir guide et moyens de transport. il faut faire appeler le gobernadorcillo. Celui de Limanan me donne guide et pirogue, et, à 4 heures du soir, je commence de remonter la rivière, dont le cours est très sinueux en ce point.

A 7 heures, arrêt dans un petit hameau, car mes hommes sont fatigués, mais nous ne sommes pas encore arrivés à l'endroit voulu. Nous prendrons un nouveau guide demain matin, me disent-ils, et il nous conduira sûrement aux grottes.

Le lendemain dès l'aube, nous devons redescendre la rivière pendant plus de deux kilomètres pour accoster à une case d'indigène où se trouve le guide.

Je fais préparer les torches, et, à la file indienne, en route pour les grottes, où nous arrivons après trois heures de marche.

L'entrée, ou mieux, les entrées de la grotte se trouvent au sommet d'une colline, à l'ouest de la rivière, à environ 70 mètres d'altitude. Les couloirs sont en pente assez douce; le terrain, presque partout fangeux, est recouvert d'une couche de guano noir déposé là par des générations de chauves-souris.

L'aspect de certains sites de la grotte est imposant; telle voûte a bien 60 à 80 mètres de hauteur; les chauves-souris y sont par milliers, fuyant dans les trous les plus sombres pour se dérober à la lumière de nos torches.

Après avoir fait quelques fouilles, nous quittons les grottes sans avoir rien trouvé.

A la sortie, je jetais au loin ce qui restait d'une chandelle de cire que m'avait remise mon chasseur au moment de descendre; contre son habitude, il courut le ramasser et le serra précieusement dans son sac. « Ah! señor, me dit-il, cette chandelle est bénite et je l'ai achetée au village pour que les mauvais esprits ne nous fissent pas de mal; si nous ne l'avions pas eue, nous ne serions jamais sortis de là dedans. »

Mon chasseur est très peureux, mais il n'est pas plus superstitieux que ses frères. J'ai eu partout beaucoup de peine à décider les indigènes non seulement à descendre avec moi dans les grottes, mais même à me les indiquer. Tous les Indiens sont catholiques, ou du moins baptisés comme tels, mais les anciennes croyances ont survécu, et l'on ne rencontre pas une seule maison, surtout par ce temps d'épidémie de variole, qui n'ait aux fenêtres un petit cerceau suspendu autour duquel on a attaché des conchas (coquillages plats) et de petites poupées ; le tout, au dire des Indiens, sert à amuser les mauvais esprits, qui, pendant qu'ils s'arrêtent aux bagatelles de la porte, ne pensent pas à venir rendre malades les habitants.

Ils sont entretenus dans ces croyances par les curés eux-mêmes, tous aussi craintifs et superstitieux que leurs ouailles.

J'ai vu et fait acheter à Naga chez le curé des feuilles sur lesquelles est tracée une croix dont les bras sont chargés de lettres et de signes. Ces feuilles ont la propriété, dit le texte, d'écarter toute épidémie et tout fléau de la maison sur la porte de laquelle on les appose. Elles ne se vendent, du reste, pas cher : un réal forte ou deux réaux et demi d'Espagne, ou soixante-trois centimes de notre monnaie. Sur certaines maisons, portes et fenêtres étaient ornées de pareilles images.

A 3 heures de l'après-midi, j'étais de retour à Limanan : tout le monde faisant la sieste, il me fallut batailler pendant 3 heures pour avoir une autre équipe d'hommes ; enfin, à 6 heures, je pus lever l'ancre et remonter la rivière jusqu'à Nueva-Caceres.

La rivière est très large, et, partout où ses berges légèrement surélevées permettent de porter les regards, on aperçoit des cases et des plantations.

Pris par la nuit, nous continuons quand même notre route, car on ne soupera qu'une fois arrivé.

A 3 ou 4 kilomètres de la ville, nous voyons au loin une

multitude de lumières qui semblent se promener sur les eaux; mais, en approchant, nous distinguons un village tout illuminé, que traverse une procession, musique en tête; elle fait le tour du pueblo, portant le plus de reliques possible, chantant des cantiques à la Vierge et aux saints pour leur demander d'éloigner d'eux la petite vérole, qui sévit de plus en plus.

A partir de ce village, les bords du fleuve sont entièrement habités. A 9 heures, j'étais de retour chez mon ami Oronga, heureux de pouvoir me réconforter sérieusement.

Les chevaux ont été introduits aux Philippines par les Espagnols; ils ne portent pas de nom indigène et l'on ne sait pas au juste de quelle région ils ont été amenés; cependant ils ont une grande ressemblance avec les petits chevaux malais des îles de la Sonde et de la presqu'île de Malacca. Ils sont généralement de petite taille, de 1 m. 16 à 1 m. 42 au maximum, et plus ou moins vigoureux, suivant les provinces. Ainsi dans Ilocos nord et dans Ilocos sud ils sont de taille peu élevée, mais très forts et très courageux. Dans la province de Tayabas, la race, très petite également, grimpe dans la montagne à l'instar des chèvres, par les sentiers les plus en casse-cou; s'ils glissent, ils écartent les jambes et attendent qu'une aspérité les arrête; on croirait qu'ils vont s'écarteler, pas du tout; s'ils tombent on les voit se relever tranquillement et continuer leur route en broutant à droite et à gauche, marchant à la queue leu-leu, quelquefois attachés l'un à l'autre.

Dans les provinces de Camarines sud et de Batangas, les chevaux sont relativement grands : ils ont jusqu'à 1 m. 42; aussi est-ce de là qu'alcades, curés, négociants riches font venir leurs montures ou leurs équipages, ce qui relève singulièrement les prix. Dans les deux provinces d'Ilocos, un cheval vaut en moyenne de 80 à 120 francs; dans Camarines sud et dans Batangas, un attelage assorti vaut de 1000 à 1500 francs, et ceux qui ne sont pas appareillés pour équipage coûtent 250 à 500 francs l'un.

Cette race de grands chevaux va diminuant de jour en

jour, par la négligence et l'incurie des Indiens, qui ne soignent ni l'étalon, ni la pouliche, ni le poulain, et déjà le gouvernement de Manille a dû baisser la taille des chevaux pour la remonte de la cavalerie.

Le commerce de chevaux est fait, on peut le dire, un peu par tout le monde.

Outre les commerçants amateurs, il y a deux ou trois Espagnols qui font ou essayent de faire en grand le commerce des bestiaux; ils achètent tout, chevaux, bœufs et buffles, en forment un troupeau qu'ils font conduire à Manille; mais le mauvais état des routes, l'éloignement de la capitale, l'obligation d'emporter la nourriture des conducteurs et des animaux, la mortalité d'un certain nombre, la fuite d'autres bêtes, les voleurs, rendent fort précaire un pareil commerce.

Une branche sérieuse du commerce de cette partie de Luçon, c'est l'abaca, dont nous parlerons plus loin.

Le 6 février 1881, je prends congé de mon ami Oronga.

J'allais en excursion à l'hacienda de M. Feced, ancien alcade, maintenant propriétaire d'une vaste usine et d'une riche plantation de cannes à sucre. Pour m'y rendre, je traverse de vastes plaines, continuant celle de l'Isarog, qui s'étendent au pied de plusieurs montagnes dominées par le pic volcanique d'Yriga, aujourd'hui couvert, comme ses voisins l'Isarog, le Bahi, d'une végétation luxuriante.

Je restai chez M. Feced du 6 au 18 février, encore assez mal remis de mon indisposition; je pus néanmoins chasser aux environs et principalement sur un lac assez grand, où, dans cette saison, on trouve par milliers des oiseaux aquatiques. Le frère de mon hôte est revenu de cette partie avec près de 80 pièces.

Le 18, je partais pour Yriga, qui donne son nom à un ancien volcan que recouvre une végétation luxuriante.

Dans les montagnes voisines d'Yriga on trouve avec des Negritos un groupe d'indigènes que l'on dit se rattacher aux Malais; de plus, tous les voleurs et bandits de la contrée y ont fixé leur domicile. Aussi insoumis les uns que les autres aux lois, ils devaient sous peu être réduits de force à l'obéissance.

J'étais désireux d'étudier les Negritos, de même que je l'avais déjà fait ailleurs, mais il était difficile d'aller chez eux, et s'y hasarder n'était peut-être pas sans danger.

Malgré les fréquentes incursions des bandits, je fis quelques courses dans la montagne d'Yriga, qui me mirent en rapport avec des familles de Negritos vivant isolées les unes des autres près des ruisseaux, dans les ravins, sous des abris assez semblables à ceux que j'ai rencontrés en Afrique chez les Osseybas et les Okandas quand ils sont en déplacement de pêche.

Leur vêtement est des plus simples quand ils sont chez eux; une espèce de jupon court pour les femmes, et, pour les hommes, une bande d'écorce battue passée entre les jambes et enroulée autour de la taille.

Ils sont tous, hommes et femmes, d'une saleté repoussante. Comme armes ils ont l'arc et la flèche, mais de dimensions plus petites que dans d'autres tribus de même race, quelques lances, et presque tous le bolo, ou couteau malais, très employé pour les travaux de culture.

Un Negrito qui veut se marier rassemble sa famille et celle de la jeune fille qui a fixé son choix; le plus âgé des individus présents préside la cérémonie. La famille du jeune homme dit ce qu'elle veut donner au père de la fiancée comme payement du lait que lui a donné sa mère; tout étant bien réglé, on arrête le jour du mariage. Au jour fixé, tout le monde se réunit, le plus ancien prend la parole, et, après avoir rappelé leurs devoirs aux deux jeunes gens, il leur dit qu'ils sont unis pour la vie.

A la fin de son discours, il fait un signe à la jeune fille, qui s'échappe vers les bois, poursuivie par le prétendu, qui, après un temps plus ou moins long, la rapporte sur ses épaules.

La jeune mariée prend alors une lance, tue un porc qui lui a été donné par son fiancé, et l'on commence la fête, qui ne se termine que lorsqu'il n'y a plus rien à boire ni à manger.

Negritos de la montagne d'Yriga.

Les Negritos de ces contrées renferment leurs morts dans des bières tressées avec les feuilles du *Palma brava.* Quand un individu meurt, on ne l'enterre pas tout de suite: on veille autour du cercueil et on danse en rond, parents, amis et tous ceux qui ont appris la nouvelle. La cérémonie ne se compose pas seulement de chants et de danses, mais du festin mortuaire traditionnel; je dois même ajouter que c'est là le plus fort de l'oraison funèbre; cela dure autant que les provisions, quelquefois pendant plus d'un mois, car tout le monde apporte des vivres; on enterre alors le cadavre à la place où était sa case, et l'on ne s'en occupe plus.

Il est dangereux cependant de toucher aux morts : quand nous allions les déterrer, aussi bien ici que dans d'autres endroits, les hommes qui s'aventuraient la nuit dans les bois se faisaient payer fort cher, risquant, disaient-ils, de recevoir une flèche empoisonnée des Negritos; or, c'est là une blessure dont on meurt presque toujours. La Gironnière fut blessé par une flèche empoisonnée après avoir exhumé le premier squelette de Negrito qui ait été rapporté en Europe [1]. J'ai pu néanmoins me procurer une collection de douze squelettes presque entiers, qui se trouvent actuellement au Muséum d'histoire naturelle de Paris.

Les Negritos de ces parages se livrent à la culture de l'abaca; c'est même une des régions qui en fournissent le plus. Ils récoltent aussi l'ilang-ilang, qu'ils trouvent dans leurs montagnes.

L'ilang-ilang est un parfum bien connu de nos élégantes et qui se paye fort cher; il vaut actuellement à Paris 500 francs le kilogramme, et il fut un temps où il valait le double. La fleur qui donne cette essence provient d'un arbre très grand qu'on ne rencontre qu'à 500 ou 600 mètres d'altitude; malheureusement il tend à disparaître, car ceux qui se livrent à la récolte des fleurs trouvent plus simple d'abattre l'arbre quand il est en pleine floraison que de

1. P. de La Gironnière, *Vingt années aux Philippines, Souvenirs de Jala-Jala*, Paris, 1853, in-12, p. 295 et suiv.

monter dessus, ce qui ne pourrait, du reste, se faire qu'à l'aide d'échafaudages.

L'essence pure a une odeur beaucoup trop pénétrante, qui la rend même désagréable; le commerce la mélange avec une certaine quantité d'alcool.

Depuis mon passage, mon ami Oronga et quelques autres Espagnols ont fait des plantations d'ilang-ilang et ont un appareil pour la distillation.

La production de cette essence a augmenté beaucoup, mais la consommation n'ayant pas suivi la même progression, les prix ont baissé sur les marchés de Paris et de Londres.

Pendant mon séjour à Yriga j'étais descendu chez le frèré de M. Feced. Il facilita grandement ma tâche en me servant d'interprète quand j'interrogeais les Negritos, et dans ses magasins je pus, tout à mon aise, nettoyer les squelettes que j'avais exhumés et qu'il aimait mieux voir de loin que de près, à cause de la frayeur qu'ils lui causaient.

Pendant mon séjour à Yriga, toutes les nuits, de minuit à 2 heures du matin, j'étais réveillé par des chants discordants provenant d'une procession : on implorait saint Roch, seul capable d'arrêter la marche de la variole. Une nuit, le bruit sembla redoubler d'intensité, mais je n'aurais pas bougé si mon ami Feced ne m'avait prévenu que l'on criait « au feu ».

Les cris « au feu » étant, comme les chants, proférés dans la langue du pays, l'intonation était loin de suffire pour qu'il me fût possible de discerner les uns des autres.

Toutes les maisons sont construites en bois et recouvertes de paille, et, au premier cri d'alarme, tout le monde se porte vers le lieu de l'incendie pour tâcher d'en arrêter les progrès, car il se propage souvent comme une traînée de poudre. Heureusement, cette fois, il n'y eut qu'une case brûlée dans un petit bourg, à deux kilomètres de la ville.

A notre arrivée, le toit venait de s'effondrer et des gerbes d'étincelles s'élevaient du centre; une grande provision de riz était en train de flamber.

Toutes les maisons environnantes étaient couvertes de

monde avec des branches d'arbre et des bambous pleins d'eau pour éteindre les flammèches.

La maison la plus rapprochée de la case incendiée en était séparée par une rangée de bananiers qui furent en partie calcinés, mais qui la préservèrent; elle aurait sans cela flambé par la seule chaleur du foyer. Une petite pluie vint éteindre le tout, et nous rentrâmes à la maison trempés jusqu'aux os.

Le 23, la voiture de mon hôte me transporta d'Yriga à Bato, village au bord d'un petit lac qui porte le même nom : je restai dans cet endroit jusqu'au 26 pour chasser sur le lac. Je tenais surtout à mettre en peau quelques pélicans, très peu nombreux encore à cette époque de l'année; mais, dans un mois ou deux, ils arriveront par bandes, et on les tuera en masse pour se procurer les plumes qui servent aux « escribanos » de la province.

Bato est, sans contredit, le village le plus misérable que j'aie visité; les habitants, exclusivement pêcheurs, cultivent à peine les riches terrains qui les entourent.

Le 26 février, laissant mes hommes avec les bagages, je pars à cheval pour arriver dans la journée à Daraga, où je pensais trouver un crédit qui m'avait été envoyé, par dépêche, sur la maison Muñoz.

A Bato succèdent Polangui, situé au bord d'un lac, Oas, Ligao, Guinobatan, Mauraro, Camalig, Matabo, Linon, Daraga. Tous ces villages se touchent presque (distance moyenne, deux kilomètres), dans une plaine déserte, semée de pierres. Les nuages me cachent la cime du volcan d'Albay (c'est un autre nom du Mayon).

A Ligao, arrêt à la maison de MM. Muñoz. Don Pedro Diaz, leur cousin et gérant de la factorerie, m'accueille de la façon la plus cordiale, m'invite à me rafraîchir et fait atteler sa meilleure voiture, qui me dépose à Daraga après une course rapide de trois heures. Au milieu de la vaste plaine que nous venions de traverser si rapidement, je pus apercevoir au ras de terre le dernier étage d'une tour, seul vestige d'un des villages détruits par la fameuse éruption du Mayon en 1766.

Le Mayon est un volcan superbe. Comme la majeure partie des volcans « ignivomes », il a la forme d'un cône très régulier avec forêt de casuarinées à la base. Il a 2734 mètres d'altitude et son sommet est couvert d'épaisses coulées de laves grises pareilles d'aspect à celles du Taal.

Plusieurs personnes ont entrepris l'ascension du volcan; quelques-unes ont prétendu être arrivées jusqu'au bord du gouffre, mais en réalité personne n'a pu parvenir jusque-là. Le premier qui en aurait tenté l'ascension serait un moine franciscain du nom d'Esteban Solis, qui l'entreprit pour détruire la superstition des indigènes relativement aux volcans.

Sa première éruption connue des Espagnols depuis leur arrivée aux Philippines, d'après Alexandre Perrey, remonte au mois de février 1616; celle du 23 octobre 1766, décrite par Legentil et Perrey, fut certainement la plus terrible: elle détruisit complètement le village de Molina, et tous ceux qui se trouvaient au sud du volcan furent plus ou moins atteints.

Voici la description de la catastrophe : « Le 20 juillet, les flammes commencèrent à apparaître à la cime du volcan. Jusqu'au 5 septembre elles conservèrent la forme d'une pyramide, puis elles diminuèrent de hauteur; la cime entière parut alors comme en feu, et un ruisseau de lave de 120 pieds espagnols de largeur coula du côté de l'orient pendant deux jours consécutifs.

« Le 23 octobre, le volcan rejeta une si grande quantité d'eau qu'entre Albay et Tilog il se forma plusieurs ruisseaux de 20 à 25 mètres de largeur, qui allèrent se jeter à la mer avec une force telle que la marée montante ne put en dominer le cours. Ce phénomène fut suivi d'une violente tempête qui commença à 7 heures du soir par l'ouest-nord-ouest et tourna ensuite du côté du sud, où elle arriva à 3 heures du matin. Les rivières entre Bacacay et Molinao atteignirent près de 80 mètres de largeur. De Camalig jusque dans l'intérieur de Saraya, province de Naga, le pays changea au point qu'il devint impossible d'en reconnaître les chemins. Molinao fut complètement détruit;

toutes les maisons furent écrasées et les champs furent recouverts d'une épaisse couche de cendres. Cagsana subit en partie le même sort et resta depuis comme un petit îlot entouré de profonds ravins le long desquels se précipitait un torrent d'eau et de sable. Cette rivière fut aussi la cause de grandes dévastations à Camalig, Guinobatan, Ligao et Polangui. Au sud-ouest, les cocotiers et autres arbres furent enterrés jusqu'à leurs cimes; à Albay on a trouvé seize cadavres et à Molinao plus de trente. »

En 1814, d'après le récit d'un témoin oculaire, reproduit par Al. Perrey, l'éruption fut encore plus terrible.

« Le 1er février, à 8 heures du matin, l'on vit s'élever du volcan une colonne de sable, de cendres et de pierres qui, en peu d'instants, s'éleva à une très grande hauteur. Les côtés du volcan disparurent à notre vue, et une rivière de feu se précipita ensuite au bas de la montagne, menaçant de nous envelopper; tout le monde prit la fuite en cherchant les points les plus élevés. L'obscurité augmenta et plusieurs habitants furent atteints par les pierres que lançait le volcan.

« Les maisons n'offraient plus aucune sécurité, car les pierres enflammées, en tombant, les incendiaient toutes, et c'est ainsi que furent réduits en cendres les pueblos les plus riches de Camarines. Vers les 10 heures, les grosses pierres cessèrent de tomber, mais elles furent remplacées par une pluie de cendres. A 1 heure et demie, le bruit diminua et le ciel se dévoila un peu; c'est alors que l'on vit le sol couvert de cadavres et de blessés; dans l'église de Budiao on trouva 200 morts et 35 dans une maison du même village. Cinq villages de Camarines furent complètement détruits, ainsi que la ville d'Albay dans sa plus grande partie. Il mourut plus de 12 000 personnes; il y eut un très grand nombre de blessés et ceux qui restèrent perdirent tous leurs biens. L'aspect du volcan est resté d'une tristesse effroyable; ses flancs, qui étaient si pittoresques et entièrement cultivés, sont maintenant couverts de sable; la couche de cendres et de pierres a de 8 à 10 mètres d'épaisseur, et, à l'endroit où était Budiao, les cocotiers ont été entièrement ensevelis. Dans les autres villages, la couche n'a pas moins de 40 mètres d'épaisseur. Le sommet du volcan, autant que l'on peut en juger, a perdu 120 pieds espagnols de sa hauteur, et, dans sa partie sud, une épouvantable ouverture laisse voir trois nouvelles bouches qui se sont ouvertes à peu de distance du cratère principal et qui lancent encore des cendres et des nuages de fumée. Les sites les plus beaux de Camarines, les endroits les plus riches de la province, se trouvent maintenant convertis en un désert de sable. »

On m'assure, et je ne le garantis pas, que pendant cette éruption l'obscurité s'étendit jusqu'à Manille, et que les cendres volèrent jusqu'en Chine!

En 1827, toujours d'après Perrey, il y eut une autre éruption qui dura plusieurs mois, jusqu'en février 1827.

Jagor rapporte qu'en 1834 et 1835, le volcan fut presque toujours en activité. En mai 1835, pendant une éruption qui dura de 6 heures du matin jusqu'au soir, le volcan rejeta des masses considérables de pierres et de cendres; une colonne de fumée grise et blanche s'élevait de la cime jusqu'à une très grande hauteur, et le phénomène était accompagné de bruits souterrains d'une extrême violence.

Le 21 janvier 1845, nouvelle éruption, précédée d'un bruit semblable, aussi intense, et qui dure seulement dix minutes, et le phénomène se reproduit trois fois d'heure en heure; à 9 heures du soir, pluie de cendres qui s'étend sur tout le pays et détruit les récoltes.

L'éruption dura huit jours, s'affaiblissant graduellement. Grondements continus.

En 1845 comme en 1835, une énorme colonne de fumée dominait le volcan et apparaissait pendant la nuit comme un immense panache lumineux. Par intervalles, des coulées de lave couraient sur les flancs de la montagne en fleuves de feu.

Et cet infatigable volcan fit encore parler de lui en 1846, 1851, 1853, 1855, 1857, 1858, 1859, 1860, non par de violentes éruptions, mais parce qu'il fume souvent et qu'ainsi l'on a toujours sous les yeux la preuve visible de sa menaçante existence.

A Daraga, je fus cordialement reçu par la famille Muñoz, dont tous les messieurs ont complété leurs études à Paris.

Mais, contre mon attente, ni fonds ni lettre de recommandation n'étaient encore arrivés. Les employés du télégraphe n'avaient pas jugé utile de porter la dépêche à domicile.

Le télégraphe relie à Manille une grande partie des provinces de Luçon, celles du nord et du sud principalement. Les employés supérieurs sont tous Espagnols ; ils ont sous leurs ordres des employés subalternes indigènes, remplissant dans les stations les fonctions de facteurs et de commis.

Très fiers de leur costume gris bleu avec des parements violets et du galon de la casquette, ces messieurs semblent se regarder comme les inventeurs du télégraphe ; cependant leur service est généralement très mal fait.

Le directeur du télégraphe chargé des provinces du sud, très contrarié de cet état de choses, parlait des améliorations qu'il allait introduire dans le service ; assurément ce serait une excellente mesure, réclamée par tout le monde, que de réformer cette administration ; mais un Espagnol, présent, me dit : « C'est un nouvel arrivé ; il parle d'améliorations, mais dans quelque temps il retombera dans la routine de ses prédécesseurs. » J'aime à croire, dans l'intérêt général, que ce monsieur s'est trompé dans son pronostic ; quoi qu'il en soit, c'est ordinairement ainsi que les choses se passent aux Philippines et ailleurs.

Daraga est une ville de la banlieue d'Albay, la capitale de la province de ce nom ; elle remplace l'ancienne Caysane, détruite en 1814 par une crise du Mayon.

Du terre-plein de son église, le paysage est admirable ; le Mayon surtout attire les regards ; masse grise et noire, il s'élance d'une forêt, au milieu de plaines superbes où le riz donne d'abondantes récoltes, où les pâturages sont animées par des troupeaux paissant en liberté, dans une demi-sauvagerie.

De Daraga à Albay, 10 minutes de voiture sur une route excellente pour le pays ; on croise de nombreux équipages, des groupes de cavaliers qui tous vont à Albay pour assister à la messe ou rendre visite à l'alcade.

Pendant la semaine, des carretones traînés par trois buffles attelés de front transportent les ballots d'abaca jusqu'au port de Legaspi.

Je ne pouvais faire un long séjour à Daraga, et quand je me fus rassasié de la vue du volcan, d'où sort continuellement une fumée rouge qui fait craindre quelque prochain cataclysme, je quittai ces beaux lieux, riche de deux petits volumes que m'avait offerts leur auteur, don Alvarez Guerra, l'alcade de la province d'Albay; ces deux volumes, fort intéressants, sont les *Viajes por Oriente* (voyages dans l'Orient) : l'un est consacré presque entièrement à la province de Tayabas; l'autre conduit et guide le lecteur dans l'archipel micronésien des Mariannes.

Don Alvarez Guerra est grand amateur de collections ethnographiques; aussi depuis son arrivée aux Philippines s'est-il efforcé de réunir une très riche collection d'armes des indigènes des Philippines ou de la Malaisie.

Legaspi, sur la baie d'Albay, sert de port à la capitale de la province et possède les grands magasins et entrepôts des négociants qui font le commerce de l'abaca ou chanvre de Manille.

A Legaspi je pris la direction du nord; je vis Libog et Tabaco, sur son vaste et beau golfe, séparé de celui d'Albay par de petites montagnes : c'est le dernier port que desservent les courriers à vapeur; au delà, vers le nord, la mer est presque toujours mauvaise, le pays pauvre et désert.

On m'avait signalé des grottes funéraires dans une île voisine de Tabaco; je n'y trouvai rien d'intéressant; quelques cocos coupés en deux, remplis d'un vin de palme offert par les pêcheurs et autres habitants du lieu aux esprits des cavernes, quelques tessons de vases de terre, quelques débris d'ossements, ce fut tout; sans doute, d'autres chercheurs avaient fouillé ces grottes avant moi.

Profitant de mon séjour à Tabaco, j'allai visiter les sources chaudes de Tiwi, qui jaillissent près de la mer dans un cirque de hautes montagnes. Du côté de la mer, ce cirque n'existe plus intact, il est presque entièrement écroulé.

L'aspect en est très curieux. Autour de ce cirque existent, comme une bordure naturelle, des plantations excellentes, et en dedans il est traversé par un courant d'eau froide dans lequel viennent sourdre en bouillonnant des sources chaudes. Des roches calcaires, composées de couches blanches, jaunes, vertes, tapissent les parois.

Enveloppé d'un nuage de vapeurs sulfureuses, sur des roches qui me brûlaient les pieds malgré mes gros souliers de chasse, j'en pris tant bien que mal la température; elle varie, suivant les sources, entre 60° et 94°; à côté s'élèvent les bains, plus que modeste édifice de bambou, suffisant toutefois à vous abriter.

C'est une espèce de petit hangar au milieu duquel on a fait passer un ruisseau d'eau chaude et un ruisseau d'eau froide dont on règle le courant au moyen d'une petite vanne, et l'on a son bain tel qu'on le désire, frais, chaud ou très chaud. Mais, si peu confortable que soit cette installation, elle a déjà rendu de grands et nombreux services, et il est à croire que les sources de Tiwi sont appelées à devenir une station thermale des plus utiles.

Tout près de là sourdent des eaux thermales siliceuses pétrifiantes. On arrive par un petit sentier devant un espace de 100 mètres de diamètre environ, assez semblable à un ancien cratère; de ci de là on aperçoit de petits cônes dont on peut comprendre aisément la formation. A chaque petite source correspond un cône élevé peu à peu par le silicate de chaux que dépose la fontaine et qui lentement se superpose jusqu'à hauteur de la force d'ascension de l'eau. Le petit bassin d'où s'échappe l'eau se ferme quelquefois pour un certain temps, et jusqu'au moment où la tension de la vapeur d'eau est assez forte pour soulever l'obstacle ou le rompre, la source cesse de couler. Ce que j'admire le plus, c'est un bassin de 10 mètres de côté, aux parois à pic, rempli d'une onde bleue admirablement claire, et toujours en ébullition, sa température étant de 98°.

Pendant mes excursions j'avais réuni de nombreux échantillons d'eaux minérales, de roches, mais, en route, la caisse qui les contenait a été égarée. J'espérais que ces produits auraient permis de dresser une carte géologique sommaire de l'île de Luçon au moins pour les parties que j'avais visitées et de donner une analyse chimique des sources que j'avais vues.

Revenu à Manille le 20 mars pour expédier mes collections et prendre des nouvelles, j'eus l'avantage de m'y rencontrer avec M. Coroy, directeur par intérim du jardin botanique de Saïgon. Il était venu acheter des chevaux pour la remonte de la cavalerie de Cochinchine. Je lui remis des plants et des graines d'abaca, avec une note sur ce précieux textile. Quand je passai l'année suivante en Cochinchine, je vis avec plaisir que M. Coroy, profitant de mes graines, avait doté le jardin botanique d'un carré d'abaca de belle venue.

Ce textile serait bien utile à la Cochinchine si l'on avait la patience de l'y acclimater. On en fait des cordages de navire (car il ne pourrit pas à l'humidité) et des étoffes solides d'un usage général aux Philippines.

L'abaca, que l'on appelle encore chanvre de Manille, est extrait du pétiole des feuilles d'un bananier, le *Musa troglodytarum textoria*. Nous avons dit que le port de Legaspi était le principal entrepôt de ce produit, objet d'un important commerce avec l'Angleterre et l'Amérique du Nord.

Le meilleur abaca vient des deux provinces de Camarines et de la province d'Albay.

# CHAPITRE X

## L'ÎLE DE MARINDUQUE

Le 13 avril 1881, je m'embarquai pour Marinduque, grande île située au sud de Luçon, vis-à-vis du littoral de la province de Tayabas.

Le vapeur qui nous porte circule à travers les nombreuses petites îles qui bordent les rivages de Luçon; après avoir doublé la pointe de Batangas, mouillé devant la ville de même nom pour laisser les dépêches, nous continuons notre route vers le sud, dans la direction de Mindoro. Nouvel arrêt devant Calapan, chef-lieu de la province. Le 14, à 2 heures de l'après-midi, je prends terre devant la douane de Boac, sur une plage sablonneuse où s'élèvent deux à trois petites cases, et j'y trouve mon ami M. Fochs, qui vient justement de s'établir à demeure dans le pays. Prévenu de mon arrivée, il m'attendait au débarcadère. J'enfourche le cheval qu'il m'a amené et je pique des deux vers la ville de Boac, en sa compagnie et avec celle de son camarade M. Bergara, lieutenant de carabiniers, laissant à mes hommes le soin de charger nos bagages sur les chariots pour les conduire à destination.

M. Bergara m'offre une chambre en son cuartel (quartier, caserne), avec une telle grâce, une telle insistance que je l'accepte.

Marinduque m'attire par la renommée de ses grottes funéraires. C'est une île madréporique et volcanique dont la plus haute montagne, le Marlanga, s'élève à 500 mètres environ.

Connaissant mes projets de fouilles, M. Fochs, dès son arrivée, avait préparé les voies et intéressé les notables de l'endroit aux excursions que je projetais. A peine installé, je reçois des visites nombreuses. Chacun veut me renseigner et me raconte les histoires les plus fantaisistes au sujet des grottes funéraires. Tous en connaissent et en grand nombre.

Il va de soi que chacune de ces grottes a sa légende, ses esprits, ses terreurs.

De l'une, des esprits *castillas* (européens) sortent processionnellement tous les ans, la nuit de la Toussaint, en chantant des cantiques; tout le monde les a vus, de ses yeux vus. Quand on entre dans leur caverne, on ne voit rien, fors des crânes plus gros que des marmites.

Dans une autre, porte en bois qu'on ne saurait forcer; dans une troisième, à l'entrée, glace immense qu'on ne pourrait briser; et dans toutes, des serpents monstrueux.

Tous de me demander si je ne suis pas effrayé et si je persiste à vouloir les visiter.

Tant de pusillanimité me fait sourire et je leur demande des guides pour le lendemain, les engageant à venir avec moi, car je ne crois pas aux nombreux dangers qu'ils redoutent. Devant mon assurance, tous veulent être de la partie.

Mais, jusqu'au 19 avril, impossible d'avoir un guide : le pays entier est en fête. L'alcade est en tournée pour le renouvellement des municipalités. Nous attendrons son retour.

Tous les deux ans, chaque ville et village procède à des élections pour remplacer le gobernadorcillo et les tenientes.

Les deux qui ont obtenu le plus grand nombre de voix sont présentés au gouvernement avec leur dossier, et le curé et l'alcade désignent celui qui, d'après eux, doit être nommé. Seuls les Indiens ambitionnent cette place.

La première grotte où je me hasarde le 19 avril est justement celle qui a la porte en bois dont on fait de si beaux récits.

Je ne suis pas seul, tant s'en faut : même j'ai cru que

tous les habitants de l'île allaient suivre pour voir le castilla français aux prises avec l'Asuan, ou esprit des cavernes.

J'ai d'abord comme compagnons mes amis Fochs et Bergara, et don Domingo Diaz, docteur de la province; puis tous les notables, dont quelques-uns se sont fait remplacer au dernier moment par leurs fils. Tout ce monde est à cheval; les porteurs courent devant, et nous avons l'air d'aller prendre les esprits à l'assaut.

En sortant de Boac, nous prenons au sud-ouest, par les méandres de la rivière, dont le lit desséché nous sert de route, et, au bout de deux heures et demie, nous voici dans la montagne en face du lieu redoutable. Nous abandonnons nos chevaux, le sentier qu'il faut prendre étant à peine praticable, même pour des piétons. Une demi-heure d'ascension nous conduit à la grotte, dont l'entrée est en pente douce.

Tous me regardent, anxieux, béants (je parle des Indiens). Je passe devant, j'entre et presque aussitôt j'arrive au fond de la grotte, qui est petite, avec des parois calcinées, et pour sol un terreau noir composé de guano déposé par des légions de chauves-souris.

A part cela rien que des débris de vases en terre brute et quelques ossements.

Voilà donc les milliers de squelettes que l'on m'avait annoncés!

« Mais, me disent les Indiens, l'Asuan, ayant eu connaissance des projets du *Castilla*, Français, a vidé la grotte devant lui. »

Entré d'abord, avec mes compagnons espagnols, je vis bientôt les Indiens nous suivre et se grouper autour de moi sans me perdre des yeux tant que durèrent les fouilles. Les esprits ne paraissaient plus les effrayer autant.

Rien non plus dans une caverne voisine, beaucoup plus vaste, tout en noirs et profonds précipices, où je descends non sans peine et sans danger dans des salles du noir le plus noir, entre des chauves-souris tourbillonnant par nuées en menaçant d'éteindre les torches.

L'entrée de cette grotte, cachée en partie par la végétation qui couvre les flancs de la montagne, est assez petite.

Il faut d'abord descendre à pic, au moyen de cordes, à une profondeur d'environ 40 pieds, dans un puits faiblement éclairé. De là part une excavation qui paraît s'enfoncer plus bas et qui communique avec un passage assez étroit dont le sol est mou et la pente de 25° environ ; après un parcours de 40 mètres, on arrive au bord d'un précipice dont la voûte s'élève à près de 120 mètres au-dessus du sol. Cette salle étroite est éclairée par plusieurs trous s'ouvrant sur les flancs de la montagne, et par là le jour pénètre jusque dans l'intérieur. Sur le sol, parfaitement uni, il n'existait pas trace de cercueils. A gauche, une autre ouverture semble aller plus loin encore. Au moyen de cordes fixées solidement à une roche, je tente la descente, 30 pieds environ. Éclairé par des torches (car deux hommes me suivent toujours, pendant que MM. Fochs et Bergara et d'autres hommes aident à la descente), je m'engage dans une galerie de 5 mètres de largeur, dont le plafond ne tarde pas à s'élever. Au bout de 20 mètres, nouvelle salle également éclairée ; puis un troisième couloir très sombre, aboutissant au bord d'un autre précipice dominant de 40 pieds le sol d'une nouvelle galerie de 20 mètres de circonférence, complètement obscure, au fond de laquelle se trouve un couloir excessivement bas et étroit, rempli de chauves-souris. Je dus m'arrêter là.

Quand je remonte à l'air libre avec MM. Fochs et Bergara, les Indiens respirent : ils croyaient déjà que l'Asuan nous avait dévorés.

Je revenais les mains vides, mais désormais mes hommes avaient confiance en moi et ils ne craignaient plus qu'à moitié le sombre esprit des cavernes.

Mon premier soin fut de faire un nettoyage complet de ma personne, et ce n'était pas sans besoin. Non seulement j'avais eu très chaud dans mon excursion au centre de la montagne, mais j'étais noir comme un charbonnier, conséquence de ma dernière étape dans le dernier couloir.

Après un déjeuner rapide fait au bord de la grotte supérieure, nous redescendîmes la montagne jusqu'aux cases où nous avions laissé nos montures.

Avant de rentrer à Boac, on me fit voir deux sources

d'eau chaude : l'une, peu abondante, disparaît dans un trou noir infect et laisse des traces de soufre ; l'autre, plus abondante, forme un petit ruisseau.

A l'endroit où l'eau sort de terre en bouillant, on a creusé une espèce de bassin dans lequel les malades viennent se baigner.

La température à la sortie est de 40° à 45° centigrades ; elle ne contient presque pas de soufre. Les plantes poussent sur les bords du ruisseau et jusqu'au bassin même, qu'elles entourent d'un riche rideau de verdure.

A notre arrivée à Boac, nous sommes très entourés. Mes compagnons de voyage font le récit de notre exploration au domaine des esprits, on décide à l'unanimité que je suis porteur d'une amulette plus puissante que l'Asuan lui-même.

« Comment, me dit-on, peux-tu dompter de si forts et méchants esprits?

— Comment? Je suis le roi des Asuanes, et tous m'obéissent. »

J'ai dit cela très sérieusement, et on se demande, en me quittant, jusqu'à quel point j'ai dit la vérité. Il faut payer d'audace avec les gens crédules, et c'est ici le cas.

Du 20 au 25 avril, visite de diverses grottes où je ne trouve rien, malgré d'attentives recherches.

Le 25, je pars pour Gazan avec l'alcade de Boac, don Juan Galiego, et le docteur Diaz ; la route suit le bord de la mer, d'abord dans des rizières, puis par des champs de canne à sucre.

La municipalité et tous les notables de Boac nous escortent jusqu'à la limite de la commune, où nous attendent en grand costume tous les notables de Gazan. Après les compliments d'usage le cortège se reforme et nous reprenons le galop jusqu'à Gazan.

Nous y descendons chez le señor Berdote, dont le grand-père était Français. Berdote s'est marié avec une Indienne appartenant à une riche famille de Marinduque. Il est vraiment le roi de l'île, on n'y fait rien sans lui demander conseil.

Le premier soin du docteur est de visiter les varioleux. Je l'accompagne dans sa tournée. Afin de faciliter sa tâche, on a fait tambouriner dans le village que toutes les cases où il y a un malade devront arborer un petit drapeau à leur fenêtre.

Au bout d'une heure, la ville est entièrement pavoisée: pas une case qui n'ait son ou ses malades.

Après la visite générale, l'alcade, effrayé, fait appeler le *mediquillo* (diminutif affectueux de *medico*, médecin).

« Comment cela finira-t-il? Est-ce que tout le monde y passera? dit-il. J'ai pourtant fait vacciner tous les enfants du village.

— Comment vous êtes-vous donc procuré du vaccin? répliqua le docteur.

— Très simplement, fit l'alcade. J'ai pris du virus au bras du premier malade quand j'ai vu ses boutons assez gros et mûrs, et j'ai inoculé tout le monde.

— C'est bien! »

Notre hôte, le señor Berdote, sachant que mes recherches des jours précédents ont été infructueuses, s'est mis en quête pour me procurer l'occasion d'une nouvelle fouille. Il m'annonce que l'on a découvert, en ouvrant une route, un certain nombre de grandes urnes funéraires contenant des crânes, mais le tout a été brisé dans l'espoir d'y trouver de l'or. Nous convenons de visiter le gisement, mais je veux d'abord aller à l'îlot de los Tres Reyes (les trois rois), où l'on m'a signalé des grottes funéraires. Mais, comme on m'a déjà fait faire pas mal de marches et contremarches, M. Berdote envoie un homme s'assurer qu'il y a bien des restes humains.

Après quoi, visite au curé du lieu, visite intéressante et intéressée.

Le P. Clemente Ignacio, naturel du pays, approche de ses soixante-quinze ans. Collectionneur émérite, il a rassemblé, me dit-on, tant de coquilles qu'il n'y a guère homme des Philippines qui puisse rivaliser avec lui. Il ne donnerait pas sa collection pour 40000 piastres ou 200 000 francs. Et celle-ci n'est certes pas la seule curiosité de son intérieur. Sa maison est une vraie boutique de bric-à-brac; dans une grande salle où le bon vieillard trouve à peine un coin de table pour manger, on voit pêle-mêle statues de saints en bois, oiseaux mécaniques

Le P. Clemente Ignacio.

chantant des airs variés, vieilles pendules de toutes formes, lustres, candélabres, reliquaires, images d'Épinal représentant l'histoire de l' « Enfant de la forêt », bref mille et mille objets divers dans une étonnante promiscuité.

Toutes les armoires, et le nombre en est grand, sont remplies de coquilles et autres curiosités. Dans une petite salle se trouvent la bibliothèque et les objets précieux. Il me montre une *Histoire naturelle* de Buffon en français, qui lui a été donnée en Chine par ses amis les missionnaires de France, puis une vingtaine de montres toutes plus riches les unes que les autres et, comme il me le fait remarquer, indiquant toutes la même heure; il m'exhibe aussi vingt boîtes à musique, dont je suis obligé d'entendre tous les airs.

Je ne quittai point ce brave homme les mains vides; il eut la bonté de m'offrir une partie de sa collection d'insectes, et parmi eux, ô bonheur! le superbe *Euchirus Dupontinus*, que ne possédait pas encore le Muséum d'histoire naturelle de Paris.

Deux exemplaires seulement de cet insecte figuraient dans les collections entomologiques d'Europe; celui-ci est le troisième.

Au presbytère de Gazan, le curé a comme hôtes habituels sa nièce, la mère, l'oncle et la tante de la jeune fille. Le curé a pour sa nièce une affection très grande, aussi les mauvaises langues du pays de prétendre qu'elle lui tient de plus près et qu'il a de fort bonnes raisons de l'aimer comme sa fille. Que ne disent pas les mauvaises langues! Si je rapporte les bruits qui courent à ce sujet, c'est que de pareils faits ne sont pas rares aux Philippines, comme d'ailleurs dans tous les pays anciennement occupés par les Espagnols.

Cette jeune nièce est la maîtresse d'école de Gazan et joue très bien de l'orgue : nous l'avons entendue exécuter plusieurs morceaux avec beaucoup d'art.

M. le curé a maison de ville et de campagne; celle-ci est fort jolie et la mieux organisée que j'aie vue dans cette île.

L'église et le couvent de Gazan, bâtis sur une petite colline, sont entourés d'un mur à créneaux. Il y a quelques années à peine, dans toutes ces petites îles, les *Moros* [1]

1. Les Espagnols ont donné aux Malais le nom de Moros, les assimilant ainsi aux Maures d'Espagne, parce que, comme ces derniers, ils pratiquent l'islamisme.

(lisez Malais. musulmans) venaient en razzia, pillaient, brûlaient, traînaient en esclavage ceux qu'ils pouvaient capturer. Si la surprise en laissait le temps, on se réfugiait dans les couvents fortifiés, d'où l'on voyait parfois flamber sa maison; mais la vie et la liberté étaient sauves.

Le 26 avril, nous partons en banca pour l'îlot de los Tres Reyes, MM. Fochs, Bergara et moi; le señor Berdote nous rejoindra dans la journée.

Nous éprouvons quelque difficulté dans notre navigation pour traverser le canal qui sépare les petits îlots de Marinduque; le flot très rapide s'engouffre dans la passe, et nous embarquons quelques paquets de mer.

M. Bergara n'a pas cependant l'air satisfait de cette petite navigation; il préférerait une promenade à cheval plutôt que d'être ainsi ballotté par les vagues. Enfin nous abordons, et un soleil d'aplomb nous sèche rapidement.

Construire un abri pour passer la nuit prochaine et d'autres peut-être si les fouilles sont productives est notre premier travail. Je souhaite vivement de faire quelque trouvaille, mais on m'a si souvent fait des promesses, et j'ai eu si peu de succès jusqu'à ce jour que je doute encore.

Après un court repos, nous remontons dans notre canot pour aller en reconnaissance sur la côte E. Nous découvrons une grotte à près de 70 mètres au-dessus des flots, mais la mer, très forte, déferle avec fureur sur les rochers, où nous serions facilement brisés en mille pièces. Vers 2 heures de l'après-midi, la mer étant calmée, nouvelle exploration de la côte, visite de quelques crevasses et découverte d'une grotte dont l'entrée est cachée par un éboulis produit par une convulsion volcanique.

A l'entrée de la grotte, il y avait une vingtaine de crânes; je pénètre à l'intérieur, et, faisant creuser le sol, je reconnais que le fond est tapissé d'une couche de crânes légèrement recouverts de débris madréporiques et de sable.

Tous ces crânes étaient réunis par groupes de deux et de trois; ils reposaient sur une couche de sable et de madrépores couvrant un lit d'ossements parmi lesquels je trouvai un petit vase cassé, des débris d'urnes funéraires et quelques morceaux de bois travaillés ayant la forme de cercueils de petite dimension. Il y avait aussi quelques bracelets ou anneaux taillés dans des coquillages, et d'autres en écaille fondue, formés de lamelles collées les unes aux autres, système que l'on emploie encore au Japon pour fabriquer les épingles et autres ornements à l'usage des femmes.

La nuit arrivant, je me retirai avec une cargaison de crânes et d'ossements : je les mis dans des sacs que je traînais depuis quelque temps avec moi, sans avoir eu jusqu'alors l'occasion de m'en servir. Enfin, j'avais commencé de trouver quelque chose, les promesses n'avaient pas été vaines cette fois.

Ces crânes étaient presque tous déformés artificiellement.

Le lendemain, nouvelle visite à la grotte pour y terminer mes recherches ; je ramassai des crânes jusqu'en dehors, et on en découvrirait d'autres, je crois, sous les roches éboulées de l'entrée.

Ayant contourné l'île, le guide nous conduisit à un caveau où il n'y a, d'après le récit des indigènes, qu'une seule tête, mais elle est énorme.

Après une escalade assez périlleuse au milieu de rochers plus ou moins solides sur leur base, nous arrivons à la caverne.

Ici encore la montagne a été bouleversée, l'entrée est obstruée par un rocher dont le volume représente plusieurs centaines de mètres cubes.

Je parvins à me glisser par un passage étroit et me trouvai alors sous une espèce de tunnel s'enfonçant presque à 45 degrés d'inclinaison dans l'intérieur de l'île.

Je remontai après une heure de recherches et de fouilles sans avoir pu découvrir un seul crâne. Quand nous fûmes sortis, je fis observer au guide qu'il m'avait trompé, mais il m'assura, ainsi que tous les Indiens présents, que l'on avait toujours vu un crâne à l'entrée, mais qu'il avait sans doute disparu à mon approche.

J'eus beau chercher à leur persuader que pareille chose était impossible ; mes explications ne pouvaient avoir la moindre action sur de pareils poltrons.

A la nuit, retour à Gazan, et, comme résultat de mes fouilles, deux jours de fièvre, pendant lesquels j'envoyai mes hommes vers l'endroit où on avait, disait-on, découvert des urnes funéraires.

Le troisième jour, on vint me prévenir que l'on avait retrouvé l'endroit et que les fouilles étaient commencées.

Je me rendis aussitôt sur les lieux et fis faire une tranchée parallèle à la route; le jour même, on mit deux urnes à découvert, mais toutes deux cassées en plusieurs morceaux et recouvertes d'un bol ou soucoupe; le crâne était rempli de terre ainsi que l'urne.

Je fis porter le tout aussi intact que possible dans la maison de mon ami Berdote pour l'examiner à loisir.

Ces deux vases vernissés, de couleur jaune verdâtre, étaient complètement unis, sans aucun ornement en creux ou en relief.

Je trouvai dans l'intérieur un autre pot ou flacon également rempli de sable, un ou deux ornements en or ressemblant assez à des boutons, composés d'une feuille d'or aussi mince qu'une feuille de papier à cigarette et dont les tiges sont formées d'un petit tuyau d'or parfaitement soudé, quelques perles taillées et une espèce d'agate polie d'un beau rouge brun. Les crânes sont très friables et auront, je le crains, beaucoup de peine à arriver entiers au laboratoire d'anthropologie du Muséum.

De nouveau les indications affluent. C'est à qui aura découvert des urnes funéraires, qui dans les grottes, qui dans les champs, mais, sur cent indications, à peine s'il y en a une d'exacte.

Je pus néanmoins, avant de quitter Gazan, où, du reste, je compte bien revenir, me procurer une urne trouvée dans l'intérieur des terres; je donnai au propriétaire le prix qu'il m'en demanda, mais il me réclama ensuite une piastre pour lui en payer le transport.

Le 29 avril, de retour à Boac, je me mis à emballer le produit de mes découvertes. Je rapportais de mon excursion soixante-dix crânes, des squelettes incomplets et diverses curiosités ethnographiques plus ou moins remarquables.

Le 2 mai, je pars de Boac à cheval avec MM. Fochs et Bergara pour Santa-Cruz de Nano, sur la côte nord de Marinduque. Il s'agit de traverser l'île dans le sens de sa moindre largeur. On m'a affirmé que les grottes funéraires du Nord n'ont pas été fouillées comme celles du Sud, et aussitôt je me mets en route.

C'est la fête à Santa-Cruz, et tout le monde y veut aller. Aussi *le Tout-Boac*, soit une quarantaine de personnes, nous suit.

Faire cette trotte en une demi-journée, c'est chose dure. On passe par Magpog, ancien village de bandits et de pirates très redoutés de leurs voisins, mais qui aujourd'hui sont d'ardents contrebandiers; on franchit quatorze fois la même rivière avant d'arriver au pied des montagnes, que l'on gravit jusqu'à un col ouvert à 340 mètres d'altitude, puis on descend sur le littoral par un chemin des plus mauvais, surtout par un temps de pluie. Tout a marché à souhait jusque vers 5 heures du soir. Mais je commence à rester en arrière, mon cheval de louage ne peut fournir une allure aussi vive que celle des montures de mes compagnons de route. Bientôt toute la bande ayant pris les devants, je suis au pas la route, qui devient moins fatigante.

A 6 h. 30, je suis au pied de la montagne, sur l'autre versant de laquelle est bâti Santa-Cruz, et mon cheval qui refuse d'aller plus loin, et la nuit noire qui arrive avec la perspective d'une mauvaise route, tout cela est fort gai. Il faut se résigner, mettre pied à terre, et, traînant mon cheval par la bride, je gravis la montagne, non sans butter souvent contre les roches qui encombrent la route, ou sans être rejeté brusquement en arrière par un temps d'arrêt de mon maudit cheval, qui veut absolument happer au passage toutes les touffes d'herbe qu'il aperçoit malgré l'obscurité.

En haut de la montagne je retrouve toute la troupe, qui m'attendait pour faire notre entrée en ville.

A Santa-Cruz on nous loge, mes deux amis et moi, dans la plus belle maison de la ville, et les invitations pleuvent sur nous, invitations à dîner, à danser.

Fête à Santa-Cruz de Nanc

J'ai parcouru une grande partie de Luçon; partout j'ai rencontré les populations, indiennes et métisses, disposées à danser et à festoyer; mais dans l'île de Marinduque cette double passion est poussée à l'extrême. La vie y est facile. Le sol, prodigieusement généreux, donne amplement le riz nécessaire, même dans les mauvaises années, et, dans les bonnes, il en produit assez pour permettre une exportation considérable vers Manille et Tayabas. L'abaca, cultivé au flanc des montagnes, est le plus fin, le plus long de toutes les Philippines. La canne à sucre y prospère; les bois de construction, d'ébénisterie, de teinture y abondent; les prairies y sont savoureuses et leurs bestiaux s'exportent à Manille; la mer est poissonneuse; enfin, qui veut un peu remuer les dix doigts y vit « comme un coq en pâte ». C'est un vrai pays de Cocagne.

Jusqu'à l'arrivée de M. Fochs dans l'île, le commerce était fait exclusivement par les Indiens.

Ils ont une flottille assez considérable de cutters et de goélettes, pour le transport de leurs produits, et les quelques Chinois qui sont venus s'y établir ne font qu'une partie très minime du commerce.

L'île possède plusieurs familles indigènes très riches; si les incendies n'étaient pas aussi fréquents, on pourrait voir des maisons appartenant aux Indiens, dont l'aspect serait assez agréable et dont le confortable ne laisserait rien à désirer; celles qui ont échappé aux derniers désastres en font foi.

Dans l'une d'elles, nous avons pu trouver un assez bon billard, mais les queues ne pouvaient pas conserver leurs procédés en place, probablement à cause de l'humidité constante de l'atmosphère.

Je ne parle pas des pianos : il y en a au moins une demi-douzaine à Boac et autant à Santa-Cruz.

Le travail est ici fort en honneur, ce qui explique la prospérité du pays. Mais on y est fort tranquille; bien que Santa-Cruz soit peu éloigné de Manille, les habitants vivent et agissent comme si le centre du gouvernement était à mille lieues au loin.

Le lendemain, fête de la ville. Après la cérémonie religieuse à l'église, une procession à laquelle tous les fidèles assistent parcourt les rues de la ville, ornées de dômes de verdure et de guirlandes de fleurs. Le soir, grand festin offert par le curé de Santa-Cruz. Il est fils de Français et d'Espagnole, mais il ne sait pas un mot de la langue paternelle; lui aussi a sa collection, dont il veut bien distraire pour moi quelques coquilles.

Le 5 et le 6 mai j'explore des grottes qui ne renferment rien. Le 7, nouvelles recherches plus heureuses; d'abord une grotte s'ouvrant dans un vallon des plus pittoresques, auquel on arrive par une route conduisant à un petit lac dont les eaux transparentes réfléchissent les pentes de la montagne et laissent voir un fond formé de roche et de sable. Par endroits, les eaux ont à peine 2 mètres de profondeur, mais ailleurs au moins 20 mètres.

N'ayant pas de bateau à ma disposition, je suis obligé de suivre un petit couloir presque inaccessible au bord du lac.

Je parviens sans trop me mouiller à une faible distance de l'entrée en sautant de roche en roche, mais il m'est impossible d'arriver ainsi à la dernière; je fais alors couper deux bambous que je dispose en guise de pont.

L'eau est très profonde en cet endroit et le bain pourrait être désagréable, vu la grande fraîcheur de l'eau.

Deux de mes hommes passent d'abord, autant pour essayer la solidité de ce pont que pour en maintenir l'extrémité pendant que je traverserai. Arrivé à l'entrée, je me trouve alors au milieu d'un couloir creusé en pleine roche madréporique où je puis marcher presque debout; après avoir parcouru une vingtaine de mètres, je débouche au milieu d'une vaste salle dont les torches éclairent à peine la voûte.

A droite est un amas de roches tombées les unes sur les autres et au milieu desquelles coule le ruisseau qui alimente le lac.

En sortant de cette grotte, nous gravissons la montagne, et sur le versant opposé nous arrivons à l'entrée d'une autre caverne nommée « Batala », où je trouvai quelques débris humains.

Le passage est encore obstrué par des roches éboulées; à quelques mètres de l'entrée on entre dans une grande salle qui a contenu beaucoup d'ossements; malheureusement, les éboulements successifs ont presque entièrement recouvert le sol et je ne puis trouver que quelques crânes.

J'étais en train d'y « grabeler » la terre, quand le sol trembla ; j'ordonnai alors à mes hommes de sortir sans leur dire la cause, et je les rejoignis aussitôt.

Occupés qu'ils étaient à déplacer des roches, ils n'avaient pas ressenti la secousse, légère d'ailleurs, car, pris de peur, ils auraient pris la fuite, et, pour éviter de recevoir une roche sur le dos, ils se seraient certainement cassé bras ou jambe en se sauvant au milieu des éboulis.

Un peu plus je devenais moi-même matière à découverte ultérieure.

Une demi-heure après, je continuai les fouilles; au fond de la grotte, je découvre une petite ouverture conduisant dans une autre salle beaucoup plus vaste que la première : la moitié de la voûte s'est effondrée, et on peut voir le haut de la montagne et les arbres penchés sur l'abîme retenus seulement par leurs racines.

Treize crânes en assez bon état, mais sans mâchoire inférieure, et des débris de *tibors* portant des dessins en relief, telle fut ma récolte dans la grotte de Batala.

« Est-il vrai, me dirent les habitants de Santa-Cruz, notamment deux curés indiens, lorsque je revins chargé de crânes, est-il vrai que vos crânes soient marqués de la croix? En ce cas c'étaient des têtes de chrétiens. » Ce qu'ils prenaient pour la croix, c'est le dessin formé par les sutures crâniennes.

Pour les dissuader, il faut leur montrer une tête d'adulte et leur faire voir que la croix n'existe pas.

Comme l'un d'eux, le padre *Léon Recalde*, Indien de pur sang, n'avait pas l'air convaincu, je me fis apporter par Samy une tête de singe, et, lui montrant qu'elle avait le même signe, je lui dis : « Eh bien, padre, si vous supposez que cette marque appartient exclusivement aux crânes de chrétiens, le singe l'est aussi. » Tous les Indiens présents de rire, et le padre Recalde de s'en aller fort vexé.

Le 8 mai, nouvelle excursion de quelques jours à l'est-sud-est de Santa-Cruz. A la sortie de la ville, la route est assez belle, mais à 2 kilomètres de là le chemin est à peine tracé; le temps est beau, et le terrain assez ferme, seulement il faut bien faire attention aux crevasses. A 6 heures du soir, nous arrivons à Bonléu, hameau peu éloigné de grottes que l'on m'a fort vantées. Dès le matin, nous gagnons la montagne et nous arrivons aux grottes de Sileau, mais ce ne sont que des cavités, où il faut parvenir en grimpant comme des singes.

Après deux heures de fouilles, je me retire avec deux petits vases en terre brute, de forme gallo-romaine. Quelques débris de cercueils me prouvent que ces grottes étaient un véritable cimetière et que nombre de squelettes ont été anéantis là, comme ailleurs, par les éboulements.

Nous redescendons, et, après avoir contourné la montagne, où nous trouvons plusieurs cavernes très profondes, mais vides, nous voici enfin à la grotte de Pamine-Taan, où je n'ai perdu ni mon temps ni ma peine.

Au premier abord, elle ne me disait rien, cette caverne.

L'entrée est une espèce de trou bas. En m'y glissant parmi les roches d'avenue, je me trouvai devant une file de cercueils posés les uns sur les autres.

Enfin voici donc une grotte funéraire intacte!

Avant de rien déplacer, j'invite M. Fochs, qui m'accompagne dans toutes mes courses, à voir en quel état sont les choses, et je défends aux autres assistants de rien toucher. Je me réserve la tâche et le plaisir de la découverte.

Je fis d'abord main basse sur les cercueils de l'entrée, puis j'attaquai ceux de l'intérieur, placés, comme je l'ai dit, les uns sur les autres, dans toute la largeur du couloir, qui est de 1 m. 70. Derrière les cercueils étaient de grandes urnes contenant aussi des squelettes.

Je tâchai d'enlever les cercueils sans en laisser tomber les ossements, mais je ne pus réussir que pour quelques-uns; chaque cercueil complet fut tiré hors de la grotte, et je pus les examiner à loisir. Le plus grand n'avait pas 90 centimètres de long ; sa largeur était de 20 centimètres et sa hauteur de 15 centimètres. Les ossements étaient les uns sur les autres, sans ordre ; presque tous les cercueils

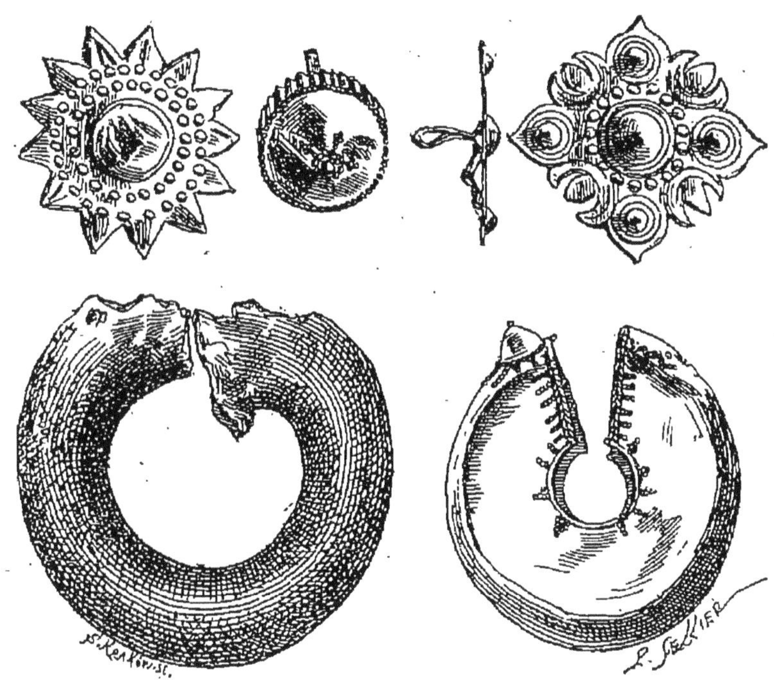

Bijoux en or trouvés dans les cercueils de Pamine-Taan.

renfermaient un squelette et deux crânes, dont l'un devait avoir appartenu à un enfant de huit à douze ans.

Parmi les ornements qui furent ici mon butin, j'ai trouvé des bracelets curieux, assez semblables à ceux que j'avais précédemment recueillis dans les cavernes de l'îlot de los Tres Reyes : l'un est en spirale comme le bracelet serpent de nos élégantes ; d'autres sont percés, comme si on les avait portés suspendus aux oreilles ou au cou ; l'un d'eux est en écaille de tortue fondue.

Quelques ornements sont en or, tous formés d'une feuille d'or très mince et représentant des boutons ou des étoiles avec dessins repoussés. Ces feuilles d'or étaient placées dans l'orbite ou dans le nez. Très peu de perles, soit que les eaux les aient entraînées, soit que la chose fût rare à l'époque.

Plusieurs auteurs ont pensé que ces grottes avaient servi à l'inhumation directe des individus dont on retrouve ainsi les restes, mais il n'en est rien. L'exiguïté des cercueils, la façon dont les os sont mélangés, la position du crâne contredisent cette manière de voir. La mâchoire inférieure est placée au fond du coffre et le crâne en un autre point.

Une autre preuve de la translation des sépultures dans les cavernes, c'est que souvent l'intérieur du crâne est rempli de terre dans laquelle on trouve des perles, des feuilles d'or et des dents [1].

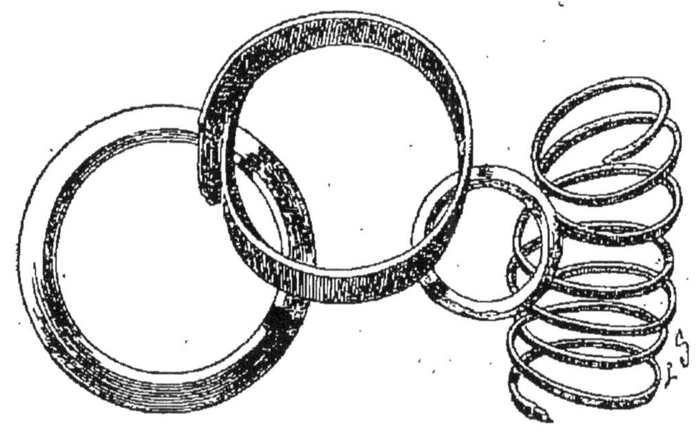

Bracelets trouvés dans les cercueils de la grotte de Pamine-Taan.

Parmi les ossements, je trouvai des plats, des assiettes, de petits vases et flacons, les uns en terre vernie, d'autres en terre émaillée et craquelée, et d'autres encore en porcelaine.

Fait assez singulier! pas un des objets ne ressemble à

1. De retour en France, j'acquis de nouveau la preuve que les cavernes avaient servi à l'inhumation des restes des individus et non à leur ensevelissement direct. La cavité crânienne de plusieurs des pièces que je rapportais était pleine de terre englobant des plaques d'or, des dents d'adultes, limées suivant la coutume locale, des dents de jeunes sujets et quelquefois des phalanges des doigts de la main ou du pied. Le tout avait été entraîné dans le crâne par les pluies alors qu'il était exposé aux intempéries; pareille chose ne pouvait avoir lieu dans la grotte.

l'autre; tous, quoique se rapprochant beaucoup, ont des différences de forme, de dessin ou de matière.

Quand j'eus enlevé la rangée de coffres, je me vis devant de grandes urnes scellées dans le sol.

Urnes trouvées dans la grotte de Pamine-Taan.

Je retirai en toute hâte les cercueils placés dessus, et, avec mon couteau de chasse, je me mis à desceller les urnes.

Sur la plupart de ces pièces l'orifice était agrandi pour permettre d'y introduire le crâne. Une assiette ou un plat cassé servait à obturer le tibor afin d'empêcher l'eau de le remplir. Toutefois le contenu de plusieurs d'entre eux avait été littéralement désagrégé sous l'influence de l'humidité.

Quelques urnes étaient cassées, mais je fus assez heureux, le second jour, pour desceller la plus belle sans avarie. Elle est en terre vernie, à l'exception de la base, qui est brute; elle a pour ornement deux dragons lançant des flammes par la bouche et dont le corps est celui d'un serpent à grosses écailles, muni de quatre pattes ayant chacune quatre doigts. Ce vase est certainement la plus belle pièce de ma collection, exposée au Trocadéro; il a surtout l'avantage d'être unique et parfaitement conservé. J'en ai pris soin comme d'un enfant; je le plaçai dans un panier spécial, que deux hommes étaient chargés de porter. De la grotte à Manille, il m'a bien coûté 150 francs de transport, mais j'ai pu le rapporter aussi intact que je l'avais trouvé.

Je retirai du même antre d'autres vases en terre brune et noire, vernis sans dessins, contenant les mêmes objets que les cercueils, mais généralement d'une nature plus précieuse; chaque urne enfermait de deux à quatre ornements en or, et les perles y étaient moins rares. On en peut conclure que ces urnes étaient le dernier asile de rois ou, pour dire plus modestement, de chefs quelconques.

Je rencontrai fort peu de cuivre, un ou deux ornements, des boucles d'oreilles probablement, et un seul anneau.

Comme armes, je ne recueillis qu'une espèce de lame de couteau en fer, qui, rongée par la rouille, s'en va par petites lamelles, un autre instrument qui me parut être un fer de hache, une espèce de pointe de lance en bois, plus un bâton qui put être une lance.

Dans toutes les encoignures de cette grotte de Pamine-Taan je trouvai des cercueils en assez grand nombre qui n'avaient pas encore servi, selon toute probabilité; les uns, à l'abri de l'eau, contenaient des amas de feuilles et avaient dû servir de nids à quelques rongeurs ou à des chauves-souris. En avançant vers le fond de la grotte, je trouvai l'entrée d'un couloir très bas et je dus m'allonger à plat ventre pour continuer mes fouilles : je ne trouvai là qu'un cercueil vide.

Cette bienheureuse caverne de Pamine-Taan m'occupa trois jours.

Pendant toute la durée des fouilles, mon ami M. Fochs

m'aidait dans la caverne, tandis que M. Bergara, au dehors, recevait tout ce que nous faisions emporter par nos hommes et dirigeait la confection de nos repas.

Comme les crânes trouvés à l'îlot de los Tres Reyes, ceux de la caverne de Pamine-Taan sont déformés. J'en ai rapporté environ quarante, la plupart munis de leur maxillaire inférieur, et une douzaine de squelettes plus ou moins complets.

A Pamine-Taan succéda Macayan, quand, après mille pourparlers, je pus me faire accompagner de mes hommes : ayant travaillé trois jours pour moi à Pamine-Taan, au prix de quatre réaux (deux francs cinquante centimes) par jour, ils se trouvaient bien trop riches et né voulaient plus rien faire.

A la caverne de Macayan on entend pendant les orages les esprits jouer de la musique, chanter, sonner les cloches. Ainsi dit la légende. Cette grotte a des salles immenses descendant à de grandes profondeurs. De la voûte descendent des lamelles de stalactites qui, frappées, imitent quelque peu le son d'une cloche; j'en tirai des sons divers, assez harmonieux. Au sortir de la grotte, à l'entrée de laquelle était en faction M. Bergara, celui-ci me conta comment il avait parfaitement entendu mon harmonie, qui, répercutée par les parois de la caverne, adoucie par la distance, répétée par les échos, lui avait paru semblable au bourdonnement de cloches lointaines. A ce bruit, ses hommes avaient été frappés de terreur : ils nous croyaient aux prises avec l'Asuan, et il ne lui fut pas facile de les retenir auprès de lui.

Cette visite, sans être fructueuse comme celles des jours précédents, me donna cependant cinq crânes déformés. Je trouvai aussi des débris de nombreuses poteries, cassées autrefois par les indigènes, qui les supposaient remplies d'or.

De retour au campement et après un déjeuner plus que frugal, les vivres étant presque épuisés, MM. Fochs et Bergara reprirent le chemin de Boac, où je rentre enfin, le 14 mai au matin, après de nouvelles recherches infructueuses de divers côtés.

Quarante hommes emportèrent mon butin à Santa-Cruz, lieu de l'emballage provisoire, puis de Santa-Cruz à Boac.

Une heure après mon retour à Santa-Cruz, ma case est littéralement prise d'assaut; c'est à qui verra les trésors que j'ai réunis, personne n'a de doute à cet égard. Pour dissiper ces bruits absurdes et qui m'ont été très nuisibles, je permets à tout venant de regarder, et parmi les plus curieux j'avise le padre Recalde. Il était convaincu que le plus beau des tibors était rempli d'onces d'or.

J'appris plus tard que cet abruti, je ne puis employer d'expression plus juste, avait pris une quarantaine d'hommes pour aller saccager une autre grotte où personne, d'après son ordre formel, n'avait osé me conduire. On avait brisé tout ce qu'elle contenait, sans y trouver trace de trésor. J'aurais pu, si ce vandale ne s'était pas trouvé sur ma route, faire là une aussi ample et riche récolte que dans la grotte de Pamine-Taan.

Le 14 mai, dès 3 heures du matin, je quittais Santa-Cruz avec quarante porteurs sous la conduite de Samy, de mon chasseur, et d'un alguazil spécialement chargé de surveiller les porteurs.

Tout alla bien jusqu'au jour; nous avions dépassé les parties montagneuses de l'île et dangereuses pour mes collections. On fit halte pour le déjeuner, et, après une heure de repos, je donnai le signal du départ dans le même ordre. Puis, piquant des deux, je continuai seul ma route vers Boac. Le chemin serait assez facile, n'était cette maudite rivière qu'il faut traverser de 14 à 16 fois et que les pluies de ces deux derniers jours ont considérablement grossie.

Heureusement mon cheval a le pied assez sûr et nage bien; j'en suis quitte pour une série de bains qui ne sont pas trop désagréables, la température étant très élevée. A 8 heures du matin, j'étais à Boac, où mes hommes me rejoignirent à midi. Là, je consignai la porte aux importuns, ne voulant pas abuser de l'hospitalité de M. Bergara; j'emballai incontinent toutes mes collections, qui purent attendre ainsi, à l'abri et en sûreté, l'heure du départ.

Mon succès à Pamine-Taan me grisait; je ne rêvais que

nouvelles fouilles : le 15 mai, je suis aux grottes de May-Igi et de Padere, aux environs de Boac; insuccès complet, malgré l'optimisme absolu des renseignements donnés par les indigènes; le 19, je vais par mer à Saint-André, dans le nord de l'île; c'est un petit port très sûr, fermé par des îlots qui permettent aux bateaux de se mettre à l'abri des gros temps. Arrivé à la nuit avec ma banca, le *teniente* [1] du bario [2] de Balinakan vient me chercher et me conduit dans sa case, assurément la plus belle de l'endroit.

Dans le petit port de Saint-André, il n'y a que deux ou trois goélettes en réparation; les autorités reculent devant les frais d'une route de cet endroit à Boac ou à Magpage, et pourtant c'est le seul point de la côte ouest de l'île où il y ait un port.

Le soir, après dîner, je fis rassembler tous les habitants du village et je promis deux piastres à celui ou à ceux qui m'indiqueraient des grottes funéraires.

Cette offre aussi imprévue pour des gens qui gagnent au plus douze sous par jour excite toutes les convoitises et délie toutes les langues. Il n'est pas un indigène qui ne connaisse quelque grotte ignorée des autres où il me guidera directement, sans hésitation. C'est à qui sera le plus vantard. Tous veulent parler à la fois. Dans une grotte, les habitants mangent dans de la vaisselle d'or et d'argent les jours de fête, etc. Je finis par ne plus rien y comprendre, et j'ajoute, pour tarir le flot d'explications, que les deux piastres ne seront remises qu'après les fouilles.

Les indigènes de s'écrier que, si les squelettes ne sont plus là à mon arrivée, c'est la faute aux esprits jaloux, à l'Asuan, qui ne veulent pas qu'on pénètre chez eux.

« Arrangez-vous avec l'Asuan, leur dis-je, puisque Asuan il y a; les piastres après les squelettes. »

Tout à l'heure il y avait vingt guides; après ma réponse, personne ne se charge plus de me conduire. Les grottes sont donc vides, mais je veux quand même les visiter, y

1. Adjoint.
2. Hameau, bourg.

glaner peut-être quelque chose, et je promets une demi-piastre à celui qui m'indiquera une grotte.

A entendre constamment les indigènes parler des esprits bons et mauvais, de l'*Asuan* ou d'autres, on pourrait se croire dans un pays franchement idolâtre ; il n'en est pourtant rien : ils sont tous catholiques, mais d'un catholicisme relatif, ayant conservé sur les esprits toutes les croyances de leurs ancêtres.

Du reste, tous les curés indiens, à de rares exceptions près, enseignent concurremment les deux religions, et quelques *fraïles* espagnols se disent que cela pourrait bien être vrai et qu'il n'y aurait rien d'étonnant à ce qu'il y eût des esprits et des revenants dans ces contrées, puisqu'en Espagne et en Europe beaucoup de gens sont persuadés qu'il en existe.

Cela dit à la décharge des indigènes, je dois avouer que j'ai souvent envoyé les esprits à tous les diables.

Je visitai donc le 20 mai sept grottes dans lesquelles je ne trouvai que des débris de poteries.

Le 21, nouvelle exploration dans cinq grottes sans plus de résultats. C'est réellement décourageant.

Une seule de ces grottes mérite une description. L'entrée en est située au sommet d'une petite montagne calcaire de 300 mètres d'altitude, et on y accède par un puits peu profond où je fis descendre tout le matériel nécessaire et préparer le déjeuner, car il y avait cinq heures que nous marchions sous un soleil brûlant, et les hommes, fatigués et à jeun, étaient heureux de trouver enfin un peu d'ombre et de fraîcheur.

Pendant que le déjeuner est en train, je pénètre dans la partie éclairée de la grotte ; à quelques pas de l'ouverture, je me sens suffoquer ; mais, mettant cette légère indisposition sur le compte de l'ascension que nous venons de faire, je n'y prête aucune attention ; seulement, quand je veux allumer ma lanterne pour aller plus avant, toutes mes allumettes s'éteignent après avoir jeté une lueur faible et terne.

Enfin, me retirant près de l'entrée, j'allume trois bougies et m'avance avec deux hommes dans l'intérieur, mais après quelques pas nos lumières se mettent à vaciller, la flamme bleuit, et enfin elles s'éteignent et nous sommes dans l'obscurité.

Je recommençai six fois l'expérience, et je ne pus réussir à conserver la lumière allumée.

Je dus faire une torche avec de l'herbe sèche pour pouvoir aller à une distance de vingt pas ; là, je fus arrêté par un précipice dans lequel je jetai un morceau de ma torche, et il s'éteignit de la même façon que mes bougies dès qu'il fût arrivé au fond.

Il va sans dire que les indigènes m'avaient tous abandonné. Samy seul était resté à mes côtés.

Voyant que je ne pouvais garder de la lumière, je revins à l'entrée avec un fort mal de tête, tandis que Samy se plaignait d'étourdissements, qui du reste se dissipèrent promptement dès que nous fûmes revenus au grand air.

Cette grotte ne doit pas constamment rejeter des vapeurs asphyxiantes, puisque, à quelques pas dans l'intérieur, j'ai trouvé un nid d'hirondelle, vieux il est vrai, mais qui a été néanmoins construit à une époque où l'air de cette caverne était respirable.

De toutes les grottes que j'ai visitées c'est la seule où j'ai observé pareil phénomène, mais à plusieurs reprises les indigènes m'avaient assuré que les esprits éteignaient leurs torches sans qu'ils sentissent le moindre vent.

N'ayant pas avec moi un appareil qui me permît de prendre des échantillons de gaz, je n'ai pu savoir exactement si j'avais affaire à de l'acide carbonique ou à tout autre gaz incomburant. Toujours est-il que les dires des indigènes et ce qui m'est arrivé ce jour-là me portent à penser qu'il y a là une quantité d'acide carbonique considérable.

Le soir, après plusieurs courses inutiles, je rentrai à Boac. Cette petite ville est toujours en fête. A mon arrivée, je trouvai une invitation à un mariage, faite dans toutes les formes. Le surlendemain, nous allons faire notre visite au futur et porter nos cadeaux à la future, car la coutume veut que chaque invité fasse son cadeau, soit en nature, soit en argent. Comme il s'agit d'un mariage dans une riche famille, les cadeaux sont tous en nature. Le jour suivant, les parents du marié viennent nous chercher, MM. Bergara, Fochs et moi, musique en tête, pour nous conduire à l'église.

La cérémonie se fait comme partout, si ce n'est qu'au moment de l'élévation la musique joue l'air national espagnol, comme c'était, du reste, spécifié sur les lettres d'invitation. En sortant de l'église, on se réunit pour prendre une légère collation, et, pendant les préparatifs, on se met à danser.

J'ai déjà expliqué le cérémonial usité dans ces agapes; je dirai simplement que la fête, bal et festin, s'est terminée le lendemain pour ceux qui aiment la danse.

Le 30 mai, visite à des cavernes point trop éloignées de Boac et à une prétendue mine d'or qui est une mine de cuivre. Notre suite est toujours fort nombreuse.

Quatre heures de marche nous conduisent au fond d'un ravin où se trouve la mine, qui, avec quelques bons travaux, serait peut-être productive, mais ici personne n'est assez hardi pour en entreprendre l'exploitation, ni pour avancer le capital nécessaire.

Le 2 juin, nouvelles recherches; il pleut à torrents, et, après plusieurs heures de marche à cheval, nous devons abandonner nos montures, qui n'avancent que difficilement sur un terrain détrempé, glissant. Nous sommes même obligés de quitter nos vêtements trop imbibés et d'aller en caleçon, comme nos Indiens. A midi nous sommes au pied d'une roche madréporique à pic, de 70 mètres de haut, dans les flancs de laquelle sont cinq ou six grottes. Dans les plus basses je trouve un crâne recouvert d'une mince couche de stalagmite et une petite gargoulette cassée.

Nous mettons près d'une heure à faire l'ascension de cette roche, au sommet de laquelle est une voûte élevée qui la traverse entièrement. De là on aperçoit plusieurs couloirs d'un accès difficile. Dans l'un d'eux il y a des débris de cercueils et de tibors.

La descente s'opère sans accident fâcheux.

A quelques jours de là, je fus plus heureux au voisinage de Gazan.

Sur un petit monticule qui borde le rivage de l'île, des terrassiers travaillant à la construction d'une nouvelle route avaient trouvé des vases funéraires. Sur une surface de quelques mètres ils découvrirent cinq vases, qu'ils s'empressèrent de briser, toujours dans l'espoir d'y trouver quelque trésor.

Heureusement ils ne songèrent à chercher ni à droite ni à gauche. Lors de ma première fouille, opérée à gauche du chemin, ainsi que je l'ai exposé déjà, je n'avais récolté que deux urnes brisées et des crânes tombant en poussière.

Cette fois, pendant sept jours de suite, les travaux furent exécutés à droite du chemin, du côté de la mer. Les deux premiers jours, pas la plus mince découverte ; le troisième jour, on retrouve la trace d'enfouissements, et deux vases de terre, aux parois extérieures unies comme celles des premières découvertes, et contenant chacun un crâne, un petit tibor et quelques perles.

Le quatrième et le cinquième jour, ayant fait débroussailler du côté de la mer, on met à jour une urne décorée d'un double serpent en relief ou dragon à quatre pattes.

Le sixième jour, je fais arracher quelques petits arbres et je découvre au-dessous des racines une urne contenant deux crânes, dont un d'enfant, quatre anneaux de bronze, une grande quantité de petites perles et deux ornements en or en forme d'étoile.

Le septième jour, mêmes recherches : une autre urne était encastrée entre les racines d'un grand arbre. Pour la retirer, je dus le faire abattre. Sur cette dernière urne même dessin en relief que sur les précédentes. Elle a pris place maintenant au musée de Madrid, ainsi que quelques crânes et des échantillons de l'industrie des populations dont je retrouvais les sépultures.

Je me suis trouvé exposé dans cette série de recherches à toutes les duperies que les mensonges des naturels pouvaient imaginer ; connaissant leur travers irrésistible et la facilité extrême avec laquelle ils débitent sérieusement leurs contes, j'ai évité, autant que possible, de tomber souvent dans le piège, mais je n'ai pu toujours éviter les longues courses à la recherche de grottes hypothétiques fermées par l'Asuan avant mon arrivée, et qui n'existaient le plus souvent que dans la cervelle des indigènes.

De plus, si nous touchons les Pastores, l'Asuan fera pleuvoir. Leur ayant fait remarquer que nous n'avons rien touché, je leur annonce cependant, grâce aux indications de mon baromètre, qui n'a cessé de descendre depuis le matin, que nous aurons de la pluie avant quelques heures. Deux heures plus tard, pluie torrentielle pendant une heure environ.

Ainsi le 14 juin, mon ami M. Berdote et moi nous partions pour visiter dans l'est de l'île des grottes où abondaient idoles, ossements, tibors, cercueils, etc. Deux hommes de confiance (il fallait en avoir une fameuse dose pour les croire), envoyés la veille en éclaireurs, confirmaient de la façon la plus péremptoire les renseignements pris antérieurement. Arrivés au lieu dit, plus rien, une grande roche perpendiculaire. M'être ainsi déplacé pour rien me rend furieux. Je ne pus que traiter ces gens comme ils le méritaient avec un morceau de bejuco; quelques mots bien sonnants du vocabulaire espagnol auraient été assurément insuffisants.

Le même jour j'eus une nouvelle preuve de leur entêtement à mentir et à soutenir une chose qu'ils ont une fois avancée. On m'avait assuré qu'il y avait dans l'île une tourterelle *coup de poignard* qui, au lieu d'avoir la poitrine gris cendré foncé, était toute blanche.

J'avais promis une piastre à celui qui m'en apporterait une; un de mes porteurs m'annonce au cours de notre excursion qu'un Indien en a une blanche de la même race, mais qu'il en demande deux piastres; je me fais conduire à la case pour voir l'oiseau. Parvenu là, je fais appeler le possesseur de la tourterelle, et, sur sa réponse affirmative, je lui dis de me la montrer. C'est une tourterelle grise de l'espèce ordinaire de ces régions, et, sur mon observation, il répond sans s'émouvoir : « Tiens, vous avez raison, elle est grise. » Chez ces indigènes, le mensonge est affaire de race.

Revenu à Gazan, je m'occupai du périple de l'île, que je projetais dès le commencement de mon séjour à Marinduque. La barque dont j'avais besoin fut assez vite trouvée

Fétiches trouvés à Pamine-Taan.

et louée ; mais le plus difficile était d'engager neuf hommes d'équipage, patron compris.

Les premiers auxquels je propose la chose trouvent le travail trop dur ; de plus, nous sommes en pleine fête, me répond l'un d'eux, et un Indien ne peut pas ne pas assister à la fête du corpus. Mais il y a un autre motif à cette inertie des naturels. Il y a quelques jours, le curé du village a dit en chaire aux Indiens « qu'ils feraient bien mieux d'aller à confesse que d'aller courir avec l'étranger à la recherche de crânes et de squelettes ». Et ce curé prétend être mon ami!!!

Enfin, le 24 juin, grâce à M. Berdote, qui m'accompagne dans cette excursion, nous pouvons partir, mais seulement avec les deux tiers de l'équipage, que nous espérons compléter en route.

Nous contournons l'île par l'est et, avec le calme plat, nous sommes obligés de naviguer à l'aviron.

Nous atterrissons plusieurs fois dans la journée, mais sans rien trouver de convenable; partout des débris de vases funéraires et d'ossements, rien d'entier.

D'après les on-dit, il y avait jadis de nombreux crânes dans les grottes, mais un Indien, possesseur de grands troupeaux, eut l'idée de placer autour de ses prairies des crânes plantés sur des perches, afin d'en éloigner les mauvais esprits, et il dévalisa toutes les sépultures.

Le 25, au matin, nous abordons au Castillo de Figui.

A 1000 mètres du rivage, en défrichant une partie de la côte, on a trouvé enterrés des plats, des vases, etc.

J'ai pu me procurer trois de ces plats; la journée se passe à faire quelques fouilles et à parcourir les environs; on me mène voir la *Natalum Batu*, pierre qui pleure, et les grottes d'Antipolo, où l'on voit *los Pastores*, petites statues en bois, sorte de fétiches anciennement très répandus et auxquels on croit encore aujourd'hui.

J'en retrouvai encore deux, mais très mal taillés, ne représentant qu'imparfaitement la forme humaine.

Le 26, nous continuons notre route et nous visitons, toujours sans résultats, les grottes de Manochœ et de Salombog.

Le 27, après avoir atterri à Balakassa, je pus prendre dix crânes, quelques morceaux de tibor, ainsi qu'un très grand plat, malheureusement cassé, dans la grotte de Lugukan.

Le reste de la journée fut perdu en courses inutiles.

Toutes ces terres, montagnes et grottes, d'origine madréporique, ont le même aspect.

Le 28, nous allons à Toriros.

Le 30, nous poussons jusqu'auprès de Bonleu, à un kilomètre de Pamine-Taan.

Dans mes courses je découvris seul plusieurs grottes et excavations qu'on avait refusé de me faire connaître; sous le sol, couche épaisse de guano, je découvris des débris de poteries et deux cercueils sculptés : sur le couvercle de l'un d'eux se voit, taillé en plein bois, un iguane à la queue dentelée ; sur l'autre sont représentés deux iguanes se tournant le dos et dont les têtes, dépassant le couvercle, servaient de poignées pour porter le cercueil. Le 3 juillet, nous arrivons, après deux jours et deux nuits de navigation, à la petite île de Moupon, dont les grottes ne renfermaient que des débris peu nombreux; mais mes chasseurs y trouvèrent des œufs de tabun (Megapodius) de deux grosseurs différentes.

A 4 heures, nous mettons le cap sur la baie de Santa-Cruz ; un vent furieux nous pousse, et nos marins perdent la tête. Le pilote se place à l'avant pour reconnaître la passe, car la pluie tombe tellement intense qu'il est impossible de distinguer quoi que ce soit à dix brasses de distance.

Au moment où le timonier demande si nous sommes bien dans le chenal, et que le pilote lui répond affirmativement, nous arrivons à pleines voiles sur un banc de gravier où nous sommes presque à sec, bien heureux de n'être pas coulés sur place.

A 6 heures, notre embarcation peut reprendre la mer, et nous allons débarquer à Santa-Cruz, au milieu des bancs de vase. Le temps devenu de plus en plus mauvais, nous nous attendons à une *nortada*. Je fais débarquer mes collections pour les envoyer par terre à Boac, où je me rends par la même voie.

Le 4, de retour à mon quartier général, je m'occupai immédiatement à rassembler toutes mes collections, afin de profiter du courrier, qui devait passer d'un jour à l'autre.

Le 5, la nortada se déchaîne avec violence; la rivière déborde; tout ce qui était à la mer est jeté à la côte et brisé.

Le 6, j'appris que mon embarcation, jetée dans un champ

de riz, n'avait subi aucune avarie sérieuse. Mes hommes s'étaient attardés en route pour leurs propres affaires, et, à leur arrivée, ils n'hésitèrent pas à me demander 10 piastres comme payement des hommes et des carabaos nécessaires pour remettre le canot à flot.

Le 12, je pris congé de mes amis de Marinduque et m'embarquai pour Manille, où j'eus la bonne fortune d'apporter mes collections intactes, et je ne tardai pas à transformer en un ossuaire l'habitation de mon hôte et ami, M. Warlomont.

Je quittais Marinduque avec regret : j'y avais fait de fort belles collections, mais j'y laissais de véritables amis, les trois Espagnols MM. Fochs, Bergara et Berdote. De plus, j'avais trouvé chez les Indiens notables du pays une grande affabilité et un empressement peu usité à me procurer tout ce dont je pouvais avoir besoin ; dans cette petite île, les Indiens d'une certaine caste ont l'éducation plus relevée que la moyenne de la population aux Philippines.

# CHAPITRE XI

## CATANDUANES — RETOUR EN EUROPE

Après Luçon et Marinduque, l'île de Mindoro devait, d'après le plan de ma misssion, être l'un des terrains que je voulais explorer.

Dans les premiers jours du mois d'août, je me disposais à rejoindre le docteur de la province, qui devait être mon compagnon de voyage. A ce moment, j'appris que le chef-lieu de l'île venait d'être détruit de fond en comble par un incendie. En cet état de choses, je devais m'attendre à ne trouver ni serviteurs, ni porteurs disponibles pour m'accompagner dans l'intérieur ; je pris le parti de gagner l'île de Catanduanes, où un des deux Espagnols qui l'habitent m'assurait avoir vu des cavernes renfermant des ossements.

L'île de Catanduanes se trouve dans l'océan Pacifique, sur la côte est de Luçon, à 12 milles de la pointe extrême de cette île.

En grande partie madréporique, elle a surgi à la suite d'une éruption volcanique ; sa plus grande longueur ne dépasse pas 42 milles, et, dans sa partie la plus large, elle atteint à peine 18 milles.

On y rencontre des traces de cuivre, et une des rivières qui l'arrosent, au dire des habitants, charrierait des paillettes d'or.

Sur les côtes on pêche quelques huîtres perlières, mais il est rare d'y rencontrer de belles perles ; elles sont généralement très petites.

L'abaca est le seul produit que l'on puisse exporter; le riz n'y est pas très abondant; quelques navires viennent, à de longs intervalles, y charger du bois de construction.

Le 22 août, après avoir essuyé une forte tempête, je débarquai à Tabaco, sur la côte de Luçon, attendant une occasion pour me rendre à Cantaduanes. Le passage, quoique relativement court, n'est praticable que pendant quelques mois de l'année; la route de retour est souvent fermée pendant quatre ou cinq mois. En ce moment le Pacifique est mauvais et la traversée scabreuse, surtout avec les embarcations dont on peut disposer.

Enfin, le 25 août, après marché fait avec le patron d'un *prao* qui doit me transporter, ainsi que mes bagages, je puis lever l'ancre à 10 heures du matin : la mer est grosse et le vent assez fort; que nous réserve ce temps?

Mes hommes ne demanderaient pas mieux que de rester à Tabaco, qui représente pour eux le paradis, car ils n'ont rien à faire et sont nourris jusqu'au retour.

Au sortir de la baie, une saute de vent manque de nous faire chavirer et casse toutes nos manœuvres.

L'avarie réparée rapidement, nous filons vent arrière sur l'île, mais le patron me prévient qu'il ne pourra pas, selon toute probabilité, aborder à Birac, comme nous en étions convenu, et qu'il fera son atterrissage où le vent le portera.

A 2 heures, nous avons fait 30 milles et nous mouillons dans une baie parfaitement à l'abri de la mousson, en face du bourg de Caudon.

Le lendemain, 26, de Caudon j'allais m'installer au village d'Icalolbon ou mieux Taglobon.

A moitié route, je rencontrai une troupe de porteurs conduits par les autorités, qui venaient au-devant de moi, conformément aux ordres qu'elles avaient reçus de l'alcade de la province.

Dès mon arrivée, je prends possession d'une jolie petite case bâtie pour un maître d'école qui n'était pas encore arrivé et qu'on attend depuis longtemps.

Profitant de la proximité des écoles, je mis tous les enfants sur pied pour mener rapidement ma récolte d'insectes et de coquilles.

Le 3 septembre, visite à la grotte Lictine, réputée très dangereuse; les autorités du village ne tenaient pas beaucoup à me voir entreprendre cette expédition, craignant d'être inquiétées par l'alcade s'il m'arrivait quelque accident; très décidé, malgré leurs supplications, à mettre mon projet à exécution quand même, les édiles du lieu prirent le parti de m'accompagner.

Cette caverne se trouve au nord-nord-est du village de Taglobon; en suivant un petit ruisseau coulant au fond d'une vallée qui se rétrécit de plus en plus, on arrive au pied de la montagne.

L'ouverture se trouve à 50 mètres d'altitude; l'entrée, obstruée par un mur en pierres sèches dans lequel on a ménagé trois ou quatre embrasures, est très haute et a 15 mètres de largeur.

C'est là que se retiraient les habitants à l'époque où les Malais de Bornéo et de Soulou venaient faire leurs incursions.

Derrière la muraille il y a une grande salle, haute et spacieuse, dont les parois sont de formation madréporique.

Le sol, légèrement en pente, conduit à l'est jusqu'au bord d'un immense précipice qu'il faut traverser pour pouvoir aller plus loin; quelques-uns des notables me suivent à contre-cœur, tandis que les autres retournent à l'entrée.

On continue par un large couloir, mais on est bientôt arrêté par un second précipice, plus facile à franchir grâce aux roches qui forment au-dessus une espèce de pont; le terrain est accidenté, mais à peu près sûr.

De l'autre côté on se trouve dans un fort beau couloir donnant accès à plusieurs chambres : l'une d'elles est très belle et éclairée par le haut; continuant la marche en avant, j'arrive dans une vaste salle que mes hommes prétendent être la dernière; nous n'avons plus, selon eux, qu'à retourner sur nos pas.

Je fais faire sans succès quelques fouilles et j'examine en même temps les parois. Dans un coin, j'avise une excavation à peine assez grande pour me permettre de passer. Je me coule par cette ouverture, une torche à la main, et j'arrive dans une autre salle dont une partie s'est écroulée, et ayant accès de l'autre côté de la montagne.

J'appelle alors mes hommes, et grand est leur étonnement de se voir tout d'un coup sortis de la grotte, sur le côté de la colline opposé à l'entrée. Nul « Taclobanais » ne connaissait cette autre ouverture : à peine arrivé, j'étais le Christophe Colomb de la sierra ! « Si le *Castilla*, disent-ils, a trouvé une sortie nouvelle de la caverne de Lictne, c'est grâce à son pouvoir surnaturel : la montagne s'est fendue devant lui. »

Au sortir de la grotte, nous sommes dans un immense entonnoir autour duquel existent plusieurs petites grottes, mais aucune n'a été utilisée pour des sépultures.

Ayant contourné la montagne, nous rejoignîmes nos compagnons, qui nous attendaient impatiemment du côté de l'entrée. En nous entendant les appeler du bas de la côte, leur premier mouvement fut de s'enfuir, et, pendant quelques minutes, ils hésitèrent à s'approcher de moi.

Le 7 septembre, j'allai au nord de l'île visiter plusieurs grottes, mais toujours sans résultat.

Le 20, je pris d'autres guides et partis, toujours au nord de l'île, pour continuer mes recherches ; une petite grotte, presque bouchée par les stalactites, mérite seule d'être visitée : ses mille clochetons et ses fleurs découpées, d'un blanc tirant sur la couleur crème, criblés de paillettes cristallines où se joue la lumière des torches, lui donnent un aspect féerique.

Le 25, je rentrais à mon quartier général, n'ayant récolté que quelques mollusques.

A deux milles de ma case est un banc de roches, recouvert à marée basse d'un mètre d'eau environ ; c'est le banc Teresa, ainsi appelé du nom d'un navire anglais qui s'y échoua en 1834.

C'est, je crois, à ce naufrage que l'on doit la quantité de chevelures rouges ou plutôt jaunes que l'on rencontre seulement dans ce coin perdu. On y remarque, en effet, quelques adultes, dont pas un n'a cinquante ans, et plusieurs enfants qui ont les cheveux rouges et la peau plus claire que tous leurs concitoyens. Le même fait s'est reproduit sur la côte ouest de Mindoro à la suite d'un fait analogue et peut se passer de commentaires.

Le 1er octobre, je quittai Taglobon pour aller à Birac, situé à l'est de ce dernier village ; j'emportais avec moi une belle collection de mollusques, que j'espérais bien augmenter en contournant l'île.

La route qui mène de Taglobon à Birac est assez praticable par le temps sec; ce n'est pas le cas actuellement.

Néanmoins je n'ai pas trop lieu de me plaindre en sortant du village et tant que nous avons à cheminer dans la plaine; mais il s'agit de franchir une montagne qui forme la pointe de Tagïutum; le chemin a été tracé en ligne droite, ou à peu près, et les eaux se sont chargées d'achever les travaux de terrassement.

Dire de quelle façon nous sommes sortis de ce pas difficile me semble impossible; tout ce que je sais, c'est que trois ou quatre fois il nous a fallu déterrer littéralement nos chevaux enfoncés dans la vase jusqu'au poitrail, que d'autres fois ils étaient obligés de sauter d'une roche sur une autre, ce que, du reste, ils pratiquent avec assez de justesse ; ils manquent, il est vrai, très rarement leur saut, et quand, par malheur, cela leur arrive, adieu charge ou cavalier : tout cela va rouler dans le ravin et est relevé souvent en très piteux état. Nous sommes enfin au haut de la montagne, magnifique plateau situé à 250 mètres d'altitude.

La descente s'opère assez promptement et j'arrive sur le bord d'une belle rivière où je trouve don Carlos Plaños installé pour faire une pêche à la *tuba*. Don Carlos me présente à sa femme et à ses belles-sœurs, jeunes métisses sorties depuis peu de temps du couvent de Manille et en l'honneur desquelles est donnée cette partie.

La *tuba* est une espèce de poison que l'on prépare en le faisant bouillir et qui sert à étourdir les poissons.

Une fois la tuba préparée, on va la jeter en amont de la rivière, à une distance assez éloignée d'un endroit choisi, où on a eu soin préalablement d'établir un barrage avec des filets disposés en travers du courant; au bout de quelque temps, le poisson, enivré, monte à la surface, se laisse aller au fil de l'eau et vient se faire prendre par les pêcheurs.

Cette façon de pêcher est quelquefois très fructueuse, mais il n'en fut pas ainsi ce jour-là; néanmoins on prit assez de poisson pour faire un bon déjeuner, qui fut le bienvenu.

Le soir même, j'arrivai à Birac en compagnie de don Carlos et de sa famille, et je dus accepter l'hospitalité chez lui pour ne pas froisser la coutume, qui veut qu'un Européen descende chez un Européen, surtout dans les lieux écartés, où il est très rare d'en voir plus d'un ou deux par an.

Le 4 octobre, au moment d'aller à la grotte de Binaren, je trouve, comme partout, prêts à m'accompagner, non seulement don Carlos et le curé espagnol des Philippines, mais encore une grande partie des habitants du village.

Nous nous dirigeons à l'est, à travers une vaste plaine qui nous conduit jusqu'au pied des montagnes; là nous trouvons entre deux collines un passage des plus pittoresques, mais non des plus commodes.

On appelle ce passage *porte royale de Ilili;* il est resserré entre les flancs de deux coteaux taillés à pic, où, parmi les roches qui semblent suspendues dans le vide, les arbres et les plantes grimpantes mélangent leur verdure; un petit cours d'eau très clair court à travers les roches calcaires.

Nous escaladons le défilé, où les chevaux, quoique très petits, ont de la peine à passer avec leurs cavaliers; cinquante pas plus loin, nous sommes au milieu d'un cirque bien arrosé, où les habitants se livrent à la culture du riz.

Pour arriver à la grotte, il nous faut gravir une petite colline, dont la terre grasse, détrempée par les pluies, rend l'ascension assez pénible.

La première caverne que je visite n'offre rien de particulier; la seconde est beaucoup plus curieuse. L'entrée en est petite et donne accès dans une grande salle circulaire, où aboutissent trois couloirs obstrués par des amas de roches tombées de la voûte, en partie effondrée. Les deux couloirs latéraux n'ont rien de remarquable, mais le couloir central, pratiqué dans d'immenses blocs calcaires, nous mène à une petite ouverture où j'ai de la peine à me glisser. Ce passage me conduit à un vaste entonnoir autour duquel s'ouvrent cinq ou six grottes, petites, mais d'aspect différent.

Au centre de cet espace à ciel ouvert pousse un grand arbre, dont la cime dépasse les parois et se fait voir au sommet du mont.

Personne ne connaissait cet endroit, du reste peu accessible et trop ténébreux pour que les Indiens osassent s'y aventurer.

Je retournai sur mes pas et rejoignis dans la première salle le curé et tous ceux qui n'avaient pas osé me suivre jusqu'au bord du ruisseau, à la porte royale de Ilili.

Le 8 octobre, je trouvai dans la grotte de Tailan cinq crânes, une assiette en porcelaine craquelée à fleurs bleues et un plat de même espèce, mais cassé.

L'assiette avait été ramassée avant mon arrivée par don Carlos, qui me l'a généreusement offerte.

Les cavernes se rencontrent à chaque pas dans l'île : deux de ces grottes servent de passage à un cours d'eau qui vient d'une vallée intérieure très fertile, mais où les indigènes n'aiment pas à s'aventurer.

Le 15 octobre, je m'embarquai sur le cutter de don Carlos, qui allait faire encore un voyage à Tabaco ou à Legaspi, selon le vent que nous aurions.

La saison est très avancée et l'on m'engage à rester jusqu'au retour de la belle saison, c'est-à-dire jusqu'en janvier.

Malgré les mauvais pronostics de mes amis, je prends congé d'eux en les remerciant de leur charmante hospitalité et je pars un peu à l'aventure, sans savoir si les vents ne nous ramèneront pas malgré nous à Catanduanès.

Après trois jours de navigation — et quelle navigation ! — nous parvenons à gagner le port de Legaspi.

Je ne sais et ne saurai jamais comment nous sommes arrivés à terre. Je me suis cru plusieurs fois entraîné au large, et, de ce côté, c'était aller, avec beaucoup de chance, atterrir aux îles Mariannes ou en Amérique; d'autres fois une fausse manœuvre menaçait de nous couler bas. Ajoutez à cela une pluie constante et des rafales de vent à faire sombrer une embarcation plus forte que la nôtre. Enfin, tout est bien qui finit bien.

Mon premier soin, en arrivant à terre, fut de me renseigner sur le passage des vapeurs, et « le premier, me dit-on, n'aura pas lieu avant deux ou trois jours ».

Je loue une calesa, qui me mène en 20 minutes à l'alcadia, où je suis reçu par d'anciennes connaissances, l'alcade de Nueva-Caceres, don Joaquim Beneyto, et son frère.

J'apprends d'eux une triste nouvelle, qui aurait pu avoir pour moi des conséquences désastreuses : je veux parler de l'incendie de l'Escolta, que les dépêches annoncent comme complètement anéantie par les flammes.

Heureusement, le feu n'a pas atteint le bazar Filipino, dirigé par mon hôte et ami M. Warlomont; c'est là qu'après chacune de mes excursions j'étais sûr de trouver bon gîte, bon visage, et les soins que réclamait parfois ma santé après les fatigues que j'avais eu à endurer.

Si le feu avait poursuivi son œuvre destructive dans la rue de l'Escolta, nul doute que toutes mes collections anthropologiques et ethnographiques, ramassées avec tant de peine, eussent été anéanties.

Si l'incendie prit des proportions considérables, cela tient autant au mode de construction des immeubles qu'à l'absence complète de moyens de secours pour se rendre maître du fléau. L'énergie de quelques hommes, le fonctionnement de deux pompes particulières, aidées par celle d'un navire de guerre espagnol, sauvèrent cette partie de Manille d'une destruction plus complète.

Le 25 octobre, j'arrivai à Manille, où je retrouvai mes collections intactes; je n'eus à déplorer que la perte de ma provision de poudre et de cartouches, jetée dans un puits afin d'éviter tout accident.

Le 1$^{er}$ novembre, je m'embarquai, malgré le mauvais temps, pour la Laguna, voulant faire une dernière excursion de différents côtés avant de retourner en Europe.

Les pluies continuelles me retinrent chez le propriétaire de Jala-Jala, mon ami Dailliard.

Revenu à Manille, je partis le 15 décembre, à bord du *Salvadora*, pour la belle France, non sans regretter un peu les belles Philippines. Je ne leur disais pas : « Adieu ! » mais : « Au revoir ! »

Six jours de navigation par un fort mauvais temps nous conduisent à Singapore.

A l'hôtel de l'Europe, je rencontre plusieurs voyageurs, entre autres M. et Mme Siegfried, qui sont en train de faire le tour du monde, mon ami et collègue Cotteau, qui vient de traverser la Sibérie et qui achève son voyage en visitant l'Inde avant de rentrer à Paris.

J'arrivai à Saïgon juste à temps pour assister à la fête que donnait, à l'occasion de la nouvelle année, M. Le Myre de Villers, gouverneur de la Cochinchine. Tous les voyageurs savent l'intérêt qu'il porte à leurs travaux, qu'il encourage par tous les moyens possibles.

La ville de Saïgon est vaste et paraît à première vue peu habitée, à cause de son étendue; les rues sont larges, et presque toutes les maisons sont entourées de jardins.

M. Corroy, directeur par intérim du jardin botanique, m'accueillit comme un vieil ami.

Le jardin, très vaste, contient une très grande variété de plantes et une immense volière. où se trouvent réunis tous les oiseaux de l'Indo-Chine. Il y a, en outre, quelques mammifères, de superbes tigres et panthères.

Je ne restai que quarante-huit heures à Saïgon; grâce à l'amabilité de M. Le Myre de Villers, je pus faire une excursion en rivière avec une chaloupe à vapeur des contributions indirectes, chargée de la régie de l'opium.

Je ne décrirai pas la Cochinchine, que je n'ai vue, du reste, qu'en partie et très superficiellement; mais on ne saurait trop admirer ces larges bras de fleuves communiquant entre eux par mille petits canaux couverts d'embarcations.

Nous partons le 5 janvier 1882, à 4 heures de l'après-midi, et dans la nuit nous sommes à Mytho, un des grands centres de la Cochinchine ; de grands arbres qui bordent les rues y répandent une ombre épaisse.

Continuant notre route, nous visitons successivement Vinh-Long, Sadec, Caïbé, Can-Lo, Long-Huyen, Thôt-Nôt, O-Môn, Cantho, etc. Le 12, nous étions de retour à Saïgon, d'où je partis le 16 pour la France.

Le 4 février, après une navigation superbe, nous arrivons à Suez, où nous nous heurtons à la direction de la Santé : bien qu'il n'y ait pas eu de choléra à bord et qu'il n'y en eût pas dans nos diverses escales, on nous envoie en quarantaine à Thor, petit port de la mer Rouge.

Nous sommes à peu de distance du mont Sinaï ; nous passons la journée à reconnaître le véritable pic auquel il faut donner ce nom, et à admirer une vaste plaine de sable parsemée de quelques maigres dattiers et de quelques rangées de tentes.

Le thermomètre ne marque que 9° centigr. ; c'est pour nous, et même pour cette région, une température froide ; aussi les Arabes revenant du pèlerinage de la Mecque restent-ils sous la tente.

Le 7, entrée dans le canal de Suez, et, le 13 février 1882, nous arrivons à Marseille, ayant rapidement traversé toute la Méditerranée.

# DEUXIÈME PARTIE

## CHAPITRE XII

### CYCLONES — INNOVATIONS — L'ÎLE PALAOUAN

Un séjour de dix mois en France m'avait permis de refaire ma santé, ébranlée par les rudes épreuves du climat des Philippines. Mais je n'étais pas pour cela resté oisif. Tout en profitant du bien-être que le climat tempéré de la France me donnait, j'avais mis en ordre mes notes et mes collections, j'avais recherché de quel côté devaient se porter mes investigations afin de combler les lacunes de tout ordre.

Je songeai alors à regagner les Philippines, et le 26 novembre 1882 je partais à bord du *Mytho*, transport de l'État, qui me débarquait à Singapore à la fin de décembre.

J'étais de retour à Manille le 14 janvier 1883, après un voyage assez difficile. J'y trouvai la population encore fort émue de l'épidémie cholérique qui venait d'éprouver si cruellement la colonie. L'année 1882 laissera un triste souvenir aux Philippines : outre le choléra, un des plus terribles phénomènes de la nature, qui, à des époques malheureusement trop rapprochées, vient désoler ces régions, un cyclone ou typhon avait fondu le 20 octobre sur l'archipel, ravageant tout sur son passage.

Le 19 octobre 1882, à 3 heures de l'après-midi, le directeur de l'observatoire de Manille [1] s'empressait de prévenir la population que vers le sud-est il y avait menace de *temporal* (ouragan), mais que pour le moment on n'avait rien à craindre à Luçon.

La vitesse de ce météore put être évaluée approximativement à 19 milles à l'heure; cette vitesse n'avait pas été encore observée aux Philippines. Les vieillards eux-mêmes ne se rappellent pas avoir vu un désastre semblable à celui que causa cet ouragan. Destruction presque complète des récoltes, la seule richesse du pays; des milliers de familles et d'ouvriers sans asile et sans travail, ateliers en ruine, telles furent les suites de ce phénomène. Les ravages furent épouvantables. Des villages entiers furent détruits; les habitations construites en planches eurent leurs toits de chaume enlevés en masse. A peine si quelques cases résistèrent. Manille fut particulièrement éprouvée.

A Hermita, un des faubourgs de la capitale, bâti sur les bords de la baie, toutes les constructions légères furent renversées pêle-mêle; des maisons ne conservèrent que le rez-de-chaussée, construit en pierre, et quelques charpentes; le reste, avec le mobilier, fut éparpillé par le cyclone. Les réverbères furent presque tous décapités. Les bâtiments couverts en zinc eurent pour la plupart leurs toits plus ou moins endommagés, et on retrouva dans la campagne des feuilles de tôle tordues, roulées en tire-bouchon. Les rues, pendant l'ouragan, étaient impraticables, et de nombreux accidents vinrent rendre plus pénible cette situation malheureuse. Un domestique de M. Villemer, ayant voulu traverser la rue pour aller voir un de ses camarades, eut le bras coupé net par une feuille de zinc enlevée à une toiture. Il fut impossible d'aller chercher un médecin, et le pauvre garçon mourut après avoir perdu tout son sang, faute d'une simple ligature.

1. L'observatoire de Manille est dirigé par le père Faura, qui, aussi bienveillant qu'instruit, a bien voulu me communiquer le résumé de ses travaux. C'est là que j'ai puisé les renseignements relatifs aux phénomènes météorologiques aux Philippines.

Un faubourg de Manille, après les ouragans d'octobre et novembre 1882.

Les esprits étaient à peine remis des émotions de cette triste journée, et chacun travaillait à réparer les dégâts, lorsque, les 4 et 5 novembre, une nouvelle tempête, moins violente que la précédente, mais pourtant très forte, acheva de détruire ce que la première n'avait fait qu'ébranler.

A peine arrivé, je constate que des innovations très nombreuses et de caractères très divers se sont produites.

La culture du tabac, jusque-là obligatoire pour certaines provinces de Luçon, était libre de toute entrave, ainsi que le commerce de ce produit. Il y aura bien certains droits à payer; mais, pour encourager le développement de cette industrie, devenue publique, le gouvernement a accordé six mois de trafic libre sans aucune espèce d'impôts.

Ce changement donne pour l'instant un grand mouvement à Manille, tout le monde voulant profiter de cette liberté, de ce laisser faire, laisser passer. C'est à qui fabriquera le plus; aussi vous offre-t-on tous les jours des cigares, tous meilleur marché les uns que les autres : seulement, beaucoup sont faits avec de mauvaise paille recouverte de quelques feuilles de tabac.

Outre *tout le monde*, plusieurs maisons sérieuses, non seulement fabriquent les cigares, mais ont établi de grandes plantations dans l'intérieur. Le principal de ces établissements est, sans contredit, celui de la Compagnie générale des tabacs.

A côté des compagnies espagnoles, il y en a de suisses, de belges et d'allemandes.

Les feuilles de tabac sont aplaties par des hommes et des femmes assis autour de tables basses. Pour amincir les nervures, on se sert de galets plats. Le bruit de toutes ces pierres retombant sans trêve sur les tables forme un roulement qui rend le voisinage de quelques maisons impossible, et ceux qui visitent la fabrique restent assourdis pendant plusieurs heures.

Les Philippines, entrées depuis 1870 dans une période de progrès très marqué, semblent vouloir en accélérer encore la marche, en donnant plus de liberté au commerce, en le dégrevant des charges, des vexations qui en arrêtaient l'essor, et aussi en essayant de doter le pays de lignes ferrées reliant les plus riches provinces de Luçon à la capitale [1].

Jusqu'à présent, bien que l'on ait mis à deux reprises différentes la principale ligne, de Manille à Dagupan, en adjudication, il ne s'est pas présenté de capitalistes acceptant les conditions du cahier des charges; il n'y a encore (1885) qu'une seule ligne de tramways qui dessert l'un des faubourgs de Manille.

Un autre projet d'une grande importance, la création d'un port fermé à Manille, a déjà reçu un commencement d'exécution. Les navires du plus fort tonnage trouveront un abri sûr dans les bassins et pourront s'y réparer, au lieu de retourner à Hong-Kong ou à Singapore, les chantiers les plus rapprochés et bien outillés.

Un autre progrès, dont le besoin se faisait impérieusement sentir, a été la construction d'un château d'eau qui distribue l'eau potable dans la ville. Cette eau vient d'une petite rivière située à quelques lieues de Manille. Amenée par une machine élévatoire sur une petite montagne dans laquelle on a creusé des réservoirs, l'eau arrive de là à Manille par une canalisation. Cela a permis de faire quelques embellissements; au bout de la promenade de San-Miguel on a établi un jet d'eau; des fontaines et des bouches d'incendie sont réparties dans tous les quartiers de la ville et des faubourgs.

Grâce à ces diverses améliorations, Manille, qui progresse de jour en jour, semble appelée à prendre un développement encore plus considérable : un grand mouvement de navires, tant à voiles qu'à vapeur, se fait dans la baie, alors qu'il y a une vingtaine d'années à peine il n'existait qu'un seul vapeur faisant le cabotage des îles.

Parmi les innovations récentes, mais de moindre impor-

1. Le gouvernement des Philippines avait projeté un vaste réseau de chemins de fer qui aurait sillonné l'île de Luçon du nord au sud. Manille aurait été le point central de tout ce réseau de voies ferrées, divisé en lignes du Nord et du Sud, donnant ensemble un parcours de 1760 kilomètres, 1193 kilomètres pour les lignes du Nord, 567 pour celles du Sud.

tance, je note, en passant, la vente du café au lait dans les rues. A toute heure du jour et de la nuit on voit courir des gamins criant à qui mieux mieux : *Café con leche.* La boutique est très primitive; mais certains de ces marchands ambulants ont de plus du pain, du beurre et différentes liqueurs.

Manille; jet d'eau de la promenade de San-Miguel.

Le 28 janvier 1883, je partais pour la laguna de Bay, à la recherche de divers sujets d'histoire naturelle qui m'étaient spécialement demandés par messieurs les professeurs du Muséum.

J'eus l'occasion, pendant mon séjour, de prendre l'altitude de plusieurs montagnes de la péninsule de Jala-Jala. La plus élevée a 425 mètres.

Je profitai de ce séjour à la campagne pour exercer un Indien à la chasse. Cet individu, originaire de la province d'Ilocos, n'avait jamais touché un fusil. Après lui en avoir expliqué le maniement, je l'emmenai dans les bois avec moi. Puis, le lendemain, je l'envoyai chasser. Tirer, pour lui, c'était tuer la pièce visée à une distance quelconque; aussi s'empressa-t-il de hasarder son premier coup de fusil sur un aigle qui passait à 200 mètres, et fut tout étonné de l'avoir manqué. Comme je lui faisais l'observation que la distance était trop forte et qu'il devait, pour commencer, tirer au repos : « Toi, me dit-il, tu as bien tué hier un pigeon qui passait comme cela! » Je parvins avec beaucoup de peine à lui faire comprendre qu'il ne suffisait pas de tirer pour tuer et que, le plomb n'allant qu'à une certaine distance, il fallait savoir juger cette distance. Je dois dire qu'au bout de huit jours il tirait bien, et que, par la suite, il devint mon meilleur chasseur.

Le 21 avril, je me dirigeai vers les montagnes d'Angat, dans la province de Bulacan; le mauvais temps m'obligea à battre en retraite quelques jours après.

Rentré à Manille, je reçus des lettres de l'île Marinduque, m'annonçant qu'on avait découvert plusieurs grottes sépulcrales.

Sur ces indications, je m'embarquai le 9 mai sur le *Gravina*, vapeur courrier, et j'arrivai le lendemain à Marinduque. Je me mis aussitôt en campagne avec différents guides, qui tous, comme pendant mon précédent voyage, prétendaient me mener directement auxdites grottes. Malgré leurs promesses, les marches et contremarches qu'ils me firent faire, toutes nos recherches demeurèrent infructueuses.

Enfin, las d'être trompé et exploité, je me décidai le 29 à m'embarquer à Santa-Cruz de Marinduque sur un cotre non ponté, qui me conduisit tant bien que mal à Laguimanoc, sur la côte sud de Luçon.

Dans la baie de Laguimanoc est une île où, depuis longtemps déjà, on m'avait signalé une grotte sépulcrale; mais je ne fus pas plus heureux là qu'à Marinduque.

Le 6 juin je partais pour l'île Palaouan, la Paragua des Espagnols, située à 3° sud-ouest de Manille et au nord de Bornéo.

La longueur totale de l'île est de 520 kilomètres; dans sa plus grande largeur, elle en atteint à peine 42. De la baie de Honda, sur la côte est, du mouillage de Tapul, à la baie de Ulugan, sur la côte ouest, la distance est à peine de deux lieues et demie, et plus au nord, de la baie de Tay-Tay, sur la côte est, à celle de Tuluran ou de Bonlao, sur la côte ouest, au fond de la baie de Malampaya, la distance est encore moindre.

Dans ces parties, la traversée d'une mer à l'autre n'est qu'une question de quelques heures quand on peut trouver une route ou un sentier.

L'île Palaouan est extrêmement accidentée, et les montagnes se succèdent presque sans interruption d'un bout à l'autre, constituant une chaîne qui divise l'île en deux versants; des abaissements, constituant des passes peu élevées et d'accès facile, coupent cette chaîne en plusieurs tronçons. Quelques chaînons accessoires plus ou moins obliques par rapport à la direction générale de la ligne de partage des eaux se prolongent jusqu'à la mer; les côtes en sont échancrées par un grand nombre de baies, dont quelques-unes offrent un abri sûr aux navires. La navigation dans ces parages est rendue assez dangereuse par le grand nombre de bancs de sable ou de roches madréporiques qui s'y rencontrent. Cette île semble être en dehors de la route suivie par les cyclones, car elle est à peine effleurée par eux lors de leur passage sur les Philippines. Ce phénomène n'y est constaté que par une légère variation barométrique; comme autre privilège, les tremblements de terre y sont peu connus.

Le climat de l'île est humide pendant la plus grande partie de l'année; l'époque des sécheresses dure de février à mai, mais non d'une façon absolue; août et septembre, décembre et janvier sont les mois pluvieux; juin et juillet, octobre et novembre, les mois de transition. Cette année 1883, la saison est en retard, ou, pour mieux dire, il a plu constamment, sans aucune règle.

Le maximum de chaleur, pendant mon séjour, a atteint, le 6 juin, à 3 heures après midi, 32°,6 au soleil ; le thermomètre sec à l'ombre marquait 31°, et l'humide 29°,8. Nous eûmes le minimum le 28 juin ; le thermomètre sec donna 22° et l'humide 21°,7.

L'île, très peu peuplée, surtout dans la partie nord, est habitée par différentes tribus vivant à l'état presque sauvage.

Les habitants appartiennent, comme dans le reste de l'archipel malais, à trois races ; quelques-uns en admettent une quatrième, qui nous paraît faire double emploi. Les trois races principales sont : 1° les Malais ; 2° les Tagbanuas [1] ; 3° les Bataks [2] ou Negritos.

On m'a parlé aussi d'un petit groupe d'individus vivant à l'état complètement sauvage, allant d'un endroit à un autre pour pêcher leur nourriture dans la mer, et qui fuient à l'approche de tout être humain.

Les *Tandulanen* sont appelés ainsi parce qu'ils voyagent d'un promontoire à l'autre, le mot *tandul* signifiant, en langage bisaya, promontoire ou pointe ; ils forment une rancheria d'environ 200 personnes, comprenant un petit nombre de déserteurs, originaires de villages chrétiens soumis aux Espagnols, et ils vivent sur la côte orientale de la Paragua, s'étendant d'un côté jusqu'à 15 ou 20 milles au sud de la baie de Malampaya, et de l'autre jusqu'aux approches de la baie de Caruray. Ils sont de taille régulière, généralement forts et bien proportionnés, ayant peu de barbe ; quelques-uns se teignent les dents en noir ; leur figure n'est pas déplaisante : la couleur est plus ou moins foncée, sans doute par suite du mélange avec d'autres races. Il y en a de la teinte des Indiens de la

1. Les Tagbanuas paraissent devoir être rangés dans le groupe des populations malayo-indonésiennes qui composent la majeure partie des populations de l'archipel.

2. Ne pas assimiler ces Bataks du Palaouan avec les Bataks de Sumatra, qui se rattachent aux Malais. Ici ce mot de Bataks nous paraît donné au hasard et sans raison aux indigènes de l' le Palaouan.

Paragua, avec les cheveux lisses comme eux; mais ceux-ci sont en minorité, tandis que la majeure partie se compose d'individus à couleur foncée, avec les cheveux plus ou moins frisés ou crépus, et de véritables noirs, ces derniers formant à peu près un tiers de toute la population. Les hommes portent une ceinture en écorce d'arbre qu'ils font macérer au préalable dans l'eau pour en ôter les parties ligneuses, et les femmes un pagne descendant jusqu'à mi-cuisse, préparé avec la même écorce. Lorsqu'il fait froid, hommes et femmes se couvrent d'une espèce de longue jaquette semblable à celle des Moros, toujours confectionnée avec la même écorce, et qui s'attache à la ceinture et à la poitrine avec des boucles en coquillages, ou avec des fibres de noix de coco. Ce vêtement, assez coquet, se porte jusqu'à ce qu'il tombe en loques. Ces indigènes n'ont d'autre occupation que la recherche de leur nourriture, qui se compose de fruits de la forêt, d'animaux sauvages et de poisson; celui-ci est pris à l'hameçon ou à coups de flèches, et pour l'amorcer ils mâchent des mollusques qu'ils rejettent dans la mer jusqu'à ce qu'ils aient attiré une certaine quantité de poissons. Pour chasser le cochon sauvage, ils se cachent dans les arbres à l'époque des fruits et attendent que l'animal vienne ramasser ceux tombés par terre pour lui lancer des flèches enduites d'un poison végétal assez violent. Les singes, porcs-épics et couleuvres servent également de nourriture, de même que le *pantôt*, espèce de petit porc répandant une odeur infecte. Pour tuer les singes on se sert de petites flèches empoisonnées, longues d'environ 30 centimètres, qui sont lancées avec des sarbacanes. Les tortues sont aussi fort recherchées, et, pour se mettre à leur poursuite, les indigènes se servent, en guise de canots, de troncs d'arbres en forme de pirogues, mais sans être creusés, qu'ils munissent de « balangas » (balanciers) et d'une sorte de griffes pour pouvoir s'y maintenir sans s'exposer à tomber dans l'eau.

Les Tandulanen sont fort sales et répandent une très mauvaise odeur; ils ne se lavent et ne se baignent jamais, à moins d'accidents ou bains involontaires dans la mer; ils ont souvent les mains, la figure ou le corps couverts du sang des animaux qu'ils ont dépecés, sans s'en inquiéter autrement. Malgré cela ils n'ont pas la peau détériorée par des maladies telles que l'ichtyose, comme certaines peuplades. Les aliments sont pris soit crus, soit cuits, indistinctement; mais ils les préfèrent crus, et, si par hasard ils prennent un poisson, ils le déchirent à belles dents, donnant la préférence aux intestins à peine nettoyés. Ils n'emploient pas de sel et assaisonnent leur viande crue ou cuite avec de l'eau de mer. Ils n'ont d'autres armes que la flèche (sans barbe de plume), empoisonnée ou non, et la sarbacane, dont ils se servent même à d'assez grandes distances avec beaucoup d'adresse. Ils sont ennemis jurés des « Moros », et ceux-ci les craignent beaucoup, à cause de leurs flèches empoisonnées. Les Moros de Baenit font toutefois des échanges avec eux et leur offrent des *bolös* (coutelas), du tabac, des hameçons et du gros fil de laiton pour bracelets d'hommes et de femmes, contre de l'or et de l'écaille. Les femmes n'ont d'autres ornements que lesdits bracelets; mais elles se fendent le lobule de l'oreille démesurément, pour y mettre le cigare qu'elles fument, ou des morceaux de bois blanc. Une particularité à signaler, c'est que ces indigènes ne mâchent pas de bétel.

Les Malais se trouvent surtout sur la côte sud de l'île, et probablement en plus grand nombre sur la côte ouest que sur la côte est.

Les Tagbanuas sont répandus un peu partout dans l'île, et aussi dans quelques îlots voisins, notamment sur la côte ouest. On les rencontre encore sur le cours des rivières, à proximité de la mer; ils payent une sorte de tribut au sultan de Jólò (Soulou), ou tout au moins sont soumis à la visite de praos malais, qui, de gré ou de force, prennent à ces malheureux le peu qu'ils possèdent.

Les Bataks vivent exclusivement dans l'intérieur, sur les montagnes et au nord de l'île. Ils sont de teinte plus foncée que les Malais et les Tagbanuas, presque noirs, et ils auraient les cheveux crépus; mais il m'a été impossible d'en voir de près, car ils fuient les Européens.

Baie de Puerto-Princesa

Avec l'écorce d'un ficus ils fabriquent leurs vêtements, à l'instar des Negritos de Luçon; les autres indigènes disent qu'ils ne se couchent jamais la nuit dans leurs cases, qui ne sont probablement que des abris fort réduits, où tous vivent pêle-mêle. Les Negritos et les Bataks nous paraissent être une seule et même population.

On ne rencontre des Européens que sur deux points de l'île, à Tay-Tay et à Puerto-Princesa. Puerto-Princesa, colonie militaire, est la résidence du gouverneur de Palaouan; il y a deux lieutenants de vaisseau, commandant les deux canonnières de la station, et une dizaine d'officiers, dont deux médecins.

Les habitants de Puerto-Princesa sont des déportés, presque tous forçats, assassins, voleurs, etc.; il n'y a que deux commerçants espagnols, un boucher et un épicier; quelques Chinois et des habitants des îles Calamianes, d'ailleurs peu nombreux, forment le surplus de la population de la nouvelle colonie espagnole.

Puerto-Princesa, ou Puerto-Yguahit des cartes, est un petit golfe situé sur la côte orientale et vers le milieu de l'île Palaouan; c'est le meilleur abri de ces parages pendant le gros temps. La ville est située presque au fond de la baie, dont l'entrée (chose rare aux Philippines) est éclairée par un phare. Le port possède un arsenal, où se trouve un plan incliné, ou gril, pour réparer des navires de petite dimension. Le tout est situé sur une des nombreuses pointes qui découpent la baie et à une élévation de 25 mètres au-dessus du niveau de la mer.

Le gouverneur actuel, le señor don Felipe Canga Arguelles y Villaria, est capitaine de frégate dans la marine espagnole; depuis trois ans dans ce poste, il a tout fait pour améliorer la colonie et en rendre le séjour moins désagréable. Les rues étant presque impraticables, il en a fait exhausser le sol, planter des arbres en bordure et installer des réverbères. Il a remplacé l'église et l'hôpital des marins, cases en bambous couvertes en chaume, par de solides constructions en briques, couvertes en fer; de l'utile passant à l'agréable, il a organisé une fanfare, dont les artistes, pris parmi les prisonniers, sont dirigés par un maître de musique appelé exprès de Manille. Ces musiciens jouent tous les dimanches et les jeudis sur la place publique.

Pendant mon séjour, quelques officiers organisèrent un théâtre dont les premiers sujets furent pris parmi les sergents et les caporaux de la garnison. Mon ami don Jose Bisquerra, jeune lieutenant du commissariat, était chargé de la direction de cette troupe.

Ce théâtre fut monté par souscription, et ces messieurs vinrent m'inviter à assister à la représentation d'inauguration et aux suivantes. C'était non seulement comme but de distraction et d'agrément pour eux-mêmes que les officiers avaient organisé ce petit théâtre, mais aussi pour rendre moins morose le séjour obligé des troupes de la garnison. Tous les genres se succédaient sur la scène du théâtre militaire; vaudevilles, scènes comiques et pathétiques, chansonnettes, etc.

Je ne pus que rarement profiter de l'aimable invitation qui m'était faite par les officiers espagnols, mes travaux m'appelant plus souvent dans l'intérieur de l'île qu'à la ville. Tous ces messieurs, le gouverneur tout le premier, s'empressaient de m'envoyer de gracieuses invitations dès qu'on s'occupait d'organiser une fête ou une excursion, et je n'ai eu qu'à me louer, pendant mes séjours successifs à Puerto-Princesa, de leur obligeance et de leur amabilité.

La ville de Puerto-Princesa, bâtie au bord de la baie, se trouve complètement privée d'eau potable, et il a fallu s'ingénier pour s'en procurer; pendant la saison pluvieuse, on récolte celle qui tombe du ciel; après avoir déposé dans des réservoirs, elle est buvable; pendant la saison sèche, la population se trouve réduite à boire l'eau des puits, qui est exécrable.

Le terrain dans lequel ces puits sont creusés est peu élevé et composé de roches madréporiques et d'alluvions; les couches de formation récente contenant encore des corps organiques, l'eau a parfois une odeur de crustacés en décomposition qui la rend impotable; les objets qui ont

Arsenal maritime à Puerto-Princesa

trempé dedans y prennent même une odeur telle, que plusieurs fois il nous a été impossible de nous servir des couverts et des assiettes qu'on y avait lavés.

Pendant la saison sèche, on envoie une fois par semaine un grand canot dans la rivière Yguahit, de l'autre côté de la baie, chercher la provision d'eau potable pour les officiers; grâce à l'obligeance du gouverneur et de don Manuel, capitaine de la compagnie de discipline, chaque semaine, la corvée chargée de ce service m'apportait dans deux grandes jarres ma provision d'eau hebdomadaire.

Le terrain est formé d'alluvions d'argile grasse, contenant peu d'humus; les montagnes environnantes sont toutes boisées et fournissent de bonnes essences pour les constructions navales, la charpente et l'ébénisterie.

Ces essences se retrouvent dans la flore de Bornéo et des Philippines proprement dites. Il en est de même pour la faune, car j'y trouvai, presque en proportions égales, les oiseaux de Luçon et des îles malaises.

C'est la classe des mammifères qui diffère le plus : ils sont plus nombreux là que dans les autres parties des Philippines et y forment un groupe intéressant.

A Puerto-Princesa, il n'y a ni hôtel ni restaurant : il en est ainsi presque partout aux Philippines. Mon intention étant de rester une année dans l'île de Palaouan, je louai une maison pour y établir mon quartier général.

La case du chef de musique était, comme toutes celles du pays, à un seul étage, entourée de cacaoyers, assez grande, peinte au dehors en blanc et bleu et séparée de la rue par une barrière en branches; à l'intérieur, toutes les couleurs, ou à peu de chose près, y étaient représentées; le mobilier était assez nombreux, mais peu solide. Je la louai aussitôt.

J'avais avec moi, comme principaux serviteurs, deux Ilocanos, naturels du nord de Luçon; je fis de l'un mon majordome, cuisinier, blanchisseur et préparateur, etc., métiers qu'il ne connaissait pas, mais qu'il eut bientôt appris tant bien que mal, mais plutôt mal que bien. Le second est l'Indien dont j'ai parlé plus haut, et déjà dressé à chasser; il s'appelle Mariano : dans la suite de ce récit, j'aurai l'occasion de parler de lui et de ses exploits. Il aima bien vite la vie des bois, et, avec la patience inhérente à sa race, il me rendit de grands services.

Pour la nourriture, on me prévint qu'il me fallait prendre des précautions et faire venir de l'île Cuyo des poules, car ici l'on ne trouve pas toujours à acheter des vivres. Il y a cependant un boucher qui tue deux ou trois fois par semaine des bœufs élevés dans le pays et dont la viande est parfois mangeable; on trouve aussi de temps à autre des œufs et assez souvent du poisson; quant aux poulets, ils sont étiques et fort chers. Il y a encore un Chinois qui fait du pain, plus ou moins mangeable comme la viande; il est vrai qu'avec les denrées du pays je pourrais compter sur la chasse et avoir du sanglier, des écureuils, des oiseaux, surtout des pigeons, qui sont nombreux; mais, le gibier me fatiguant très vite, j'aimais mieux me contenter du poulet traditionnel.

La colonie pénitentiaire de Puerto-Princesa, cantonnée dans des casernes de construction récente, comprend des individus des deux sexes transportés à Palaouan pour des motifs très différents. On peut les diviser en deux catégories : les disciplinaires et les déportés. Les disciplinaires, soldats ou civils, hommes et femmes, ont été condamnés pour crimes ou pour vols; les déportés suspects, pour une raison quelconque, soit à l'autorité civile, soit à l'autorité religieuse, sont, sans jugement, conduits en exil pour un temps indéterminé; la bonne conduite des individus peut cependant amener une réduction de peine.

Je demandai au gouverneur de me donner des déportés pour mon service, ce qui me fut accordé; tout le monde, du reste, peut prendre de ces hommes; on les nourrit et on paye une petite somme qui doit être versée à la masse pour améliorer la nourriture de ceux qui, moins heureux, sont obligés de travailler sur les routes au compte de la colonie.

Un de ceux qui me furent donnés avait l'air doux et timide; deux ou trois mois après, j'appris qu'il avait été

Une case à Puerto-Princesa.

déporté à la suite d'un vol assez important ; sa bonne mine l'avait fait prendre par le gouverneur actuel comme domestique ; sa conduite fut exemplaire pendant quelque temps ; mais, un beau jour, un de ses camarades le surprit en train de vider la caisse du gouverneur, après l'avoir forcée ; il avait offert à celui qui l'avait pris sur le fait de partager, mais celui-ci avait refusé et était allé le dénoncer. Le gouverneur le condamna à être attaché sur un carabao (buffle), la figure tournée vers la queue, et promené ainsi par la ville : à chaque carrefour, on lui administrait un certain nombre de coups de corde, puis la promenade continuait. La correction, quoique dure, ne lui avait pas trop profité. Un jour, environ deux mois après son entrée à mon service, mon cuisinier trouva 5 francs de moins dans sa malle ; je fis comparaître l'individu devant moi. Naturellement il commença par nier ; mais, comme le coupable ne pouvait être que lui, il fut forcé d'avouer. Je lui dis qu'il rendrait les 5 francs au cuisinier, que pour cette fois je ne ferais pas davantage, mais que, s'il recommençait, non seulement il payerait de son argent, mais encore je le renverrais à ses chefs, qui se chargeraient de le punir, ne voulant pas le frapper moi-même. La leçon lui suffit, car je ne me suis jamais aperçu qu'il fût dérobé autre chose.

Dire qu'il avait avoué son vol n'est pas complètement exact. L'Indien n'avoue jamais ; il nie d'abord, puis, s'il se voit convaincu, il ne répond que par des paroles évasives, ou n'ouvre plus la bouche ; si, par extraordinaire, il avoue, ce n'est qu'après avoir subi son châtiment.

Les peines corporelles sont défendues par les autorités espagnoles, excepté pour les forçats et disciplinaires. Quoique défendu, le bejuco (rotin) joue un grand rôle aux Philippines : c'est du reste le seul châtiment que les naturels craignent véritablement. Pour nous, qui n'aimons pas à traiter un homme comme un chien galeux, il nous a toujours répugné d'en arriver à cette extrémité, et nous ne l'avons jamais employé. Je dois dire à la décharge de ceux qui se servent de *bejuco* qu'ils sont les mieux servis et les plus obéis. S'il faut en croire les Matanda, Européens qui vivent aux Philippines depuis quelques années, l'Indien ne travaille bien qu'à la condition d'être battu de temps à autre. A l'appui de ce fait, on raconte différentes histoires; il est bien entendu que je ne garantis pas l'absolue vérité de celles que je rapporte, n'en ayant pas été témoin; mais, si les faits ne sont pas vrais, ils sont possibles.

Un Matanda avait et a peut-être encore à son service un cuisinier indien, joueur et paresseux, comme ils le sont tous en général. Quand ce monsieur avait du monde à dîner, il appelait son cuisinier et, après lui avoir donné l'argent pour faire les provisions, lui faisait administrer six coups de corde sur le bas des reins, lui promettant le restant de la douzaine si les provisions n'étaient pas bien faites. Dans ce cas, le dîner était très bon et abondant; mais, si le maître oubliait de fustiger le cuisinier, il était sûr d'avoir un dîner exécrable et plus qu'insuffisant.

Un autre avait un domestique dont il était très content; un jour il fut étonné de le voir arriver et de l'entendre lui dire qu'il voulait le quitter. « Pourquoi, lui demanda-t-il, veux-tu t'en aller? » L'autre garda d'abord le silence; puis, pressé de questions, il répondit : « Depuis près d'un an que je suis avec toi, tu ne m'as jamais battu. — C'est pour cela? dit le maître; attends un peu! » et il lui administra une maîtresse volée de coups de canne; une fois sa volée reçue, le domestique reprit son service et ne parla plus de partir.

La loi, comme je l'ai dit, défend de frapper les Indiens, et quelques Européens ou métis ont eu maille à partir avec la justice pour ce fait. Les curés tiennent assez la main à ce que l'on ne batte pas les indigènes; mais plusieurs d'entre eux ne se gênent guère pour les fustiger, reconnaissant, eux aussi, que c'est le seul moyen d'en avoir raison. Pour nous, nous avons souvent entendu, pendant nos diverses courses dans l'île de Luçon, quand nous descendions à la maison de ville, les coups de corde et de rotin que l'on administrait aux Indiens.

Une fois entre autres, à Lingayen, nous étions, mon ami d'Almonte et moi, couchés au premier étage, quand nous entendîmes des coups frappant sur un corps, puis des cris épouvantables; nous allâmes voir ce qu'il y avait, et nous aperçûmes un Indien couché à plat ventre, auquel on administrait une douzaine de coups de corde. Ces coups lui étaient du reste donnés à la demande de sa femme, qui était venue se plaindre de ce que son mari l'abandonnait et donnait tout son argent à une autre femme; notre présence mit fin à la fustigation, et les deux époux s'en allèrent chez eux au milieu des rires et des quolibets de leurs concitoyens.

# CHAPITRE XIII

## LES CHASSES A PALAOUAN — TAPUL ET BAHELE DUMARAN — L'ÎLE CUYO

Mon installation rapidement menée, je m'occupai d'abord d'organiser mes chasses aux alentours, afin de réunir le noyau de ma collection dans de bonnes conditions. J'eus la satisfaction, dès les premiers jours, de tuer un calao non encore décrit; M. Oustalet, qui l'a déterminé depuis, a été assez aimable pour me le dédier.

Le calao (*Buceros*) est un grand oiseau qui appartient à l'ordre des passereaux; il est remarquable par le volume énorme et la forme bizarre de son bec : cet organe est en grande partie celluleux et très léger; sans cela, l'équilibre de l'animal serait impossible.

Celui qui nous occupe, l'*Anthracoceras Marchei*, se distingue des autres espèces du même genre, antérieurement connues, par la teinte noire de ses pennes alaires et par la teinte entièrement blanche de ses pennes caudales; son casque est blanc, un peu jaunâtre, et varie beaucoup de forme suivant les individus; la forme générale est celle d'une chaloupe renversée. Cet oiseau vit rarement isolé : il va toujours par bandes; on l'entend venir de loin; son cri ressemble à un mugissement rauque, sourd, et résonne d'autant plus qu'il se tient presque toujours à la cime des plus hauts arbres; son vol est lourd, et, quand parfois il se pose à terre, il sautille comme un corbeau et hoche la queue comme la pie. Il bâtit son nid sur les plus hautes montagnes, dans le tronc de gros arbres, après y avoir fait un trou, ou profite d'un creux qu'il trouve tout fait; il en garnit le fond avec de menus branchages pour y déposer ses œufs. Il est omnivore; fruits, graines, insectes et, d'après certains auteurs, de petits mammifères, souris, rats, etc., composent sa nourriture.

Calao.

La chasse dans l'île de Palaouan est assez difficile; il n'y a ni sentier ni chemin; le pays, avant d'arriver aux montagnes, est boisé et marécageux; sous bois, les fondrières vous forcent à mille détours, et, si la nuit vous surprend, on se perd avec une grande facilité. C'est ce qui arriva à un de mes chasseurs; il avait suivi une bande de calaos, qui le conduisit fort loin, et, lorsque la nuit le surprit, il lui fut impossible de retrouver sa route; il dut passer la nuit au pied d'un arbre, et ne revint que le lendemain soir.

Dans ces grands bois, les fauves ne sont pas à craindre. Le seul félin que j'y aie rencontré et tué est un chat tigre, joli petit animal, dont la robe mouchetée est fort belle; il n'attaque guère l'homme, si ce n'est quand il se voit poursuivi et sur le point d'être pris. S'il est dangereux de passer la nuit en forêt sans feu et sans abri, c'est à cause de l'humidité et des fièvres que l'on est certain d'avoir; puis il y a les innombrables moustiques et les sangsues *filiformes*.

Le 16 juin 1883, je partais à bord de la canonnière *Jolo*, le lieutenant de vaisseau Desolmes, qui la commandait, m'ayant offert l'hospitalité à son bord pendant la croisière qu'il allait entreprendre.

Cet officier devait relever la côte de la partie de l'île comprise entre la baie de Honda, sur la côte est, et la baie de Ulugan, sur la côte ouest. Le gouverneur venait d'établir une série de postes militaires sur la route qui relie les deux mers, afin de faciliter et d'assurer les communications.

Nous gagnons d'abord le mouillage de Tapul, qui se fait sur un bon fond de vase par 9 et 11 mètres.

La rivière de Tapul, comme les rives de la baie, est encombrée de palétuviers énormes, dont les tiges entrecroisées rendent difficile l'accès de cette partie de la côte; sa direction générale est à 18° ouest; sa longueur jusqu'au point navigable en canot est de 2840 mètres; la distance à vol d'oiseau n'est que de 2040 mètres; sa plus grande largeur est de 50 mètres, et sa plus petite de 10 mètres; à 1 kilomètre de son embouchure, sur la rive gauche, se trouve une bonne aiguade.

Cette partie de l'île ne présente pas un relief bien accentué; d'après les hauteurs barométriques que j'ai prises, l'endroit le plus élevé atteint 45 mètres d'altitude au faîte de la ligne de partage des eaux entre les deux mers.

Le tracé du chemin de Tapul à Bahele est de 5666 mètres, et la distance à vol d'oiseau de 4992 mètres; ce n'était qu'un sentier utilisé auparavant par les Tagbanuas pour apporter sur la côte est les quelques paquets de résine et de rotins qui servent pour leur commerce d'échange.

Récemment le gouverneur a fait ouvrir une véritable route et construire de petits ponts pour le passage des cours d'eau et des ravines. Les deux premiers kilomètres traver-

Palétuviers dans la rivière Tapul.

sent une forêt de bambous, au milieu desquels se trouvent quelques arbres isolés. Ce n'est que vers le milieu du parcours et à partir d'une altitude de 25 mètres que l'on rencontre la forêt proprement dite.

A l'entrée du chemin de Tapul, sur une petite colline, se trouve un *cuartel* (poste) pour quelques soldats indigènes commandés par un sergent. Près de ce poste se sont établis deux ou trois individus, Chinois et indigènes de Cuyo, pour faire un peu de commerce et essayer la culture du riz de montagne et du maïs; c'est tout ce que l'on trouve d'habitants et d'habitations dans ces parages. A 5 kilomètres de Tapul, sur un plateau couvert de bambous, on a installé un autre cuartel, où reste l'officier avec la plus grande partie des forces qui gardent la route. De ce point il peut se rendre facilement soit à Tapul, soit à la baie de Ulugan.

Le village de Bahele ne compte qu'un petit nombre de cases, occupées par les hommes du poste, le tout construit en cagna et nipa et entouré de bouquets de verdure.

Le 8 août 1883, nous allions, le capitaine Desolmes et moi, relever la rivière de Bahele, depuis le point où se termine le chemin désigné sous le nom d' « embarcadère » jusqu'à la baie de Ulugan. Cette rivière remonte dans l'intérieur jusqu'au pied des montagnes sur une longueur d'environ 2 kilomètres. Depuis l'embarcadère jusqu'à la baie de Ulugan, le parcours est de 2577 mètres, et la distance à vol d'oiseau, de 1520 mètres; sa direction générale est de 24° E. Toute cette partie de la rivière court au milieu des palétuviers que l'on voit à la marée basse perchés sur leurs racines, qui forment cerceau autour d'eux.

Le terrain, composé de vase molle, ne permet pas de marcher; aussi ne voit-on comme animaux que des singes qui viennent pêcher et des crocodiles dormant au soleil. Les oiseaux y sont également rares, à part les bécassines et quelques martins-pêcheurs.

La baie de Ulugan est belle, mais ouverte aux vents du nord; le gouverneur y a établi un poste situé à l'est de la baie, derrière la petite île Rita.

Elle est très peu habitée : on n'y trouve que quelques indigènes vers la pointe nord : des Tagbanuas habitent les petites îles de la côte.

Le 15 août, nous repartions pour explorer la côte du mouillage de Tapul, et nous arrivions ainsi à une petite rivière encore sans nom. Cette rivière a une vingtaine de mètres de large à son embouchure, et, à son entrée, se trouve une petite île de palétuviers; à 700 mètres de son embouchure commencent à apparaître les pandanus et autres essences; l'eau est douce et coule sur un fond de pierres. A 850 mètres, la rivière se divise pour la seconde fois en deux bras, dont l'un paraît se diriger à l'ouest et l'autre au nord-ouest; nous prenons le bras nord-ouest et arrivons, à 40 mètres plus loin, à un premier rapide. Là, nous trouvons les vestiges d'un campement de pêcheurs; nous continuons un peu en pirogues, puis en marchant dans l'eau, quelquefois jusqu'à la ceinture, sur un parcours de près de 2 kilomètres, relevant la distance et la direction du cours d'eau; nous passons ainsi huit sauts ou rapides peu élevés. La rivière, qui vient du groupe de hautes montagnes formant la chaîne principale de l'île, reçoit sur son parcours différents ruisseaux et les eaux des deux petites collines au pied desquelles elle passe. Forcés par l'heure de retourner à bord, nous nous arrêtons au huitième rapide, après avoir parcouru 2759 mètres.

A Palaouan, comme dans les autres pays, la surveillance des gardiens est souvent mise en défaut, et les forçats prennent la clef des champs. Mais leur situation n'est guère enviable, obligés qu'ils sont de chercher misérablement leur vie comme les indigènes.

Quelque temps après mon retour à Puerto-Princesa, quelques forçats s'étaient échappés. J'eus à ce propos une conversation avec Mariano, mon chasseur. Je la rapporte textuellement, pour donner une idée du flegme des Indiens en général et de celui de mon homme en particulier.

Moi. — Tu sais, Mariano, qu'il y a des forçats dans les bois?

Mariano. — Oui, ils sont quatre.

Moi. — Fais attention qu'ils ne t'approchent pas et ne te volent pas ton fusil.

MARIANO. — Mais, s'ils veulent me le prendre, que dois-je faire?

MOI. — Ce que tu voudras; défends-toi, sauve-toi, tue-les, mais ne te laisse pas désarmer.

MARIANO. — Je peux les tuer?

MOI. — Oui.

MARIANO. — Bien.

Son parti était pris. Et, son fusil sur l'épaule, tout aussi tranquille que les jours précédents, il me quitta pour aller à la chasse. Il a parfois rencontré des évadés, mais jamais il n'a eu besoin de se défendre. Si le cas s'était présenté, je suis persuadé qu'il n'aurait pas hésité à tirer; il aurait eu d'autant plus raison que, s'il s'était laissé désarmer, son agresseur l'aurait tué pour le dépouiller entièrement.

Le 14 septembre 1883, je partais à bord de la canonnière *El Filipino*, commandée par le lieutenant de vaisseau don Raphaël de Bibenco. En sortant de Puerto-Princesa, nous nous dirigeons sur l'île de Dumaran, vers sa partie est.

Vers le milieu de la nuit, nous fûmes réveillés par le *practicante* (espèce d'infirmier qui a passé quelques examens sommaires et donne les premiers soins aux malades en cas d'absence du docteur). Il annonçait à son commandant qu'un homme venait de mourir subitement. Cet homme s'était couché sur le bastingage : il se réveilla vers 3 heures du matin, disant à un de ses camarades que, se sentant malade, il descendait se coucher; il rendit le dernier soupir en s'étendant sur sa couchette.

Ses compagnons, Indiens comme lui, dirent qu'il était mort d'un *viento*, d'un coup d'air. Ce terme sert à expliquer, aux Philippines, toute mort ou maladie qui arrive inopinément; cela est adopté par tous les Indiens et métis, qui croient parfois que le *viento* est envoyé par un mauvais esprit ou par un *jettator*. Un certain nombre d'Européens ont aussi adopté le *viento* ou un *aherer*, pour expliquer toute maladie subite dont la cause échappe, bien qu'il soit facile, pour peu que l'on soit au fait des maladies du pays, de reconnaître s'il s'agit d'accès pernicieux ou de congestions pulmonaires brusques, très rapidement mortelles.

Le 15 au matin, nous arrivons au petit port d'*Araceli*, à la pointe est de Dumaran. Ce port n'est pas indiqué sur les cartes. Le village est bâti sur la pointe extrême de l'île; le terrain est plat et assez marécageux : aussi les habitants sont-ils tous atteints de fièvres, et notre *practicante* est-il appelé de tous côtés. Le lendemain de notre arrivée, on enterra le matelot décédé. Comme le temps menace, le commandant de Bibenco fait entrer la canonnière au fond de la baie. Pour gagner ce mouillage, il faut suivre un étroit chenal dont la profondeur varie de 3 à 4 mètres à marée haute, accessible seulement pour les bâtiments de petite dimension. Le mauvais temps nous retient quelques jours; les vivres frais sont rares à bord, et le village n'en fournit pas suffisamment, malgré les réquisitions répétées du commandant. Nous sommes obligés de descendre à terre et de tuer quelques poules, que nous payons, du reste, à leurs propriétaires. Ceux-ci s'empressent alors d'aller dans leurs plantations nous chercher des vivres, qu'ils disaient ne pas avoir.

Nous trouvons là Doroteo, un Indien qui a couru le monde et qui fut un moment très estimé par les Européens des Philippines. *Doroteo* était assez riche, et il lui reste encore quelques plantations et quelques têtes de bétail qu'il est en train d'achever. Le malheureux s'est adonné à la boisson, et, une fois ivre, il donne tout et dépense à tort et à travers. Cet individu à jeun est très serviable. Le commandant, le connaissant depuis longtemps, l'engagea à venir à bord, et j'eus de lui des renseignements qui me furent par la suite utiles; mais cela coûta plusieurs bouteilles de vin et de cognac à mon ami Bibenco.

Il nous apprit qu'il y avait sur les bancs de vase, dans la baie où nous étions mouillés, des mollusques qui contiennent parfois des perles et appelés vulgairement Jambonus. Cette coquille se trouve enfoncée la pointe dans la vase, parfois dans le sable; on l'arrache assez facilement. Nous fîmes plonger nos hommes, qui nous ramenèrent plusieurs de ces mollusques. Nos Indiens tirèrent des intestins quelques perles, toutes violettes; cette couleur disparaît parfois, mais généralement la perle reste plus ou moins teintée.

L'île de Dumaran est occupée sur divers points par les indigènes de Cuyo; ils y viennent faire des plantations de riz, de camote (*Convolvulus Batatas*) et d'igname (*Dioscorea batatas*).

Il y a quelques années, Dumaran était couverte de plantations magnifiques, qui furent anéanties par une invasion de rats; depuis cette époque, l'île a été presque abandon-

Doroteo tombe à la mer.

née; il n'y a pas longtemps que les naturels de Cuyo y reviennent, mais quelques parcelles de terrain sont seules cultivées, et on n'y trouve que quelques têtes de bétail.

Le 20 septembre au soir, le temps s'étant mis au beau, nous allâmes mouiller à l'entrée de la baie, afin de pouvoir partir de bon matin pour l'île Cuyo.

Lors de notre départ, notre ami Doroteo vint nous faire ses adieux; il était avec trois Indiens dans une petite banca qui pouvait porter à peine deux hommes.

Nous levâmes bientôt l'ancre, et mon Doroteo, qui n'avait pas cessé d'être ivre depuis trois jours, trop lent à s'embarquer, ne le fit qu'au moment où nous nous mettions en marche; son poids et sa maladresse firent chavirer l'embarcation, et voilà mes quatre individus à l'eau. Il n'y avait aucun danger pour les trois compagnons de notre ivrogne;

mais ce dernier faillit se noyer, embarrassé qu'il était par une dame-jeanne pleine de vin, dernier cadeau qu'il était venu chercher à bord et qu'il ne voulait pas lâcher; sans ses hommes, il serait allé boire son vin dans un monde meilleur; mais, une fois repêché, et après avoir rejeté l'eau de mer qu'il avait avalée, il but, pour se remettre, tout le vin, sans vouloir en offrir à ceux qui l'avaient sauvé.

Le 21 septembre, à 4 heures du matin, nous partons et, après avoir passé entre les îles Raquit et Quinitad, nous nous dirigeons au N. 70° E., vers l'île de Dalaganen, comme les deux précédentes, inhabitée et sans culture. Nous passons ensuite devant Camogon; de là nous mettons le cap sur l'île de Capnoyan, au N. 81° E., laissant derrière nous différents îlots et bancs de coraux.

L'île de Capnoyan ne possède que deux ou trois cases, habitées par les gardiens de troupeaux appartenant à des propriétaires de Cuyo.

De Capnoyan, nous gouvernons au sud-sud-est, pour atteindre la pointe sud-est de l'île Cuyo. Longeant la côte ouest, nous allons mouiller dans la petite baie de Lugbuan, entre deux digues naturelles; nous amarrons sur quatre ancres, l'étroitesse du bassin ne permettant pas d'éviter. Le village qui domine ce port possède une petite forteresse carrée, dont les murs ont près de 6 à 8 mètres de haut sur 2 mètres d'épaisseur; elle servait autrefois de refuge aux habitants, quand les Malais arrivaient pour faire la chasse aux esclaves. L'île de Cuyo est peu élevée et forme un plateau dominé par trois petites montagnes, Bambuni, Aguado et Caimania.

Mon intention était de prendre l'altitude de ces trois hauteurs, en commençant par la Caimania, qui était plus près de moi. Nous partons le matin de bonne heure par un temps superbe, le mécanicien du bord et moi; nous allons jusqu'au pied de la montagne, tout en chassant; mais là la route est coupée par des marais et des rizières, et, pour arriver sur un terrain solide, nous devons nous faire aider par les Indiens. Une fois arrivés sur la pente du coteau, nous pûmes gravir à sec. Le flanc par lequel je fis l'ascension était parsemé de pierres de toute dimension, depuis la grosseur du poing jusqu'à celle d'un gros moellon ; au faîte, deux ou trois blocs de forme cubique dominaient les autres fragments de roche.

La tradition raconte que les anciens habitants, à certaines époques de l'année (probablement celles des récoltes), accomplissaient une sorte de pèlerinage sur cette montagne, et que chacun y apportait une pierre, qu'il déposait près des rochers qui sont au sommet.

Lors de la découverte des Philippines par les Espagnols, l'île de Cuyo, ainsi que les petits archipels voisins, était fréquentée par des Chinois, qui y avaient même des comptoirs pour l'achat de perles, nacre, trépang et nids d'hirondelles, très abondants dans ces régions. Les Indiens, en défrichant autour du mont Aguado, et après de grandes pluies, ont trouvé des ornements en or et de nombreux objets en porcelaine dans le genre de ceux que j'ai découverts dans mes fouilles de Marinduque ; toutefois je n'ai pu me procurer, et encore grâce à mon ami Ascanio, qu'un seul petit tibor. Ces objets avaient sans aucun doute la même provenance. Quant aux bijoux en or, il m'a été impossible d'en trouver un seul exemplaire, tout ayant été fondu pour refaire des bijoux à la mode du jour en cette île.

Le lendemain de mon ascension, pris de violentes douleurs dans l'estomac et dans les reins, je dus garder le lit. Le 26, me sentant un peu mieux, je me rendis à la pressante invitation de don Pedro Martines, qui voulut à tout prix me donner l'hospitalité et me soigner chez lui. Grâce aux soins dont je fus entouré par lui et par son aimable famille, grâce aussi à mon ami don Antonio Jimenez Baena, médecin de la ville, je fus bientôt sur pied et en état de reprendre le cours de mes recherches.

Don Pedro Martines, ex-capitaine de frégate, s'est établi à Cuyo ; il y vit avec sa retraite. Il s'est construit une habitation fort confortable, luxueuse même, et s'occupe d'essais d'agriculture, que malheureusement il n'a pu mener à bien, faute de bras pour travailler. Il s'est heurté au grand obstacle qui attend presque tous les créateurs de plantations dans les régions tropicales, la paresse des indigènes, plus pénible encore que l'absence des ouvriers. Il avait d'abord essayé de la culture du cacao, puis de celle du tabac, et nul doute que le succès eût couronné ses efforts s'il avait pu maintenir auprès de lui un noyau suffisant de travailleurs.

La ville de Cuyo, située sur la côte ouest de l'île, est bâtie sur le bord de la mer; elle possède plusieurs rues, bordées de maisons en bois et d'autres simplement en bambous et en paille. Elle est proprette, mais ne diffère en rien des autres localités des colonies philippiniennes. Cette ville est le chef-lieu de la province de Calamianes, qui comprend, outre le groupe des îles Cuyos, celui de Calamianes, les îles Augutaia et Dumaran et le nord de l'île Palaouan.

L'île a pour gouverneur le capitaine d'infanterie don Ramon Gonzales Pachero; il y a de plus un juge chargé de tout ce qui a trait à la justice, et, comme agent des finances, un promotor fiscal. Un seul médecin est chargé du service de toute la province, mais il est plus juste de dire de celui de l'île Cuyo, car, à de rares exceptions près, il ne peut aller dans les autres îles et dans le nord de Palaouan.

La force militaire est composée d'Indiens formant un corps appelé *tercios civiles de policia*, remplacé maintenant presque partout par la *guardia civil*.

Le sol de l'île Cuyo est presque entièrement cultivé; mais les récoltes y sont peu abondantes, en raison de la mauvaise qualité de la terre, qui aurait besoin d'engrais, que personne ne songe à lui donner. On y trouve de nombreux bestiaux et des poules, qui forment le principal ou mieux l'unique article de commerce, que l'on exporte dans toute la province et même jusqu'à l'île de Balabac, à l'extrémité sud de Palaouan; la faune et la flore de l'île Cuyo sont très pauvres.

La ville de Cuyo possède un fort. C'est un grand carré, flanqué de tours aux quatre angles; au haut des tours et sur le faîte du mur se trouvent des pièces de canon hors de service; un seul de ces canons, en bronze et relativement moderne, sert à tirer des salves les jours de fête; le reste de cette artillerie hors d'usage est en fer.

Les murs ont 10 mètres de haut sur 3 d'épaisseur; les deux faces de la muraille sont en pierres, et l'intérieur en est rempli de galets et de terre.

Ce fort servait à défendre la ville contre les pirates. Cependant les habitants aiment à rappeler que, lors de la prise de Manille par les Anglais en 1762, un des vaisseaux de la flotte britannique envoya, en passant devant Cuyo, un boulet, qui vint se briser sur les murs de la forteresse.

Le 26 août, on avait entendu comme une épouvantable canonnade; ici seulement nous avons l'explication de ce que nous avions pris pour une canonnade.

A Dumaran, à Cuyo et à Puerto-Princesa, on avait cru entendre le canon d'un navire en détresse, et plusieurs bateaux étaient allés en reconnaissance, mais sans résultat.

D'autre part, le gouverneur d'une des îles du Sud avait annoncé à Manille qu'un navire demeuré inconnu s'était battu contre une canonnière espagnole, etc.

Cette nouvelle n'avait pas tardé à courir les rues de la capitale, et les potins d'aller : heureusement une dépêche, annonçant la terrible catastrophe du détroit de la Sonde, vint expliquer le fait et calmer les esprits.

Le 3 octobre, nous prenons congé de don Pedro et de don Ramon, et, à 9 heures du soir, nous levons l'ancre pour retourner à Puerto-Princesa; mais le retour ne devait pas être des plus faciles : à 11 heures, nous éprouvons une première avarie à la machine, et à minuit une seconde; par bonheur, le mécanicien parvint à réparer l'accident avec assez de promptitude, car le courant nous entraînait sur de petites îles, où nous aurions forcément échoué.

Le 4, à 6 heures du soir, nous mouillons devant le village de Dumaran, d'où nous repartons le lendemain matin, et, longeant la côte de la Paragua, nous passons au milieu des bancs jusqu'à la pointe Flechas, où se trouve un village de quelques cases, habité par des gens de Cuyo qui font le commerce de l'almaciga (copal) et du rotin.

Nous continuons notre route jusqu'à Puerto-Princesa, où je retrouve mon quartier général intact. J'avais pris le soin d'y laisser en garde un de mes hommes.

# CHAPITRE XIV

## MÉNAGERIE — VOYAGE A MINDANAO ET A SOULOU L'ÎLE DE BALABAC

Une fois réinstallé, je repris mes chasses et lançai mes hommes de tous côtés. Mariano me rapporta un jour un sanglier différant dans ses formes, surtout par la tête, de ceux que j'avais vus jusqu'à ce jour dans les autres îles de l'archipel. C'est sinon une espèce, tout au moins une variété nouvelle.

Quelques jours après mon retour, un Indien m'apporta dans un sac un animal vivant, qu'il jeta sur le plancher. A première vue, on ne distinguait qu'une boule recouverte d'écailles, ce qui fit dire à mon cuisinier : « Le drôle de poisson ! » C'était un pangolin, que je cherchais en vain depuis longtemps. Les pangolins, qui offrent une physionomie si caractéristique, grâce aux écailles imbriquées qui recouvrent leur corps, leur queue et la face externe de leurs membres, constituent, dans l'ordre des Édentés, une petite famille, qui compte des représentants en Afrique et en Asie. Le *Philodatus indicus*, espèce à laquelle appartient le specimen en question, n'avait pas encore été signalé dans cette région et n'était connu que dans l'Asie continentale.

Cet animal ne sort presque jamais de jour; il reste renfermé dans sa tanière en attendant la nuit, pour se mettre en chasse; il se nourrit de fourmis; pourvu d'une langue cylindrique, très longue et épaisse, toujours enduite d'une salive gluante, il attrape les fourmis en plongeant cette langue dans les fourmilières, à la façon de ses congénères des continents. Sa chair est très appréciée des naturels.

Désirant l'étudier de près, je le gardai vivant près de moi; pendant la journée il ne fit pas un mouvement; le soir venu, tout confiant, je l'enfermai sous une chaise en rotin pour passer la nuit; il y resta tant que j'eus de la lumière; mais, dès qu'elle fut éteinte, et à peine étendu sur mon lit, j'entendis mon animal commencer de se mouvoir, puis tout d'un coup un grand bruit dans la chambre comme si quelqu'un courait sur le plancher avec des sabots; je me lève rapidement, j'allume une bougie et aussitôt le silence se fait. J'appelle un de mes hommes, et nous regardons à l'endroit où devait être mon fourmilier : la cage était vide; je cherchais partout sans le trouver, quand tout d'un coup une masse tomba à mes pieds : c'était mon animal qui, grimpé à un porte-manteau mobile, venait de se laisser choir.

Ayant fermé toutes les portes, je le fis marcher : je m'expliquai bientôt le bruit de sabots que j'avais entendu; l'animal pour courir se tient perché sur la pointe de ses ongles, qui sont cornés et très forts; il court très vite et grimpe avec beaucoup de facilité, même le long des murs raboteux d'une case.

En courant par la chambre il renversa une caisse, où j'avais un joli petit écureuil volant, animal également noctambule qui se mit à voler de tous côtés en jetant des cris aigus; j'eus beaucoup de peine à rattraper mes pensionnaires et à les enfermer dans leurs cages respectives, que je consolidai de façon à pouvoir dormir. Cet écureuil volant (*Sciuropterus pulverulentus*, Gunth.) a été récemment décrit par M. Gunther d'après des spécimens provenant de Penang et de Malacca. Les sciuroptères ou écureuils volants, qui se trouvent en Asie, en Europe et en Amérique, ont le régime des rongeurs et bondissent de branche en branche ou même d'un arbre à l'autre, en se soutenant au moyen des parachutes qui s'étendent entre leurs membres antérieurs et postérieurs.

Le lendemain, je tuai les deux animaux avant qu'ils se fussent détériorés en captivité.

Je mentionnerai encore un petit animal que tout le monde fuit comme la peste : c'est le *Midaus*, petite bête à museau pointu, de la grosseur d'un beau rat; elle a une tête rappelant au premier abord celle d'un porc; son poil est ras; sa queue, rudimentaire, est un petit appendice d'un demi-centimètre de longueur sans poil. Il appartient au même genre que le *Teledu* de Sumatra. Par la disposition de ses pieds, nettement plantigrades, et par son système dentaire, il se rapproche des blaireaux.

Un jour, revenant de la chasse, je sentis près du village une odeur infecte, qui allait en augmentant à mesure que j'approchais de chez moi; quand je fus rentré, l'odeur devint insupportable; ayant demandé la cause, Mariano m'apporta au bout d'une corde un petit animal qui se débattait. « Voilà, me dit-il, le *Bontoc* que tu demandais l'autre jour aux Tagbanuas; tout le monde voulait que je le jetasse, mais il n'y a pas de danger! c'est trop difficile à prendre. »

Il avait eu raison de ne pas le jeter, mais il aurait pu le tuer, car, pour l'avoir eu vivant quelques moments, nous en fûmes empestés pendant plus d'un mois. Cette odeur est tellement intense, désagréable et persistante, que le soir même je dus aller demander à dîner à mon ami Bisguerra, après m'être changé des pieds à la tête et avoir pris un bain, ma case étant absolument intenable.

Le 2 novembre 1883, je repartis à bord de la canonnière *El Filipino*, avec le nouveau commandant, don Alonzo Morgado; nous devions naviguer ensemble pendant vingt-deux jours. A 6 heures nous sortions de la baie de Puerto-Princesa, et, après nous être élevés à 2 milles dans l'est, nous nous dirigions vers le nord jusqu'à Tapul, où nous ne restâmes qu'une heure; de là nous gagnons l'embouchure de la rivière Babuyan, où nous arrivons vers 2 heures de l'après-midi.

Pendant que la canonnière reste mouillée devant l'embouchure de la rivière, je vais avec une baleinière relever le cours de ce petit fleuve; mais je ne puis le remonter que

Pangolin et Écureuil.

sur un parcours de 4 kilomètres. Au point où je m'arrêtai, la rivière, malgré un ou deux bas-fonds, était navigable pour ma baleinière. L'eau cesse d'être saumâtre à 2 kilomètres environ de son embouchure ; le courant, assez rapide, est de 1 1/2 à 2 1/2 milles à l'heure ; près de cette rivière, le village du même nom est situé à 1 kilomètre de son embouchure. Dans ce village, j'espérais pouvoir étudier les

Midans.

Bataks, qui viennent parfois apporter de l'almaciga (copal), qu'ils échangent principalement contre du riz ; mais les fortes pluies des jours précédents les retenaient dans leurs montagnes ; et il me fut impossible de les rejoindre dans mes excursions, car ils fuient à l'approche de tout Européen et ne traitent qu'avec quelques Indiens.

C'est de cette partie de l'île Palaouan que les Espagnols tirent la plus grande partie des joncs blancs dont ils font des cannes de commandement et qui atteignent des prix fort élevés lorsqu'ils sont sans tache.

Nous continuons notre route vers le nord jusqu'à la pointe Acantilada et, de là, jusqu'au mouillage de la rivière.

Le 3 novembre, au matin, nous levions l'ancre pour Burbacan, autre rivière à 40 milles plus au nord, où nous arrivions dans l'après-midi. La marée, fort basse en ce moment, nous empêcha de descendre à terre, et nous remîmes l'excursion au jour suivant. Nous ne pûmes le lendemain matin, comme nous l'avions projeté, aller à terre, vu l'état de la mer; le vent ayant fraîchi pendant la nuit et menaçant de s'élever encore davantage, nous fûmes obligés d'aller chercher un mouillage plus sûr à l'île de Dumaran, au pied du village de ce nom.

Le lendemain de notre arrivée, je partis en excursion à la montagne Obong, située au nord du village, qu'elle commande, et dont l'altitude n'est marquée sur aucune carte; le dessin la fait paraître beaucoup plus grande qu'elle n'est en réalité; elle n'a que 98 mètres d'altitude. Je passai la plus grande partie de mon séjour à faire des excursions aux environs, à pêcher; mais mes efforts ne furent pas toujours accompagnés du succès que j'aurais désiré.

Le 11 novembre, le vent du nord-est, qui nous retenait depuis le 4, ayant diminué un peu de violence, nous levons l'ancre à 9 heures du matin, pour continuer notre route, et, après avoir contourné les petites îles qui forment le port de Dumaran, nous nous dirigeons au nord. A 11 heures, nous avions avancé avec peine de 7 à 8 milles; le vent fraîchissant de plus en plus, il faut virer de bord et, vu l'état de la mer, chercher un refuge au pied du village de Danlig et derrière les îlots et bas-fonds qui se trouvent en cet endroit.

Le 12, à 7 heures du matin, le temps étant toujours mauvais, nous sommes obligés de retourner au mouillage de Dumaran; le 15 au soir le ciel s'assombrit de plus en plus, le baromètre descend : le vent, qui était au nord-est, saute au nord-ouest, accompagné de fortes pluies et de violentes rafales. Le lendemain matin le baromètre continue à descendre jusqu'à 757 millimètres, le vent passe au sud-ouest. A 10 h. 30, 756 millimètres; à 11 heures, 755; à 3 h. 50, 754; à 4 h. 45, 753 millimètres, limite extrême de la baisse; jusqu'à 5 h. 55, le baromètre oscille entre 753 et 754 millimètres; à partir de 6 heures, il remonte irrégulièrement, sans toutefois aller plus haut que

754 millimètres 8 dixièmes; cela donne une différence de 4 millimètres avec l'état normal moyen : c'est, pour cette région, presque un maximum d'écart. La variation barométrique en temps normal est de 2 à 3 millimètres; quand elle arrive à 4 millimètres, il y a menace de tempête.

Heureusement que ce *vagio* nous prit étant à l'ancre et bien abrités; le vent souffla avec violence, accompagné par moments de pluies torrentielles. A 7 heures du soir, le commandant, qui avait fait, au début de la tempête, mouiller sur deux ancres, fit allumer les feux; nous passâmes la nuit sous vapeur, mais nous ne pûmes nous coucher que vers 4 heures du matin, heure à laquelle la tourmente s'éloigna de nous.

Le 18 novembre 1883, à 7 h. 40 du matin, nous levons l'ancre de nouveau, pour remonter vers le nord. Après nous être dégagés des îlots qui environnent Dumaran, nous allons jusqu'à la pointe Bay et de là au nord-est, direction qui nous fait passer entre l'île Paly et la Paragua. Nous suivons la même route jusqu'à l'extrémité nord de l'île Icadambanuan, et enfin jusqu'à l'île Maitiaguit, où nous mouillons dans une petite baie assez bien abritée, après avoir fait 32 milles. Dans cette baie se trouve un village d'une douzaine de cases, qui porte le même nom que l'île.

Les 18 et 19, j'allai faire des excursions dans les montagnes, dont la plus haute atteint à peine 140 mètres d'altitude.

La végétation y est la même qu'à Palaouan. Quant à la faune, pendant mon court passage, j'ai tué deux oiseaux et un mammifère que je n'avais pas; mais je n'ai pas vu le singe blanc, que l'on m'avait assuré être dans ces parages. A Maitiaguit, le singe blanc se change en un écureuil de la même couleur, que tout le monde a vu, ainsi que nous, à Icadambanuan. Mon ami Morgado me promet qu'à notre retour nous toucherons à cet endroit et que nous chercherons cet animal, singe ou écureuil, qui paraît aussi difficile à trouver que le merle blanc.

A bord de notre canonnière nous avons un jeune botaniste espagnol, M. Maeso, qui, tout en courant après ses plantes, fait des collections de tout genre dont il fait hommage à ses chefs. Malheureusement, le pays n'est pas riche, et le mauvais temps nous retient à bord plus souvent que nous ne le voudrions. Cependant quelques pêcheurs nous apportent leur pêche, et le jeune Maeso se précipite dessus; comme les poissons sont assez nombreux, nous pouvons l'un et l'autre réunir quand même une collection intéressante.

Le 20, la mousson s'accentue, et nous sommes obligés d'abandonner notre projet de contourner la pointe nord de l'île Palaouan. Le commandant Morgado ne peut, avec sa canonnière, dont la machine est avariée, affronter les vents de nord-est. Nous devons revenir sur nos pas, et, le jour même, nous mouillions au pied du fort qui protège l'ex-ville de Tay-Tay. Cette ville, pendant longtemps la capitale de la province de Calamianes, a été abandonnée pour cause d'insalubrité; il ne reste debout que le fort, la tour et l'enceinte, qui sont en assez mauvais état, et les ruines de la casa real.

N'ayant pas eu de viande de boucherie depuis notre départ de Puerto-Princesa, j'achetai, au prix de 10 francs, un mouton : seulement, le propriétaire me dit de le tuer moi-même; il me désigna un jeune mâle, que j'abattis d'un coup de fusil.

Le soir, quand on nous servit l'animal, il nous fut impossible d'y goûter, tant était forte l'odeur de la bête. L'équipage, moins difficile, s'en régala, malgré ou peut-être à cause de l'odeur.

Après avoir renouvelé nos vivres, nous allons nous abriter pour la nuit dans une petite baie à l'île d'Icadambanuam.

C'est ici que nous devons trouver le singe ou l'écureuil blanc; aussi formons-nous le projet de partir tous en chasse; le jeune Maeso dit qu'il emportera aussi son fusil, espérant bien, tout en faisant de la botanique, descendre l'animal s'il se présente. Le mécanicien et moi nous devons, avec les chasseurs, faire une battue en règle dans l'île, chose relativement facile, la brousse étant moins impénétrable que dans d'autres parties de l'archipel.

Au petit jour on part, comptant sur une chasse abondante. Mais nous ne devions pas pousser jusqu'au bout notre excursion à la fois cynégétique et zoologique. A 10 heures tout le monde est de retour; il a fallu rejoindre, le sifflet de la machine ayant sonné la retraite : il faut quitter notre mouillage au plus tôt, car la houle devient forte; et notre canonnière ne peut tenir la mer pendant la mousson du nord-est.

Tandis que l'on fait l'appareillage, j'examine le butin rapporté par tous les chasseurs; je n'y trouve pas le fameux singe blanc tant convoité, mais une espèce d'écureuil avec le dos gris et le ventre blanc; je demande si personne n'a vu un animal entièrement blanc : tout le monde dit non; notre jeune botaniste seul prétend avoir tiré un animal tout blanc, qui s'est enfui, mais je crois, et je m'empresse de lui exprimer ma manière de voir, qu'il n'a vu que le ventre d'un écureuil semblable à ceux que nous avons tués; cela le met fort en colère...., mais d'autres préoccupations viennent bientôt changer le cours de nos idées.

Pendant que nous examinions et discutions sur la chasse, notre petit vapeur était sorti de la baie. Tant que nous étions restés à l'abri de l'île, le navire s'était bien comporté; mais, quand nous débouquâmes, les grandes lames, venant du large, soulevées par un vent du nord-est assez fort, nous faisaient rouler bord sur bord et menaçaient de nous charrier comme une vulgaire coquille de noix. Le commandant Morgado, voyant le danger de cette situation, prit le parti de s'élever vers la haute mer, afin d'éviter d'être brisé sur les rochers qui bordent la côte. C'est à peine si la force de la machine nous permettait par moments de résister à la lame.

Profitant de quelques embellies, la canonnière parvient à s'élever assez haut pour virer de bord et gagner l'île Paly, où nous nous trouvons à l'abri; de là nous continuons notre route à travers les bancs et les îlots, qui brisent les lames et nous protègent contre la violence de la mer.

Le 23, nous étions de retour à Puerto-Princesa. Je passai le mois de décembre à faire diverses excursions dans les environs. J'explorai la baie de Puerto-Princesa et les différents cours d'eau qui s'y jettent. Tout le terrain qui borde la baie est bas, marécageux et couvert de palétuviers; les montagnes et terrains fermes se trouvent, dans cette partie, assez éloignés de la baie.

Un jour, revenant d'une de ces excursions, mon chasseur Mariano m'apportait une jolie vipère, appelée dans le pays *Daum-Palaye*. L'animal se tordait autour du bâton auquel il était amarré. Très satisfait de cette nouvelle pièce, je m'empressai de la mettre dans l'alcool. Après l'avoir détachée, je pris la tête dans la main gauche et le corps dans la main droite; Mariano ouvrit le flacon en tôle contenant l'alcool, et je lui recommandai de le refermer aussitôt.

Au moment où je lâchais le serpent, mon Indien, ayant peur qu'il ne s'échappât, voulut fermer trop vite et m'attrapa avec le couvercle la main gauche, qu'il précipita ainsi sur la droite : la vipère en profita pour me mordre; je lâchai l'animal dans l'alcool; puis, ayant fait une incision à l'endroit de la morsure, j'y versai quelques gouttes d'acide phénique pur.

Mon chasseur, pendant ce temps, me rassurait à sa façon : « Tu sais, monsieur, ça c'est une mauvaise morsure; dans mon pays, tous ceux qui sont mordus par le *Daum-Palaye* en meurent au bout de deux heures. Tu sais, monsieur, ça mauvais; il n'y a pas de remède; au bout de deux heures on est mort. »

Que le lecteur ne croie pas que mon Mariano s'exprimât d'une voix émue ou seulement agitée; non, tout cela était dit tranquillement, avec indifférence, comme si je n'étais pas en cause. Après m'être pansé, je lui annonçai qu'il pouvait être tranquille, que je ne mourrais pas; puis j'allai me coucher pour étendre mon bras, afin de ne pas accélérer la circulation du sang, et je m'endormis.

Trois heures après, m'étant réveillé, je trouvai mes hommes dormant ou fumant; pas un n'était reparti en chasse, s'étant dit qu'il était inutile de sortir, puisque j'allais mourir. Mon chasseur Mariano, après m'avoir regardé, me dit : « Tu me donneras de cette médecine-là. — Pourquoi? lui dis-je. — Parce que c'est la première fois qu'un homme mordu par un *Daum-Palaye* n'est pas mort au bout de deux heures. » Je lui donnai un flacon d'acide phénique, et tout le monde partit dans les bois.

La morsure du *Daum-Palaye* est très dangereuse et entraîne généralement la mort; mais je n'avais guère eu que l'épiderme attaqué; j'avais pu faire immédiatement une incision et une cautérisation énergique avec de l'acide phénique : il n'y avait pas grand danger; j'eus toutefois le bras engourdi pendant trois ou quatre jours.

Le 25 février, le gouverneur me pria de servir d'interprète à des naufragés américains qui venaient d'arriver sur trois canots. Leur navire, superbe trois-mâts, avait touché la veille sur un banc dont ils se croyaient encore assez éloignés. Toujours est-il que le navire, poussé par une forte brise, talonna trois fois et ne parvint à se sauver que grâce à une pompe à vapeur installée à bord. Après avoir touché, le capitaine, tout en s'occupant d'assécher la voie d'eau, fila, toutes voiles dehors, vers l'île de Palaouan; quelques heures après, il vint échouer sur les bancs qui l'entourent, et l'équipage gagna la terre, où il ne croyait pas rencontrer d'Européen. Les canots, ayant vu la baie de Puerto-Princesa, y entrèrent et vinrent accoster à l'appontement. Le gouverneur offrit l'hospitalité au capitaine et à son épouse, qui s'était blessée à la jambe en embarquant dans le canot. On lui prodigua les soins nécessaires, et, peu de jours après, tout le monde partit sur un vapeur pour Manille.

Le 1er janvier 1884, une forte attaque de dysenterie m'obligea à garder le repos pendant une quinzaine de jours.

Malgré mon état maladif, je pus me rendre le 9 chez le gouverneur et saluer le vice-roi des Philippines, le général Joaquim Jovellar y Soller, qui faisait sa tournée d'inspection.

Je reçus de Son Excellence un très aimable accueil, et le général m'assura que, d'après ses ordres, je trouverais partout aide et protection en cas de besoin.

Je le remerciai et retournai cahin-caha, sous un soleil de plomb, à mon logis, où je dus rester encore plusieurs jours malade; je pris alors le parti d'aller faire en mer un voyage de quelques jours.

Ayant poussé jusqu'à Manille, d'où j'expédiai les collections réunies depuis le dernier envoi, je repartis ensuite pour l'île de Balabac. Je ne m'y arrêtai cette fois qu'un instant, ainsi qu'à Soulou (Jóló), que je trouvai encore émue de la mort de deux officiers tués par des Juramentados. Assis devant le magasin d'un Chinois, ils lisaient des lettres de leurs familles que le courrier venait d'apporter, quand ils furent tués.

L'un d'eux eut la tête tranchée du premier coup, sans même avoir vu l'agresseur ; le second put parer le premier coup avec la main, qui fut coupée net, mais il mourut du second coup porté par son assassin.

Un docteur militaire, qui se trouvait avec ces deux infortunés, averti probablement par la chute de ses compagnons, put se défendre, quoique sans armes, en se jetant vivement sur son adversaire ; il sauva ainsi sa vie, mais le malheureux sortit de là avec un bras de moins et d'horribles blessures faites par le kriss.

Les trois Juramentados furent tués presque immédiatement par les Indiens et les soldats accourus aux cris de *Moros! Moros!* Depuis cette époque, il est interdit à tout officier ou soldat de sortir sans armes.

Le 20, nous touchions aux îles Basilan, groupe occupé quelque temps par la France en 1845, et dont nos officiers de marine ont dressé une excellente carte.

La capitale, Isabela, est située sur la principale île du groupe. On y trouve un arsenal maritime, le seul de ces régions, où l'on peut faire des réparations d'une certaine importance aux canonnières chargées du service dans le sud des Philippines.

Le jour même, nous mouillions devant la ville de Zamboanga, à l'extrémité sud-ouest de l'île de Mindanao. De là, je repassai à Soulou, et je profitai des quelques heures de séjour pour aller chasser aux environs de la ville.

Le 10 mars, j'arrivais à l'île de Balabac, située entre la pointe nord de Bornéo et l'extrémité sud de Palaouan, mais plus rapprochée de cette dernière île, dont elle semble un prolongement. Sa plus grande longueur du nord au sud atteint à peine 20 milles; sa plus grande largeur est de 4 milles et demi. Le relief de l'île de Balabac est relativement assez élevé, et la plus grande altitude que l'on a constatée atteint 400 mètres au-dessus de la mer. Cette île, complètement boisée, est très riche en bois de construction.

Balabac.

Le gouvernement espagnol y a fait un essai de colonie agricole pénitentiaire, qui n'a pas donné de résultat satisfaisant, bien que le terrain y soit plus riche qu'à Palaouan. Quelques-unes des montagnes sont volcaniques, les autres madréporiques; on y rencontre des traces de fer; quelques naturels prétendent qu'il y a du charbon, mais le fait est loin d'être vérifié. L'île n'est occupée que sur un seul point, à la baie de Calandarang, dont l'entrée est éclairée par un feu qui s'aperçoit à 10 milles au large.

Le gouverneur actuel, don Manuel de Elisa, se dispose à en établir un second au sud de l'île, à l'entrée de la baie de Clarando, ce qui rendra un immense service à la navigation, très périlleuse dans ces mers, semées de bancs et d'îlots très nombreux.

La colonie est presque exclusivement composée de *presidarios* (forçats), de soldats et marins, et de quelques Chinois entre les mains desquels se trouve le commerce de cette île.

Les établissements officiels se composent d'une caserne, de deux hôpitaux et de la résidence du gouverneur; le tout est construit en bois, et dans un état complet de vétusté.

Dans la baie il y a une petite canonnière, mais le mauvais état de la coque et de la machine ne lui permet plus de prendre la mer; le dernier service rendu par cette canonnière a été de sauver l'équipage d'un navire français échoué sur un des bancs de la passe. Ce ne fut pas sans de grandes difficultés, car le commandant fut obligé de revenir deux fois au port pour réparer sa machine; à la troisième tentative seulement, il put arriver jusqu'à nos compatriotes naufragés et les ramena à Balabac, où le gouverneur leur donna l'hospitalité et les moyens de revenir à Manille.

Les habitants de l'île sont des Malais; la plupart de ceux que j'ai vus présentent le double prognathisme alvéolo-dentaire. J'ai pris les mesures anthropométriques de trois de ces insulaires. L'un d'eux a la mâchoire absolument anormale et rappelant celle d'un poisson que j'ai eu l'occasion de disséquer. Un autre a les dents de la mâchoire supérieure limées et plates comme celles de certains crânes provenant des grottes funéraires : le même individu a les yeux bleu foncé. Ces indigènes ont les cheveux noirs et lisses, la taille peu élevée; ils vivent de chasse et de pêche.

Le commerce de Balabac, fort restreint d'ailleurs, consiste principalement en rotin et cire, que l'on trouve dans les montagnes de cette île et des îles voisines; en trépang, que l'on trouve en abondance dans toutes ces mers.

Pour le moment aucun navire de provenance étrangère ne peut encore trafiquer à Balabac, mais cela paraît devoir changer d'ici peu; le gouverneur des Philippines ayant approuvé le projet de don Manuel, le port va être *habilitado*, c'est-à-dire que les navires auront la liberté du trafic après payement des droits de douane.

Le port est parfois visité, en dehors du courrier de Manille, qui y vient tous les vingt-huit jours, par quelques navires marchands anglais de la Borneo British Company, qui fait le commerce sur la côte ouest de Palaouan et sur les côtes de Bornéo. Les mêmes navires poussent jusqu'à Soulou et aux îles Tawi-Tawi.

Petit chevrotain (*Tragulus Kanchil*).

C'est surtout sur la côte ouest, de Palaouan à Calasiao, vers le neuvième degré de latitude, que se font les échanges de marchandises européennes et de riz contre du rotin, de la cire, des nids d'hirondelles, du trépang, de la nacre et des perles.

La faune est à peu de chose près la même qu'à Palaouan; cependant j'y ai observé deux mammifères et un oiseau que je n'avais pas vus dans cette dernière contrée. Dans mes chasses, j'eus l'occasion de rencontrer un petit animal fort gracieux, qui ne se trouve que dans l'île de Balabac. Il est complètement inconnu aux Philippines, quoique le même genre existe dans les îles malaises, dans la presqu'île de

Malacca, où j'ai eu l'occasion d'en tuer en 1869, en Cochinchine et à Poulo-Condore. Je veux parler du *Tragulus Kanchil*, gentille petite bête ressemblant à un cerf lilliputien ; le mâle est armé de deux jolies petites cornes très effilées ; la femelle est encore plus petite. La chasse en est fort difficile, surtout sans chien. Il est si petit qu'on croit voir passer un gros rat, et sa vitesse est telle qu'il a disparu avant que l'on ait pu épauler son fusil. Les naturels de l'île le prennent surtout au piège, ce qui m'a permis d'en avoir de vivants, mais il meurt assez vite en captivité, et parfois se tue en cherchant à fuir.

Sa chair est un mets, sinon exquis, tout au moins très bon : j'en ai mangé avec plaisir, bien que je l'aie trouvée un peu molle.

Le 5 avril, je prenais congé de mon ami Bisguerra, que j'avais retrouvé à Balabac et qui m'avait donné l'hospitalité.

# CHAPITRE XV

## LES TAGBANUAS — MŒURS ET COUTUMES

De retour à Palaouan, je repris l'exploration de la baie de Puerto-Princesa et des rivières qui viennent y déboucher, décidé à aller ensuite chez les Tagbanuas pour étudier leurs mœurs et leurs coutumes.

La baie de Puerto-Princesa, située sur la côte est de Palaouan, est profonde, dirigée du sud au nord, et ses bords sont découpés par des baies secondaires au fond desquelles viennent déboucher de nombreux cours d'eau. Puerto-Princesa est construit sur une langue de terre qui abrite la baie des vents de l'est. L'entrée de la baie est marquée par deux promontoires, la pointe Bancao-Bancao au nord et la pointe Banagtavan au sud. A marée basse, une partie du fond vaseux de la baie découvre sur la côte ouest. Parmi les nombreux rios qui se déversent dans la baie de Puerto-Princesa, nous ne signalerons que les principaux, le rio Caramuran tout au nord, le rio Panacan au nord-ouest, les rios Yguahit et Binuan à l'ouest.

Deux ou trois petites îles à noter, l'île Caña au fond de la baie et l'île del Rio à l'embouchure de l'Yguahit.

De la ville on aperçoit diverses chaînes de montagnes : vers le nord-ouest, les monts Pulgar (1208 mètres) et Beaufort (1121 mètres) ; vers le sud-ouest, la Cordillera de la Aldea et celle des tres Picos.

Le 8 avril, à 5 heures du matin, je partais pour le haut

de la rivière Yguahit, où j'espérais trouver un ou deux villages indigènes.

La rivière Yguahit se jette dans la baie directement à l'ouest du Pueblo, capitale de l'île; sa direction générale est ouest; elle n'est navigable que sur un parcours de 3 milles et demi à peine.

Les indigènes l'appellent la grande rivière; son eau est douce jusqu'à un mille de l'embouchure. Pendant l'espace d'un mille environ, elle coule à travers les palétuviers et les pandanus, puis les rives s'élèvent régulièrement et sont entièrement boisées.

Le terrain forme une plaine accidentée jusqu'au pied des monts Pulgar et Beaufort. Le sol, argileux et ferrugineux, est peu cultivé par les indigènes.

A 8 heures du matin, je m'arrêtais à la case du chef tagbanua; elle est perchée sur la berge de la rivière à 3 mètres au-dessus de l'eau et près du confluent du premier affluent de gauche de l'Yguahit. En suivant cet affluent pendant environ 800 mètres, j'arrivai à la case de Torrès, Tagal qui exploite cette région et chez lequel je m'installai pour quelques jours.

Les cases des Tagbanuas, construites sur pilotis, comme toutes les cases indigènes des Philippines, sont petites et mal bâties; les indigènes y couchent entassés les uns sur les autres, pêle-mêle avec leurs chiens et même des porcs.

Les pilotis qui les supportent sont faits de forts madriers formés d'un arbre plus ou moins gros, suivant la grandeur de la maison, et plantés debout à des distances variant de 2 à 4 mètres. Ici, ces poteaux sont nombreux, mais tous très minces, sauf ceux placés aux quatre angles de la case. Dans le cas actuel, ils n'atteignent pas la grosseur du poignet; la case est toujours pourvue d'un toit, et parfois de murs faits de feuilles d'arbre, mais il y a rarement une porte; d'autres fois, l'habitation se compose d'un simple plancher sur pilotis, à peine abrité par quelques branchages.

On m'a parlé de grands villages, dans le sud de l'île, où les habitations seraient mieux faites, mais je n'ai pu parvenir jusque-là. Partout où j'allais, je devais voir beaucoup d'habitants, de nombreuses populations; une fois sur les lieux, je ne trouvais que quelques abris et peu d'individus.

Les Tagbanuas ou, comme ils l'écrivent, les Tabanuas. sont petits, et, bien qu'ils paraissent présenter le type malais, il y a lieu de les regarder comme des métis de Malais et de Negritos, de même que les autres populations métisses de l'archipel.

Malgré leurs répugnances et la crainte qu'ils éprouvaient à la vue de mes instruments, j'ai pu prendre quelques mensurations anthropologiques sur seize individus, dont quatre femmes : une de ces dernières, quoi qu'en dise sa mère, est une métisse chinoise, d'après ses yeux relevés en haut et en dehors.

Les Tagbanuas ont une religion, et leurs dieux ou esprits sont au nombre de quatre. Le premier, le dieu d'en haut, du ciel, s'appelle *Magnisda* ou *Nagabcaban ;* celui de la mer a nom *Poco* et paraît être le bon génie : il est invoqué dans les maladies; celui de la terre est *Sedumunadoc*, que l'on prie pour les récoltes, et le quatrième, qui réside dans les entrailles de la terre, est désigné sous le nom de *Tabiacoud.*

Les Tagbanuas ont deux espèces de prêtres : les uns, qui président aux fêtes et pontifient, sont les sacrificateurs; les autres sont rebouteux et soignent les malades. Nous y reviendrons.

Les sacrificateurs, que l'on appelle quelquefois, mais improprement, *divata*, sont les véritables prêtres. Tous les ans, lorsque la récolte du riz est achevée, les Tagbanuas célèbrent une grande fête. A l'appel du sacrificateur, tous les fidèles se hâtent de se réunir sur la plage, apportant des victuailles de toutes sortes. Tout le monde étant réuni, le prêtre prend les poules et les coqs apportés pour la circonstance, et, les attachant par les pattes à des branches d'arbre, il les tue à coups de bâton, mais il n'en peut donner qu'un à chaque animal; celui qui échappe au coup qui lui est destiné est aussitôt relâché et mis en liberté; le dieu *Poco* le prend sous sa protection, et personne ne peut désormais le tuer; ceux qui succombent au premier coup sont assaisonnés, cuits et mangés.

Toutes les victimes étant tuées et le repas préparé, on consomme les vivres, on se livre à la danse et on facilite la digestion à l'aide de fréquentes rasades d'eau-de-vie de riz de fabrication indigène.

Vers minuit, au moment où l'étoile *Buntala* (probablement la planète Jupiter) passe au méridien, le prêtre entre dans la mer jusqu'à mi-corps, tout en dansant et en poussant devant lui un radeau sur lequel sont placées les offrandes au dieu *Poco*.

Le radeau, fait en bambou, a environ 1 mètre 50 centimètres de côté et porte, dans des soucoupes ou sur des feuilles de bananier servant au même usage, du riz, du poisson, des poulets cuits, divers plats doux au miel, au coco et au riz. On joint à tout cela quatre petits poulets vivants de quatre ou cinq jours.

Le radeau est lancé à la merci des flots, et on attend avec une vive anxiété ce qui va advenir, car, si l'offrande est ramenée par la mer ou par le vent sur la plage, c'est un mauvais signe, et le peuple est plongé dans la consternation et le désespoir ; *Poco* refuse les offrandes et va châtier ses adorateurs. Mais si le radeau disparaît, entraîné par les flots, tous se livrent à la joie ; l'année sera heureuse.

Les Tagbanuas ont encore des fêtes de commande, données par des gens assez riches pour offrir un grand festin. Celui qui donne la fête fait venir le prêtre ; la fête commence à la nouvelle lune et se continue jusqu'au dernier jour de sa révolution mensuelle.

Le prêtre vient toutes les nuits chanter et danser ; mais le festin, le nœud de la fête, le *great attraction*, n'a lieu que lorsque la lune est à son dernier jour.

La fête alors est complète : on mange, on boit à satiété jusqu'à ce que l'ivresse soit générale et qu'elle n'épargne ni les hôtes ni les invités. L'eau-de-vie de riz agit sur toutes les têtes.

Pour fabriquer leur eau-de-vie de riz, les indigènes font fermenter du riz dans un grand vase en terre, puis ils se contentent d'ajouter de l'eau jusqu'à ce que la fermentation ne se produise plus.

Prêtre tagbanua faisant des offrandes à Poco.

Quand une femme grosse reconnaît que la délivrance est proche, elle descend de sa case, et si la case est sur pilotis assez élevés, ce qui est fréquent, elle s'installe au-dessous avec son mari, qui servira d'accoucheur.

Toutefois, lorsque l'accouchement ne se termine pas spontanément ou qu'il se prolonge, on appelle à l'aide un voisin, rarement une voisine, à moins que ce soit une femme vieille, et, dans ce cas, on s'adresse toujours à une prêtresse. Au dire des naturels, tous les hommes sont plus ou moins accoucheurs.

Quand l'accouchement est terminé, la mère prend l'enfant, le porte à la rivière prochaine, et, après avoir lavé le nouveau-né, elle fait sa propre toilette. Alors seulement elle peut rentrer dans la case.

Lorsque l'enfant est arrivé à l'âge de un ou deux ans, s'il paraît bien portant et qu'on juge qu'il vivra, on lui donne un nom; mais, s'il semble avoir une mauvaise santé, les indigènes disent qu'il est inutile de lui en donner un.

Les Tagbanuas sont mariés très jeunes, vers huit à neuf ans. Le futur doit payer au père de la jeune vierge une valeur de 10 à 50 et même 100 francs.

A Burlan, village tagbanua, les cérémonies du mariage ont lieu de la manière suivante. Les deux fiancés sont assis au milieu de la case; le *divata*, ou prêtre, s'approche d'eux, une main remplie d'huile de coco, et, marmottant des paroles inintelligibles pour les individus présents, il prend de cette huile avec un doigt et trace une raie sur le bras de l'homme depuis l'extrémité de l'index jusqu'à l'épaule, puis, passant à la femme, il trace une ligne analogue en la prolongeant jusqu'au sein.

Les Tagbanuas peuvent avoir plusieurs femmes, mais les riches seuls profitent de la permission; on m'a cité un indigène qui en possède quatre. Lorsqu'il y a plusieurs femmes, tantôt elles vivent séparées dans de petites cases, tantôt dans les chambres de la maison du mari.

Les disputes sont fréquentes entre ces dames, surtout lorsque les cadeaux faits par le mari à chacune d'elles ne sont pas exactement de même valeur.

Le mari habite pendant un certain nombre de jours avec l'une de ses femmes et doit consacrer un temps égal à ses autres épouses.

Celle qui a l'honneur de recevoir son seigneur et maître lui doit la nourriture et de bons soins pendant toute la durée de son séjour.

La durée du veuvage, pour l'homme comme pour la femme, est de trois années, pendant lesquelles ils ne peuvent se remarier; mais, en payant une dispense au prêtre ou à la famille du conjoint décédé, le survivant peut convoler de nouveau. Si la femme qui meurt appartient à un homme ayant plusieurs épouses et que celui-ci reprenne une nouvelle femme avant les trois années révolues, c'est aux anciennes qu'il payera la dispense. Le prix de cette dispense est le même que celui que l'époux a donné au moment de son mariage avec la femme qu'il vient de perdre.

Lorsque les maladies se prolongent, les Tagbanuas font venir le prêtre, qui, suivant les cas, est mâle ou femelle. Quand ce rebouteux s'est renseigné sur le siège de la douleur qui affecte le malade, il le frictionne à sec avec la main, tourne trois fois autour du patient, en dansant, en appelant le *divato* (esprit), qui vient alors dans le corps du docteur sorcier et lui donne ainsi le pouvoir de guérir. Alors commence la cure.

Le sorcier jette d'abord par la fenêtre une poignée de riz et une poignée de perles en verre aux esprits (signe de richesse). Pour terminer la consultation, il prend une poule par les pattes et la sacrifie en la tuant d'un seul coup de bâton. Si elle meurt du premier coup, on la jette, car elle doit être chargée de tous les maux du patient; si elle ne meurt pas, elle est libre pour le reste de ses jours : présage funeste, car le divato a refusé le sacrifice et le malade doit mourir.

Les morts sont ensevelis dans un cercueil taillé dans un tronc d'arbre et fermé hermétiquement. On porte ce cercueil dans l'intérieur de la forêt et on le place sur les branches d'un arbre. Quelquefois on construit un toit en chaume au-dessus, et on l'abandonne ainsi. Avec le mort on ensevelit ses armes, ses ustensiles et ses ornements les plus précieux.

Les Tagbanuas sont une population misérable; ceux de l'intérieur sont peu ou point vêtus.

Les femmes ont des anneaux de cuivre et de rotin tressé aux poignets; la coiffure est dépourvue d'ornements; les femmes et quelques hommes qui ont de longs cheveux les attachent par derrière en forme de nœud.

Ils mâchent le bétel, sont généralement très sales et couverts de maladies cutanées.

La couleur de leur peau n'est pas très foncée; leurs cheveux sont noirs, droits, lisses et très abondants. Les adultes sont très légèrement velus, la barbe est rare aux lèvres et au menton; ceux de race très pure ont les deux mâchoires très prognathes.

Le nez est souvent marqué seulement par ses lobules, qui s'élargissent et se gonflent.

Ils n'ont pour armes que quelques lances, l'arc et les flèches; quelques-uns se servent de sarbacanes pour tuer de petits animaux.

Les Tagbanuas ont une écriture qui diffère de l'écriture malaise, mais se rapproche beaucoup de celle des Javanais de Pasangan.

Ils écrivent de bas en haut à partir de la droite.

Je n'ai pu recueillir que quinze signes formant l'alphabet et ceux qui représentent les nombres. L'individu qui m'a donné ces renseignements et qui a tracé ces caractères n'a jamais voulu écrire le nom du chef, parce qu'il est son beau-père.

De même qu'à Balabac, deux ou trois de ceux que j'ai interrogés ont refusé de dire eux-mêmes leur nom. C'était un de leurs compagnons qui me le faisait connaître. Toutefois ce sont là des exceptions [1].

1. Nous avons remis à M. Alphonse Pinart, très versé dans les questions de linguistique, les documents que nous avons pu recueillir au cours de nos explorations chez les Tagbanuas. Après un examen des plus sérieux, M. Alphonse Pinart nous a

Profitant de mon séjour dans l'intérieur, je continuai d'augmenter mes collections; mes hommes me rappor-

communiqué dans la lettre suivante les résultats de ses études :

« Paris, le 22 novembre 1885.

« Mon cher Marche,

« J'ai examiné avec grand intérêt l'alphabet tagbanua et les quelques mots de cette langue que vous m'avez fait l'amitié de me remettre : ces documents, malheureusement trop courts, ont un caractère scientifique exceptionnel, en ce qu'ils permettent d'élucider une question laissée jusqu'à présent en suspens, à savoir si les anciens habitants des Philippines écrivaient de haut en bas, de bas en haut, de gauche à droite, en lignes parallèles, etc. Nous allons à cet effet, si vous le voulez bien, passer en revue très brièvement les opinions des auteurs qui se sont occupés de la question, et je citerai presque mot à mot les paroles de mon excellent ami H. S. Pardo de Tavera (*Contribucion para il estudio de los antiguos alfabetos filipinos*, Lorana, 1884).

« Sinibaldo de Mas (*Informe sobre las islas Filipinas*, Madrid, 1843, tome II, p. 26) écrit : « Le père J. de San-Antonio dit qu'ils écrivaient comme les Chinois, de haut en bas ». Le père Martin Zuñiga ainsi que Le Gentil et d'autres écrivains ont répété les mêmes paroles. Le père J. de San Antonio (*Cronica de la provincia de San Agustin a Sampaloc*, 1737-44, tome I, p. 144) dit en effet : « Leur manière d'écrire propre était de haut en bas, en formant des lignes parallèles commençant à main gauche et continuant vers la droite ». Le Gentil (*Voyages dans l'océan Indien*, Paris, 1781, tome I, page 64) répète la même chose; mais Sinibaldo de Mas fait erreur en prêtant les mêmes paroles au père Martin Zuñiga (*Historia de las ilas Filipinas*, Sampaloc, 1803, p. 87), qui écrit que les habitants des Philippines avaient la même manière d'écrire que les Arabes, c'est-à-dire de droite à gauche.

« Le père F. Colin (*Labor evangelica, ministerios apostolicos de los observos de la Campañia de Jesus*, Madrid, 1663, p. 54) attribue aux Tagals la manière d'écrire de bas en haut, la première colonne à la gauche et suivant ainsi vers la droite. Melchisédec Thévenot (*Relation de divers voyages*, Paris, 1696), donnant le témoignage d'un religieux qui, suivant P. de Tavera (*loc. cit.*, p. 8), doit être le père P. Chirino, indique qu'ils écrivaient de haut en bas et ajoute plus loin qu'ils apprirent plus tard des Espagnols à écrire de gauche à droite. Ceci diffère des paroles du père P. Chirino, qui dit dans un important ouvrage (*Relacion de las Ilas Filipinas y de la que in ellas han habajado los P. P. de la Campañia de Jesus*, Roma, 1604, p. 41) : « Ils ont pris de nous la manière d'écrire les signes de gauche à tèrent quelques spécimens intéressants, entre autres un superbe oiseau, le *Polyplection emphanes* ou *Napoleonis* Less, un éperonnier.

Le mâle de cette espèce a le plumage du paon; mais,

droite, mais auparavant leur manière d'écrire était de haut en bas, la première colonne à gauche (si je me rappelle exactement, dit-il) continuant vers la droite. »

« Le père Domingo Esguerva (*Carta de la lengua Bisaya de la provincia de Leyte et Manila*, 1747, p. 1) nous apprend que les Bisayas avaient l'habitude autrefois (et encore beaucoup aujourd'hui) d'écrire de bas en haut, plaçant la première colonne à main gauche.

« Voilà quelles sont les opinions des différents auteurs, et vous comprendrez combien les documents que vous m'avez fournis sont intéressants, puisqu'ils nous font connaître que les Tagbanuas, bien que depuis longtemps sous la domination espagnole, ont conservé leur manière d'écrire antique, et que cette manière d'écrire est *de bas en haut* en commençant à main droite et continuant en colonnes parallèles vers la gauche.

« L'alphabet ne contient que 15 lettres, se rapprochant en cela aux alphabets ilocano et pampango, et il lui manque le = *pa* et le = *ha* des alphabets tagaloc et bisaya. Vous employez cependant le *p* dans les transcriptions que vous me donnez : ne serait-ce donc pas là un oubli de votre informant? Les voyelles employées en combinaison s'indiquent au moyen de points-voyelles, à l'exception de l'*a*, qui, s'il n'est pas prononcé séparément, est inhérent aux consonnes. Seul, *a* s'écrit ; = *i*; = *li*; = *bi*; *u* (*ou*), employé seul, est représenté par ; combiné avec une consonne, il s'écrit (c), ainsi = *bu*; = *lu*. Les sons *e* et *i* se confondent, ainsi que *u* et *o*.

« La lecture des textes écrits dans ces caractères est très pénible, aucune des consonnes usitées n'y étant indiquée, non plus que la plupart des voyelles suivant une autre voyelle. Ainsi = *loueta*, terre, s'écrit simplement *luta*; = *aldao*, soleil, s'écrit *ada*; = *makaium*, manger, s'écrit *makau*;

comme il n'est pas plus gros qu'un petit faisan, je le trouve cent fois plus joli. Son corps est presque entièrement d'un vert métallique ; sur la queue, il a deux rangées d'yeux, comme le paon; sa tête est verte et tachée de blanc; il est armé pour sa défense d'un double éperon : de là son nom. La femelle, plus petite de taille, est grise, tirant parfois sur le marron.

J'ai cherché à conserver vivant un aussi joli animal; mais, comme le chevrotin, il se tue en cherchant à fuir.

Pendant très longtemps les ornithologistes n'ont eu à leur disposition, pour étudier cette espèce d'éperonnier, que deux spécimens, dont l'un faisait partie de la collection du maréchal Masséna, et l'autre de celle du Muséum d'histoire naturelle. On considérait ces oiseaux comme originaires de l'île de Bornéo ; mais les recherches de M. Everett et les miennes ont démontré qu'en réalité le *Polyplection*

= *inum*, boire, *inu;* = *tagbanua*, nom de la langue, s'écrit *tabanu*, et ainsi de suite. La personne qui lit un texte se trouve donc obligée de tâtonner afin de trouver le son exact qui lui est donné par la signification de la phrase : il n'est donc pas étonnant qu'en raison de cette difficulté les habitants des Philippines aient presque partout remplacé leur alphabet national par l'alphabet latin.

« Quant à la langue tagbanua, d'après les quelques mots que vous m'en donnez, elle paraît très voisine du bisaya. — Je donne ici comme comparaison les noms de nombre en tagbanua et en bisaya :

| | TAGBANUA | BISAYA | | TAGBANUA | BISAYA |
|---|---|---|---|---|---|
| 1 | usa | usa | 6 | unome | unum |
| 2 | dua | dua | 7 | petou | pitó |
| 3 | toulo | totló | 8 | ualo | ualo |
| 4 | oucpol | upat | 9 | siam | siam |
| 5 | lina | lima | 10 | isampoulo | na poló. |

« Agréez, mon cher Marche, l'assurance de mes sentiments bien amicaux.

« ALPH. PINART. »

Ci-contre un tableau comparatif des principaux alphabets des langues indigènes des Philippines.

## Alphabets des Philippines.

| | a | e. i | u | ba | da | ga | ha | la | ka | ma | na | nga | pa | sa | ta | wa | ya |
|---|---|---|---|---|---|---|---|---|---|---|---|---|---|---|---|---|---|
| Tagaloc | | | 3 | | | | | | | | | | | | | | |
| Bisaya | | | 3 | | | | | | | | | | | | | | |
| Ilocano | | | 3 | | | 31 | | | | | | | | | | | |
| Pampango | | | | | | | | | | | | | | 3 | | | |
| Tagbanua | | | | | | | | | X | | | | | | | | |

## Exemples de l'écriture tagbanua.

*Nombres.*

1 Usa
2 Dua
3 Toulo
4 Oucpol
5 Lina

6 Ounône
10 Isampoulo
100 { tou / ga / San }

Soleil dao
Aldao Ál

Lune la
Boula Bou

Eau num
Danum Da

ne
Landane da
La

Boire num
Inum I

Manger um
Makaium kai
Ma

Terre ela
Loueta Lou

nua
Tabanua ba
Ta

le
Geronimo To
Torrès mu
Selonimu ni
Tole lo
Se

*Napoleonis* se rencontre aux Philippines (Luçon), à Pa-

Eperonnier.

laouan, et que le même genre se retrouve dans l'archipel malais.

Si mes hommes me rapportèrent quelques pièces intéressantes, il n'en fut pas de même des indigènes.

Ces derniers ne voulaient pas partir sans avoir mangé leur ration.

Je ne payais que par pièces rapportées ; mais la nourriture que je leur donnais était suffisante pour la journée ; ils allaient se coucher dans un coin quelconque, quitte à me dire qu'ils n'avaient rien trouvé. Je payais assez cher cependant ; mais, quand les naturels ne sont pas forcés de travailler, rien ne les tente.

J'eus plus de succès en ce qui concerne la botanique, et les hommes chargés de me rapporter les plantes en remplirent ma case en peu d'heures.

Voyant que je ne pouvais rien tirer de sérieux des habitants, je pris le parti de retourner vers le nord, dans l'espoir d'être plus heureux.

# CHAPITRE XVI

## LA BAIE D'ULUGAN — LES ÎLES CALAMIANES

Le 21 avril 1884, départ en banca (pirogue) pour gagner Tapul. Je me proposais de traverser l'île pour gagner la baie de Ulugañ.

Notre embarcation, la seule que j'avais pu trouver en état de faire un voyage, n'était pas pontée, et, de plus, elle manquait complètement d'équilibre.

Au moment de partir, j'avais dû refuser un passager ou plutôt une passagère qui voulait aller absolument à Tapul rejoindre son ou ses amis.

Cette *banca* avait à peu près 6 mètres de long et calait 1 mètre à 1 m. 20. Il y avait à bord quatre rameurs et le patron, mes trois hommes, une femme passagère malgré moi, mon ami Bertloloty et moi. Il y avait encore toute une ménagerie : un gros porc, faisant plus de bruit que tout le monde, que je devais remettre au poste de Bahele, deux cabris, des poules comme provisions de bouche, que je devais emporter avec le riz, car, où j'allais, il ne fallait compter absolument que sur soi.

Le lecteur peut se figurer combien il était difficile de naviguer ainsi chargé; l'eau n'étant pas à 10 centimètres du bord du canot, à chaque mouvement un peu brusque nous embarquions, et il fallait sans cesse jouer de l'écope pour vider le bateau.

Nous longeons la côte de la baie Honda jusqu'à 10 heures du soir, heure à laquelle nous établissons notre campement sur la plage.

Le lendemain, après bien des accidents et quelques bains de pieds, nous arrivons aux portes de Tapul, vers 4 heures du soir.

N'ayant pas de tente, et le sable de la rive étant fort humide, mon compagnon le jeune lieutenant Bertloloty et moi nous nous installons pour dormir sur les nattes dans notre bateau, tandis que les hommes se couchent auprès d'un grand feu qu'ils allument sur la grève.

Au matin, nous nous trouvons à sec, la marée étant basse; pendant que les hommes préparent le riz, nous allons faire une tournée dans les bois, à la recherche du déjeuner; heureusement, à notre retour, des pêcheurs veulent bien nous vendre du poisson, car nous n'avons pas eu l'occasion de tirer un seul coup de fusil.

Vers 10 heures du matin, la mer ayant monté, nous continuons notre route en nous élevant au nord; nous passons entre les îles Meora et Mackesi; de là nous nous dirigeons vers la rivière de Tapul, non sans avoir risqué plus d'une fois de couler à pic.

La journée du 23 se passe à faire transporter les bagages et les provisions au poste de Bahele, situé, le lecteur s'en souvient, sur la côte ouest près de la rivière du même nom, qui se déverse dans la baie Ulugan.

Je dus, faute d'hommes, faire transporter les bagages en trois fois; j'accompagnais le premier convoi. À peine engagés dans la forêt de bambous qui couronne les monticules nous séparant des plaines de l'ouest, nous entendons tout à coup comme une vive fusillade. En nous approchant, nous vîmes les bambous enflammés; ils éclataient, produisant ce crépitement que nous avions pris pour la fusillade. Je fis prendre le pas de course à mes hommes, et nous pûmes passer sans accident. Quelques minutes plus tard, nous aurions été en danger, car, à cette époque de l'année, tout étant sec, les feuilles de bambou s'enflamment comme de la poudre et le bambou prend feu avec une extrême facilité.

Le 24, nous débarquions vers 8 heures du matin dans la baie de Ulugan, sur la côte ouest de Palaouan.

La plus grande largeur de la baie est de 3 milles et sa longueur moyenne de 8 milles. Ses bords sont échancrés par plusieurs anses où l'on pêche des coraux ; plusieurs cours d'eau se déversent dans la baie, au fond de trois de ces petites échancrures du rivage. A l'extrémité, tombe la rivière de Bahele. Dans la seconde, sur la côte ouest, se trouve un petit cours d'eau encore innomé, que nous appellerons rivière de l'Ouest. Dans une troisième, située sur la côte est, viennent aboutir deux petites rivières que nous avons appelées la rivière du Nord et la rivière du Sud : la rivière du Nord se divise en deux bras.

Dans la baie on trouve plusieurs îlots et une petite île très étroite, qui a près d'un mille de longueur. Cette petite île, qui n'est pas nommée sur les cartes, a reçu des Espagnols de la région le nom d'île Rita. L'entrée de la baie, d'accès facile, est marquée au nord-est par la pointe Piédras et au nord-ouest par les quatre petits îlots désignés sous le nom de Camugyan.

En passant au centre de ces deux points et en se dirigeant directement à l'est, on peut en gagner l'extrémité et mouiller par 16 brasses de fond.

Si l'on veut aller jusqu'à ce point, on doit ranger la côte est de l'île Rita à environ 200 mètres.

Les bords de la baie d'Ulugan ne sont pour ainsi dire pas habités, malgré tout ce qui a été écrit sur sa nombreuse population. Des renseignements exagérés et trop facilement acceptés expliquent les erreurs de mes prédécesseurs.

Pendant tout notre séjour, nous n'avons aperçu que deux indigènes, qui se sont prestement sauvés à notre approche, et nous n'avons rencontré qu'une seule bourgade de deux ou trois cases..... inhabitées.

On m'a affirmé que, à quelque distance dans l'intérieur et en communication avec la baie de San-Pablo, il y a quelques rencherias de Tagbanuas, se composant seulement de quelques familles.

J'ai établi mon quartier général au poste créé par l'ancien gouverneur, dans une des anses de la côte ouest de la baie d'Ulugan, celle qui se trouve à la pointe sud de l'île Rita.

Ilots de Camngyan.

Ile Rita.

Le cuartel, placé sur un petit monticule, a le désavantage de ne posséder qu'un puits, dont l'eau, à l'époque des sécheresses, est mauvaise et malsaine. C'est à l'obligeance de l'officier chargé du détachement qui se trouve à Bahele que nous devons d'avoir échappé à la dysenterie. Pendant tout notre séjour, l'alferez Cervantes nous a approvisionnés d'eau potable, liquide précieux quand on a sans cesse à redouter les accès paludéens.

Baie d'Ulugan, embouchure de la rivière Coihulo.

Le 25, nous commencions notre exploration de la baie de Ulugan par la petite rivière de *Coihulo*, qui se trouve sur la côte ouest et qui suit cette direction jusqu'à ce qu'elle ne soit plus qu'un petit ruisseau.

Nous partions dès le petit jour par le seul chemin qui coupe ou plutôt qui contourne la presqu'île séparant cette rivière du poste.

J'espérais, dans une sortie aussi matinale, rencontrer;

Cuartel de la baie d'Ulugan.

quelque gibier; nous ne vîmes que quelques pigeons et un ou deux singes, que nous ne pûmes tirer.

A mi-chemin du poste, je rencontrai un campement de Tagbanuas, abandonné depuis quelques jours. Ces abris sont très primitifs : un arbre renversé, deux ou trois piquets plantés en croix sur lesquels on pose quelques feuilles de palmier nipa, et la case est bâtie; à première vue, je me crus transporté sur l'Ogôoué, à la pointe Fétiche, où j'avais vu des constructions du même genre abritant les pèlerins et les pêcheurs. Nous nous trouvons, après une courte marche, à l'embouchure de la petite rivière Coihulo; nous la remontons dans notre banca.

On nous avait annoncé que nous pourrions remonter très loin à l'intérieur de l'île; mais, arrivés à un peu plus d'un kilomètre, il faut renoncer, faute d'eau et d'espace, à avancer. Excursion manquée.

Le lendemain, nous organisions une pêche au *Taclobon* (tridacne). Ce bivalve sert, grand et petit, à faire des bénitiers. On m'avait assuré qu'il y en avait ici d'immenses, ayant plus de 2 mètres de longueur. Cette belle coquille se tient généralement sur des bancs de coraux, où, avec de bons yeux, on la distingue, immobile, entr'ouverte, paraissant soudée aux madrépores qui l'environnent. Quand nous apercevions un de ces mollusques, un de mes hommes plongeait et le remontait dans ses bras jusqu'à fleur d'eau, où on le lui prenait.

Nous ne pêchions pas seulement pour le simple plaisir de rechercher les taclobons ou autres coquilles, mais aussi pour faire des provisions de bouche à l'usage de mes hommes. La chair de l'animal, quoique un peu coriace, n'a pas mauvais goût et peut se manger. Je dois dire que sa couleur verdâtre, marbrée de noir et de jaune, ne lui donne pas un aspect bien appétissant; mais mes hommes, qui n'ont de dégoût pour rien, en mangent avec plaisir.

Nous avions déjà pêché une douzaine de ces coquillages, dont le plus petit avait 80 centimètres de largeur; les hommes les avaient déposés à terre, où ils ne tardèrent pas à s'ouvrir. Mon chasseur Mariano, qui, en sa qualité d'homme de l'intérieur de Luçon, ne connaissait rien de la mer, mais qui était très gourmand de viande, vint voir, aussitôt qu'on lui eut dit que nous avions du taclobon, si cette chair était bonne. Il alla directement au plus grand et introduisit la main dans la coquille pour palper ou en prendre un morceau. Heureusement un de ses camarades lui retira vivement la main, car déjà le mollusque se refermait et lui aurait certainement brisé le poignet entre ses deux valves. Ne doutant de rien, cet imprudent s'exposait à un grave accident. Comme il paraissait incrédule, son compagnon introduisit un morceau de bois et toucha l'animal, qui, resserrant ses valves, le brisa comme verre.

Nous eûmes ce jour-là une autre déception : sur les deux cabris que j'avais apportés, un disparut, enlevé par un crocodile ou peut-être par un boa : les uns et les autres sont, dit-on, très communs dans ces parages.

Le 28 et les jours suivants, exploration de tous les coins et recoins de la baie, sans rencontrer d'autres habitants que deux hommes, qui se sauvèrent à notre approche. Deux ou trois jours après, ils furent amenés par les soldats du poste, qui les avaient surpris occupés à pêcher dans une petite baie; ces deux hommes, à peine couverts de quelques lambeaux d'étoffe, nous dirent être Tágbanuas; mais je crois plutôt que c'étaient deux fugitifs du présidario qui s'étaient retirés de ce côté.

La végétation de cette partie de l'île est parfois malingre; mais on y trouve de très bons bois, tels que le camogon et le mentilinoa ou ébène charbonneux, qui doit être le mâle du premier.

On récolte aussi dans ces régions de l'almaciga (copal), que les Chinois achètent à raison de 5 piastres le picul (25 francs les 45 kilogrammes) et qui se vend 75 francs à Manille.

Le bejuco « rotin » forme une des branches principales du commerce; on trouve aussi dans la baie quelques coquilles perlières, que les Chinois achètent également. Les articles d'échange se composent presque exclusivement de riz.

Campement de Tagbanuas abandonné

Les Tagbanuas s'occupent fort peu de culture et meurent littéralement de faim.

On m'a affirmé que l'on trouve dans l'intérieur des Aétas, que les Tagbanuas appellent Até, et aussi des Bouayanans; mais ce sont là des indications qu'il ne m'a pas été possible de vérifier : aussi n'insisterai-je pas sur ce sujet.

Je rentrai de cette excursion fatigante avec une mince récolte d'histoire naturelle, malgré les nombreuses marches et contremarches que j'avais faites par terre et par eau.

Deux jours après notre retour à Puerto-Princesa, mon jeune compagnon et moi, nous étions cloués au lit par les fièvres; mon ami Berttoloty s'en releva avec beaucoup de peine, et un an après, au moment de mon départ des Philippines, il n'était pas encore remis entièrement.

Je me remettais en route le 4 juin 1884, pour aller explorer l'archipel des *Calamianes*, composé de trois ou quatre îles principales, d'une trentaine d'îles plus petites et de quelques îlots. Les îles principales sont : l'île *Busuanga*, l'île *Calamianes* ou *Culion*, et, à l'est de celle-ci, le *Peñon de Coron*, formant le groupe nord. Au sud se trouvent l'île *Linapacan*, dont l'extrémité est à 13 milles de l'île Palaouan, et de nombreux îlots.

Cet archipel a donné son nom à toute la province, qui comprend, en outre, la partie nord de Palaouan et l'archipel Cuyo.

Le 5, je débarquais à Culion, village principal, où réside le curé, le seul Espagnol qui s'y trouve.

Fondé en 1783, le village de Culion est situé sur la côte orientale de l'île Calamianes, sur un rocher assez élevé, au bord de la mer. Toute la côte est de l'île est montagneuse, et à l'ouest de ces montagnes, qui ne dépassent pas 200 mètres d'altitude, il y a de grandes plaines inondées pendant une partie de l'année, incultivables et très malsaines.

Les indigènes de l'archipel sont des Tagbanuas, divisés en deux groupes : le premier comprend ceux qui sont restés indépendants et fidèles à leurs croyances; le second, un certain nombre d'individus qui, réunis en villages, se sont faits chrétiens.

Parmi les premiers cependant, quelques-uns ont accepté le baptême, mais ils restent dans les bois. D'ailleurs ceux qui vivent ou, pour mieux dire, qui ont une maison au village, y demeurent le plus rarement possible. A part les dimanches et les jours de fête, tout est désert, chacun habite dans ses plantations.

Je fus reçu à Culion par le padre Pablo Navarro, qui me donna l'hospitalité en attendant que je trouvasse une case à louer; il voulut bien me servir d'interprète auprès des Tagbanuas qu'il avait fait venir chez lui pour que je pusse les mesurer.

Toute sa bonne volonté et l'influence très grande qu'il exerce même sur les indigènes non chrétiens ne facilitèrent pas autant que je l'eusse souhaité mes recherches anthropologiques. Je ne pus observer qu'un petit nombre d'individus, malgré le prix relativement élevé que je leur offrais.

Le 13 juin 1884, je pus mesurer onze Tagbanuas, qui présentent à peu de chose près le même type que ceux de Palaouan. Ils portent le même nom et sont, pour moi, de la même famille, bien qu'on rencontre quelques différences dans le langage; du reste, cette diversité s'observe à chaque pas, chaque groupe se servant de quelques mots qui diffèrent de ceux employés par son voisin.

Je n'ai rencontré ici personne sachant écrire le tagbanua; seuls quelques vieillards se rappellent avoir connu des individus qui savaient l'écrire.

Ces indigènes sont plus velus que leurs congénères de Palaouan. Le système pileux est clairsemé à la figure, assez fourni sur d'autres parties du corps.

Ils se liment aussi les incisives de la mâchoire supérieure, ce qui fait paraître celle-ci inclinée en dedans; presque tous ont de plus du prognathisme dentaire.

Ces Tagbanuas semblent constituer le type principal de ces régions, et leur origine doit remonter à une époque fort ancienne; très répandus, quoique peu nombreux dans

Iles Calamianes

ces parages, ils ont dû s'étendre jusque très près de Luçon, où ils se seraient mélangés avec d'autres races.

Ils vivent dans un état demi-sauvage, acceptant la domination espagnole, mais s'esquivent régulièrement pour ne pas payer de tribut.

Une petite excursion sur la côte est, au nord de l'île, me conduisit à la plantation de l'Indien Doroteo, un des plus grands propriétaires de l'île Culion. Les Indiens riches, propriétaires de terrains cultivés et de nombreux bestiaux, n'appartiennent pas au pays; ils sont originaires du sud de Luçon et forment une seule famille, dont chaque membre a ses intérêts privés. A part deux Chinois, la famille de Doroteo exploite seule le pays et ses habitants.

Le village de Culion et un autre dont je parlerai plus loin sont les deux seules localités des Philippines où j'ai vu l'ivrognerie poussée aux dernières limites, et cela ne facilite pas les rapports avec les indigènes.

Aux Philippines, on croit et on raconte, et quelques auteurs l'ont écrit comme chose très sérieuse, que le buffle femelle combat le crocodile et le poursuit même jusqu'au fond des eaux, quand ce dernier lui enlève son petit; dans tous les récits de ce genre que j'ai entendu rapporter, le saurien avait eu beau fuir dans ses retraites les plus vaseuses, il n'en avait pas moins été éventré par la mère en furie, qui avait ainsi sauvé sa progéniture..... Malheureusement pour la légende, le fait que j'ai vu avec mon hôte don Pablo s'était terminé au désavantage du jeune buffle, et la plus sommaire réflexion fait justice d'une pareille invention.

Dans une de mes chasses, je rencontrai une carabaia (buffle femelle) qui, immobile sur le bord du sentier, regardait un crocodile dévorant son petit; notre approche fit fuir le saurien et la mère s'éloigna.

Le 18, à 6 heures du matin, je m'embarquai dans le *panco* (cotre) du curé, pour me rendre au village de Busuanga sur l'île du même nom. Après avoir passé entre les îles Prindenon et Culion, et par le canal qui sépare cette dernière de l'île Busuanga, je continuai ma route au nord-ouest, en passant devant un grand nombre d'îles et d'îlots, jusqu'à la rivière de Busuanga. L'entrée de cette rivière est assez difficile ; elle est obstruée par de grands bancs de sable et de vase ; la bonne passe est tout près de la côte, que l'on suit jusqu'à ce qu'on soit en rivière. C'est la plus grande de l'île ; mais elle est à peine navigable pour une embarcation sur un parcours de 2 milles ; elle n'a pas 200 mètres de largeur à son embouchure.

Le petit village de Busuanga, construit au bord du fleuve, à près d'un mille de son embouchure, a été détruit il y a quelques années à peine par les Malais. Hommes, femmes et enfants, surpris dans le village, s'étaient réfugiés dans la cota (enceinte fortifiée), située sur une petite hauteur qui domine le village. Cette cota n'était et n'est encore fermée que par une palissade de 2 mètres de haut, faite de toute espèce de bois ; de plus, les indigènes n'avaient que quelques lances et beaucoup de pierres pour se défendre. Les Malais, montant dans les arbres et dans les maisons qui dominaient et touchaient l'enceinte fortifiée, fusillèrent les malheureux qui voulurent résister et firent les autres prisonniers.

Je m'installai dans une grande case très spacieuse, trop même. L'Indien qui l'avait fait construire, et qui en est encore le propriétaire, n'avait pas chicané sur les dimensions ; seulement les murailles n'ont jamais été achevées, les fenêtres provisoires de la première heure n'ont pas été remplacées, et les feuilles dont elles étaient faites ont été emportées par le vent ; sauf l'abri du toit, je suis absolument dehors, et, par les pluies diluviennes du moment, cela est parfois fort gênant.

Je mis mon lit dans un coin, que je fis fermer le mieux possible, et je restai ainsi campé pour quelques jours. Le mauvais état de la maison n'empêcha pas son propriétaire de venir me trouver, ivre comme un soudard, pour me demander un prix exorbitant. Je lui dis de revenir et que nous nous entendrions quand il serait à jeun ; mais, ce moment n'étant pas venu, j'ai dû, avant de partir, payer ce qu'il me demandait.

Le 24 juin, j'allai faire une exploration dans l'intérieur, à la recherche d'une ancienne colonie chinoise. Départ en banca à 6 heures du matin; à 9 heures, je me trouve dans une fort belle plaine, élevée de 2 mètres au-dessus de la rive droite du fleuve. Après avoir parcouru environ 2 kilomètres, nous arrivons au pied d'une petite colline de 90 mètres d'altitude, au sommet de laquelle, me dit-on, se trouvaient encore quelques vestiges d'une occupation antérieure.

Cette colline est complètement déboisée, pierreuse, couverte d'herbe et de népenthès. La pente en est assez raide, et il nous fallut quinze minutes pour la gravir; je ne trouvai au sommet que quelques morceaux d'assiettes en porcelaine commune de Chine et un débris de pilier en bois.

De ce point on découvre la mer, le cours du fleuve jusqu'à son embouchure et tout le pays environnant, ce qui me porte à croire qu'il n'y avait là qu'un poste-vigie pour surveiller l'arrivée des pirates malais; la colonie était évidemment dans la plaine, au pied de la montagne, situation beaucoup plus saine et plus commode que celle où se trouve le village actuel. Il est certain que des colonies chinoises ont été établies dans ces parages bien avant la conquête espagnole et qu'elles ont duré au moins un siècle après. La colonie chinoise devait être à l'endroit même où se récoltent les nids d'hirondelles les plus renommés, ainsi que le balete (trepang). On devait, en outre, y trouver des perles, bien que maintenant ce commerce soit presque nul.

Le 27, je remontai le fleuve en banca aussi loin que possible. La rivière, grossie par la grande quantité de pluie tombée depuis plus de quinze jours, a un très fort courant.

Jusqu'à 10 heures, nous naviguons sans encombre et nous pouvons constamment nous servir des avirons; bientôt la rivière n'a plus que 8 mètres de large, et, à mesure qu'elle se rétrécit le courant augmente toujours de force; aussi, à 10 h. 20, il faut abandonner la banca, passer dans la pirogue et continuer la route à l'aide de la perche. Malheureusement, mes hommes étant peu habitués à ce genre de navigation, je suis obligé, environ 300 mètres plus loin, de m'arrêter : à cet endroit, la rivière était obstruée par des bancs et par les arbres des rives, sur lesquelles le courant nous portait.

Si j'avais eu des Okandas ou des Adoumas, cela n'aurait été qu'un jeu ; mais, avec mes Indiens, je dus renoncer à aller plus avant par eau. Quoique à regret, je passai sur la rive droite et j'entrepris de suivre le fleuve par terre. Presque immédiatement des bambous entravent notre marche, et nous sommes obligés d'ouvrir la route à coups de bolo et de hache.

A 11 heures, nous rencontrons un sentier que je m'empresse de suivre ; nous nous dirigeons vers le nord-nord-est jusqu'à une plaine assez vaste. A midi, la pluie continuant et le terrain devenant glissant au point de rendre la marche très fatigante, je dus prendre le parti de rejoindre les embarcations.

C'est au village de Busuanga que j'ai pu bien voir jusqu'à quel point la passion de l'ivrognerie peut être portée.

Deux ou trois jours après mon arrivée, étant à déjeuner, j'entendis crier tout autour de la case ; je n'y prêtais pas d'abord grande attention, connaissant le grand nombre d'ivrognes qui habitent ce village. Mais, entendant dire ensuite que mon chasseur Mariano a tué quelqu'un ou quelque animal, j'appelle un de mes hommes et lui demande ce que signifie ce bruit, qui a été tué et quel est l'auteur du méfait.

« C'est notre voisin, dit-il, qui prétend que Mariano a tué son plus beau porc. » Je donnai l'ordre de faire venir le plaignant, et, en attendant que mon chasseur fût rentré, je fis appeler les notables, tous absolument ivres, comme d'habitude. Je demandai alors au propriétaire du porc s'il s'était bien assuré que l'animal ait été tué par mon chasseur, m'engageant en ce cas à le payer.

Lui. — Cela est vrai ; tu peux demander à tout le monde.

Moi. — Comme l'a-t-il tué et où ?

Lui. — Il l'a tué d'une balle, tout près du village ; tous ont vu le trou de la balle.

Moi. — Où est ton cochon ?

Lui. — Chez moi.

Moi. — Apporte-le.

Lui. — Ah ! il s'est sauvé.

Moi. — Comment! sauvé! puisque tu dis qu'il est tué!

Lui. — Il a été tué, mais il s'est sauvé dans la brousse très loin.

Moi. — Fais-le apporter.

Lui. — Je ne sais pas où il est.

Moi. — Puisque tout le monde l'a vu mort, il n'a pas dû s'échapper; va le chercher, que je voie s'il a été tué par mon chasseur.

Lui. — J'y vais.

Il s'éloigne, et avec lui tous les prétendus témoins et notables. Vers le soir on m'amena un porc blessé, il est vrai, mais le propriétaire eut bien soin de ne pas venir et d'envoyer sa femme pour discuter l'affaire.

L'animal avait deux blessures dans le gras du cou, une ancienne et une récente, que la femme me montra en me disant : « La balle est entrée par ici et sortie par là. » Je sondai la plaie ancienne, qui avait à peine trois centimètres de profondeur, et j'en retirai de grosses larves de mouches; puis je sondai la nouvelle, qui n'était que superficielle et sans la moindre gravité.

Ayant de nouveau fait appeler les notables, encore plus ivres que le matin, je leur dis que leur administré n'était qu'une canaille, et eux ses complices; que le porc n'avait pas été blessé par une balle, puisqu'une des blessures était ancienne et faite par un objet pointu et que la seconde venait d'être faite avec un couteau; enfin, après une verte semonce, je les avertis que, si le fait se renouvelait, je me chargerais de leur faire voir que le Castila Inglese (pour eux tout ce qui n'est pas Espagnol est Anglais) ne se laisserait pas voler impunément, et que j'entendais ne plus voir d'histoires semblables se renouveler. Tous de reconnaître alors que j'avais raison, que le réclamant était un mauvais homme, qui méritait de recevoir une volée de coups de bejuco. Après cela ils me quittèrent et allèrent achever de s'enivrer chez celui qu'ils venaient de traiter de voleur et d'homme perfide.

J'ai raconté ce fait pour montrer au lecteur avec quel aplomb les Indiens vous soutiennent les choses les plus fausses et quel sang-froid ils conservent quand on leur prouve qu'ils mentent effrontément.

Ils avaient vu la veille mon chasseur tuer un gros sanglier, et le matin il avait tiré un coup de feu près du village; cela leur avait suffi pour bâtir une histoire grotesque afin de me faire payer une somme quelconque qu'ils auraient bue à ma santé sans même songer à m'inviter.

Sanglier à grosse tête.

Le 29 juin, à 4 heures du matin, je partais pour Malbato, au sud-est de l'île; je fis la route par mer, n'ayant pu trouver un homme qui voulût bien ne pas s'enivrer et me servir de guide.

Malbato est une hacienda établie par un Espagnol, ancien officier de la marine militaire, le señor don Bernardo Ascanio, qui m'avait engagé à passer chez lui quelque temps; il mit ses hommes à ma disposition pour m'aider dans mes recherches. Malheureusement, un mauvais temps exceptionnel et continu ne lui permit pas de faire tout ce qu'il aurait désiré.

La maison d'habitation est située en haut d'une vaste plaine qui descend à la mer par une pente insensible et au pied de deux petites collines. Je fus retenu là d'abord par les pluies qui, pendant trois mois, tombèrent presque sans interruption, et ensuite par les fièvres; mais, grâce à l'amabilité de mon hôte, je pus quand même réunir une belle collection de plantes et de bois utiles à toute espèce d'usages. Don Bernardo organisa plusieurs chasses au sanglier et au cerf; malgré toute sa bonne volonté et la pratique que ses hommes avaient de ces chasses, je ne pus avoir qu'un assez beau solitaire, et je n'eus pas un seul cerf; nous tuâmes plusieurs biches et de jeunes mâles, et ce n'est que plus tard, après mon départ, que les chasseurs, aidés par les chiens, purent forcer un adulte, que mon ami fit préparer. Il est maintenant dans les collections du Muséum.

Mon ami l'haciendero possède de grands troupeaux de bœufs vivant à l'état demi-sauvage. Deux fois par semaine, on en rabat une partie sur l'hacienda, on les fait entrer dans des corrales, où ils sont passés en revue, pour panser ceux qui ont des plaies. Si on laissait les animaux sans les panser, les troupeaux dépériraient promptement, car tout animal blessé et qui n'est pas soigné est rongé tout vif par les vers qui pullulent dans la plaie. Il possédait aussi beaucoup de chèvres et de moutons; mais les crocodiles, qui infestent les petits cours d'eau, et les serpents pythons, très nombreux dans les bois, les ont détruits en grande partie.

Je ne pus prendre un seul saurien, malgré tous les pièges tendus dans les rivières et au bord de la mer. Ces pièges sont amorcés avec un chien vivant, dont les reptiles sont très friands. Mais ces animaux, très rusés, évitent le piège ou se contentent de passer dédaigneusement à côté. Une seule fois, un de nos appâts fut enlevé par un gros crocodile; avec le chien il emporta l'appareil qui devait le retenir captif.

Un jour j'étais alité, quand mon chasseur vint me dire qu'il y avait à la lisière du bois un immense serpent qui venait d'engloutir un bœuf; cette nouvelle me paraissant suspecte, et pour cause, je dis à cet homme de m'apporter l'animal.

Une heure après, je vis un serpent traîné, une corde au cou, par un buffle qui renâclait de frayeur. Quand on l'eut amené devant la case, je m'habillai et descendis pour tuer le python, qui avait près de 7 mètres de long ; le corps avait tout au plus 40 ou 45 centimètres de circonférence ; seulement le ventre était énorme. On l'avait trouvé pendant qu'il digérait ; mes hommes avaient pu sans aucun danger lui passer une corde autour du cou, puis, fixant l'autre bout de la corde aux cornes du buffle, qui s'y refusait d'abord, me l'amener ainsi.

L'animal attaché par le cou et par la queue, je fis avec mon scalpel une forte incision au cou, mais avec beaucoup de difficulté, vu l'épaisseur et la dureté de la peau ; une fois l'incision faite, sans que le reptile se débattît trop, il me fallut briser la colonne vertébrale à l'aide d'un ciseau à froid et d'un marteau ; le python se remua bien un peu, mais à peine.

La rupture de la colonne vertébrale rendait l'animal inoffensif ; une seconde incision sur l'abdomen permit de constater que l'estomac renfermait un jeune veau de deux ou trois mois : il était tout entier et intact ; les pattes étaient repliées sous le corps.

Je fis dépouiller le serpent séance tenante : sa peau est maintenant au Muséum ; quant à sa chair, elle servit à empoisonner les crocodiles ; nous en fîmes différents morceaux dans lesquels j'introduisis de petits paquets de strychnine. Il est à supposer que le poison a produit son effet ; depuis ce jour, on ne vit plus un seul saurien dans la région.

Le 24 juillet, j'eus l'occasion de mesurer 19 Agutaïnos, hommes et femmes. Ces individus, au nombre de 1000 à 1200, habitent l'île Agutaya, de l'archipel de Cuyo. L'île est très pauvre : il n'y pousse que quelques arbres. Pour construire leurs cases et leurs embarcations, ils sont obligés d'aller fort loin chercher des matériaux. Ils possèdent un peu de bétail, qui dégénère rapidement et se perd de jour en jour. Ils étaient parvenus à obtenir d'assez belles plantations de cocotiers ; mais son *vagio* (typhon) les a toutes détruites. Malgré la pauvreté de leur île, ils y sont très attachés, et quoiqu'ils aient à leur portée des îles comme Busuanga, où il y a plus de terrain libre qu'ils n'en pourraient cultiver, ils ne veulent pas l'abandonner.

Le serpent python amené à M. Marche.

Ils tissent eux-mêmes leurs vêtements, soit avec l'abaca, soit avec du coton qu'ils achètent au dehors.

Leur industrie principale est la pêche du balete (trepang) et de petites crevettes minuscules, qu'ils font sécher au soleil et qu'ils vendent ensuite aux Indiens et aux Chinois, qui en font leur régal.

De temps à autre, poussés par la faim, ils vont s'engager comme travailleurs; mais, après deux ou trois jours, s'étant bien restaurés, ils convertissent en riz l'argent qu'ils ont gagné et retournent dans leur île.

Leur type, assez régulier, diffère de celui des Tagbanuas des Calamianes : ils semblent s'être conservés assez purs. Quoiqu'appartenant à l'archipel de Cuyo, ils parlent la langue des Tagbanuas des Calamianes.

Le 28, je pouvais enfin observer de près cinq Tagbanuas de Busuanga, dont une femme; malgré tous les efforts de mon hôte, il avait été impossible jusque-là de les décider à venir; ils avaient tous très peur, et, quand je les mesurai, leur frayeur augmenta encore beaucoup. Ils sont absolument semblables à ceux des autres parties de l'archipel.

Les accouchements sont faits par des matrones; le cinquième jour seulement, la mère et l'enfant sont lavés avec une décoction d'huile appelée *calibon*. L'enfant est emmaillotté jusqu'au vint-cinquième jour, et on ne lui donne un nom que quand il est en état d'y répondre.

Pour le mariage, les vieux parents règlent d'abord les choses entre eux; puis les fiancés sont autorisés à se fréquenter, afin d'être certains de se convenir mutuellement. Au jour fixé pour la cérémonie, le futur époux est accompagné par ses invités jusqu'à la case de la future; là, on entre en pourparlers avec les représentants de cette dernière, jusqu'à ce qu'ils accordent la permission d'entrer dans la case.

Les représentants des futurs s'assoient au milieu de la chambre et discutent avec ceux de la jeune fille sur le nombre de cochons, poules, marmites, vêtements, etc., que doit donner le futur aux parents de la jeune fille; chaque parti a apporté à cet effet de petits morceaux de bambou qui servent à noter les objets demandés et accordés. Ajouter ou retrancher un morceau de bambou, c'est-à-dire donner ou refuser tel ou tel objet, exige de longues discussions, chacune des parties, dans cette occasion, ayant beaucoup plus de souci de faire ressortir ses talents diplomatiques que de prendre les intérêts de celui ou de celle qu'il représente. Lorsqu'enfin on est tombé d'accord, les fiancés passent dans une autre salle ou dans un coin à l'abri des regards indiscrets, et, se mettant dos à dos, se frottent les épaules l'une contre l'autre ; puis ils rentrent, et le mariage est conclu.

Quant aux morts, ils sont enlevés de la case et enterrés avec leurs armes et tout ce qui leur a appartenu. Le mode de sépulture varie ; quelques-uns, les catholicisés, enterrent réellement leurs morts, mais le plus grand nombre est resté fidèle à l'ancienne coutume que l'on retrouve chez tous les groupes tagbanuas, coutume qui consiste à suspendre ou à déposer les morts sur des branches d'arbre. Dans ce cas, quand le cadavre et ses supports sont tombés en pourriture, on rassemble les ossements et ce qui a appartenu au défunt, et on dépose le tout dans une grotte ; quelquefois les ossements sont renfermés soit dans un petit cercueil, soit dans un tibor. Le Tagbanua, avant de mourir, dit comment il veut être enterré, en quel lieu il veut reposer. Toujours, et en dépit de tous les obstacles, la volonté du mort est exécutée, tant les vivants ont peur que le défunt ne se venge s'il n'était pas donné satisfaction à ses moindres désirs.

Une veuve ne sort de chez elle que sept ou huit jours après le décès de son mari et à une heure où elle ne peut rencontrer personne, car l'individu ainsi rencontré serait certain de mourir prématurément. Afin de conjurer le sort et de ne pas causer la mort des gens qui se trouveraient par hasard sur son chemin, la veuve, aussitôt sortie de chez elle, va donner un coup de pied à un arbre, qui, telle est la croyance générale, meurt au bout de peu de temps.

De leur religion je n'ai rien pu savoir, si ce n'est qu'ils sont fétichistes et qu'ils ont grand'peur des esprits et surtout de Manaloc. Ceux qui se sont faits chrétiens amalgament les croyances des deux religions ; du reste, cela est presque général aux Philippines.

Emplacement de l'ancien village de Coron, campement tagbanua.

Le 20 août 1884, je pus enfin, profitant d'une éclaircie, tenter une expédition au nord de l'île Busuanga : à 6 heures du matin, je partis pour visiter d'abord l'île de Peñon, dans un bon canot que je devais à l'obligeance de mon hôte. A 8 h. 30, je mouillais au village de Coron, maintenant situé sur la côte est de l'île.

Après avoir pris un guide pour doubler le cap qui se trouve au sud-est du village, j'allai visiter une source d'eau chaude qui sort au bas d'un gros rocher à peu de distance de la mer. Les naturels l'appellent la source Maquinit ; l'eau en est sulfureuse, et sa température est de 41° centigrades.

Je continuai ma route, et à 2 heures je mouillai devant Coron Viéjo, à l'île du Peñon de Coron, qui se trouve entre l'île Culion et l'île Busuanga. Elle est formée d'un massif de montagnes ayant l'aspect de volcans éteints ; on y rencontre quelques blocs d'agglomérat, mais la masse est composée de quartzite.

L'île possède un grand nombre de grottes et de crevasses où se trouvent en abondance les nids d'hirondelles, si recherchés des gourmets chinois.

Elle est habitée par des Tagbanuas vivant à l'état sauvage. Ils se construisent des huttes à peine fermées et peu élevées au-dessus du sol : le plus grand nombre vit dans les grottes.

Le Peñon de Coron sert aussi de refuge à tous les voleurs, assassins, etc., de ces régions.

Au centre il y a plusieurs petits lacs, dont le plus grand, au dire des indigènes, communiquerait avec la mer ; pourtant ils en boivent l'eau, que du reste aucun autre individu ne pourrait boire, tellement elle est saumâtre. Malheureusement l'accès du lac est assez difficile en temps ordinaire, et, par les temps de pluie, il devient très dangereux et impraticable même pour les naturels. Le chemin passe par-dessus les montagnes, et, à certains passages, il faut s'accrocher des pieds et des mains pour se glisser le long de profonds précipices.

L'ancien village de Coron était situé dans la baie où je venais de jeter l'ancre, et sur l'emplacement qu'il occupait je n'ai trouvé que quelques misérables huttes et cinq ou six indigènes qui s'enfuirent à mon approche.

Il est étonnant de voir ces gens si pauvres, quand on sait que ce sont eux, et eux seuls, qui récoltent les nids d'hirondelles comestibles, lesquels se vendent à Manille, la première qualité 5 francs l'once et la seconde 2 fr. 50. En outre, ils pêchent le balete (trepang), dont le prix est assez élevé; certaines espèces se vendent au prix exagéré de 5 francs la pièce. Je dois dire que ces malheureux sont indignement exploités par les Chinois et par les Indiens, qui leur avancent du riz et quelques lambeaux d'étoffe sur la récolte à venir; insouciants autant que paresseux, les Tagbanuas sont incapables de solder leur dette arriérée, et les habiles commerçants arrivent à gagner 1000 pour 100 et à les dépouiller ainsi de tout ce qui pourrait constituer une réserve.

Le lendemain de mon arrivée à Coron, j'allai explorer deux trous qui s'ouvrent dans la falaise taillée à pic à la pointe est de la baie, et dans lesquels on m'avait assuré qu'il y avait des ossements humains; le fait était vrai.

Je fis d'abord grimper un de mes hommes, qui eut toutes les peines du monde à atteindre l'orifice du premier trou; dès qu'il y fut arrivé, nous lui jetâmes une corde, à l'aide de laquelle je pus aller le rejoindre. Dans cette cavité, je trouvai trois crânes, dont deux assez bien conservés, et des ossements; mais ces derniers étaient dans un état de composition tel, que je renonçai à les emporter.

Le même homme, qui était monté dans la première grotte, put grimper jusqu'à la seconde et me faire tenir encore deux crânes. Avec les débris humains, je trouvai aussi des restes de cercueil, des coquilles marines et des pierres trouées qui avaient dû être attachées à des filets en forme d'éperviers, filets dont les naturels se servent encore aujourd'hui. Cette sépulture devait être assez ancienne; je n'y vis pas trace de fer, mais seulement quelques tessons de poterie en terre commune. Au point de vue de la forme, de la matière employée, de la cuisson, les poteries que fabriquent les indigènes actuels sont semblables à celles qui se trouvent dans ces sépultures.

Après avoir exploré d'autres excavations semblables et dans lesquelles je ne trouvai rien, je mis le cap à l'est vers une grande grotte dont on m'avait parlé ; mais le temps était

Exploration d'une caverne.

redevenu mauvais, et il me fallut chercher un abri au plus vite. A quelques jours de là je pus, au cours d'une nouvelle exploration, pénétrer dans cette grotte, où je pris une vingtaine de crânes et quelques objets ethnographiques, tels que vases, marmites en terre commune, une ou deux lames de couteau, bois de lance et arc.

Les indigènes que j'avais rencontrés sur l'emplacement de l'ancien village de *Coron* m'avaient vu le matin me diriger vers les grottes et y grimper; seulement, comme j'avais prudemment mis mon butin dans des sacs, ils crurent que j'avais fait une simple visite à leurs ancêtres, ce qui leur plut beaucoup et les étonna davantage; plus tard, ils dirent à mes hommes que les morts, contents de ma visite, avaient passé la nuit suivante à jouer du tam-tam et à battre le tambour. J'ai vainement cherché à savoir comment pareille idée avait pu leur venir, mais sans succès. Le vent, qui s'engouffre dans ces grottes et y résonne fortement, me paraît l'explication la plus naturelle qui ait engendré cette croyance.

Le 26 j'étais de retour à Malbato, et le 27 j'allais explorer l'île de *Mayo-Payao*, où les Tagbanuas de l'île de Busuanga enterrent presque tous leurs morts.

Cette île, située à peu de distance de Malbato et près de la pointe nord du *Peñon de Coron*, est formée d'un groupe de montagnes rocheuses, recouvertes d'une luxuriante végétation jusqu'au bord même de la mer.

Presque toutes les sépultures sont massées dans une petite anse sablonneuse et disséminées sous les arbres, où l'on ne les trouve qu'avec peine, rien n'en marquant l'emplacement; deux ou trois ont seules conservé les pieux destinés à soutenir quelques feuilles formant toiture; d'autres ont été remuées de fond en comble par les porcs, et des *Tabuns* sont venus creuser le sable pour y déposer leurs œufs; je dois dire que je trouve beaucoup plus d'œufs de cet oiseau que de crânes, et cela à la grande joie de mes hommes, qui comptent bien se régaler de plantureuses omelettes quand j'aurai terminé les fouilles. Je ne pus recueillir que trois crânes et un squelette en assez bon état.

Dans les premiers jours de septembre, je découvris enfin un véritable cimetière *tagbanua*, sur l'île de *Dibatac*, près de laquelle j'avais passé plusieurs fois déjà. Ce cimetière diffère entièrement de tous ceux que j'ai visités jusqu'à

Cimetière tagbanua dans l'île de Dibatac.

ce jour, et me donne la solution d'une question qui m'occupait depuis longtemps, c'est-à-dire par quelles péripéties avaient bien pu passer les squelettes que j'avais trouvés, soit dans les grottes, soit dans les tibors enfouis en terre.

L'île de Dibatac, de forme conique, est couverte de petits arbres assez rapprochés.

Là, les corps sont déposés nus sur une espèce de civière sans pieds, suspendue aux branches de deux arbres voisins et recouverte d'un léger toit de feuilles.

A côté ou au-dessous sont déposés les ustensiles et les armes du défunt. Au bout d'un temps plus ou moins long, les rotins qui attachaient le tout se pourrissent et les ossements tombent à terre; alors on les réunit et on les dépose dans une grotte, après les avoir placés soit dans de petits cercueils en bois plus ou moins ornementés, soit dans de grands vases funéraires.

Ce genre de sépulture a dû être assez général aux Philippines, tout au moins dans la partie nord de l'archipel, et il n'a disparu qu'après l'installation des Européens et la propagation du catholicisme.

Chez les Igorrotes du centre de Luçon, on dépose les morts à l'abri des rochers; les Negritos les enfouissent à l'emplacement de leur case, ou parfois, comme à *Bataan*, sierra de Marivélès, ils les mettent dans une grotte; à Mindanao et autres lieux, on les dépose en forêt sous un abri de roches ou d'arbres touffus.

Le 15 septembre 1884, à 5 heures du matin, je montais à *carabao* (buffle) pour aller faire une excursion dans l'intérieur de l'île.

Le buffle est une monture que je ne recommanderai pas à des amazones; pour toute selle on met sur le dos de l'animal une couverture plus ou moins épaisse, ce qui n'empêche pas la colonne vertébrale de se faire vivement sentir; il n'est pas facile de se tenir à califourchon, vu la largeur des reins; le mieux est encore de s'asseoir de côté comme les femmes. Une fois ainsi installé, on peut résister une heure ou deux; mais, quand il faut garder cette posture toute la journée, cela vous brise et vous met dans l'impossibilité de vous asseoir pendant plusieurs jours.

Il n'y a pas d'étriers, et la bride se compose d'une corde attachée à un anneau passé dans le nez du carabao. Sa marche est aussi dure que celle de l'éléphant, mais les secousses sont plus courtes et par conséquent plus pénibles. C'est un tangage rapide et continu quand il trotte. Après avoir traversé les ruisseaux qui entourent la propriété de mon hôte, nous nous trouvons au pied des montagnes qui entourent la plaine; le chemin nous fait d'abord traverser un petit bois où les arbres se mêlent avec les touffes de bambous. Je ne sais si ce fut le soleil, que nous n'avions pas vu depuis longtemps, ou la beauté du paysage lui-même, mais ce coin de terre me parut le plus joli des Philippines.

Après une ascension de 50 mètres environ, nous sommes sur le versant opposé de la montagne et dans une autre plaine bordée de jolies collines en partie boisées, en partie couvertes de *cogon*.

Dans la plaine, des troupeaux de bœufs à demi sauvages marchent leur pas tranquille, sans s'émouvoir de notre approche. Il n'en est pas de même des petits chevaux; aussitôt qu'ils nous aperçoivent, ils s'enfuient au galop. Puis, par-ci par-là, une case où habite une famille; plus loin, un village placé au bord d'un joli cours d'eau.

De l'autre côté de la plaine, nous franchissons un autre monticule au pied duquel court un joli ruisseau décoré du nom de rivière; nous passons ensuite auprès d'une grande mare que l'on appelle le « lac ». Cet endroit est très pittoresque; les bambous avec leur feuillage sombre viennent se refléter dans l'eau du lac; les arbres qui le bordent le couvrent d'ombre, et, par cette chaleur, on est tenté de prendre un bain dans ces eaux si transparentes; mais il faut se garder de céder à la tentation : ces eaux si limpides sont remplies de crocodiles, au point que mes hommes ne veulent pas aller chercher deux pigeons que je viens de tirer, qui se débattent au milieu du lac. Ils étaient destinés à notre déjeuner. Heureusement nous avons pu peu après tuer encore plusieurs de ces oiseaux, qui sont nombreux dans la région.

A 10 heures, après avoir traversé plusieurs petites vallées et une rivière un peu plus large que les autres, nous nous trouvons sur la lisière d'une grande plaine qui a 4 à 5 kilomètres de largeur.

Au moment où nous entreprenons de la traverser, nous sommes surpris par une pluie torrentielle ; nous n'en continuâmes pas moins à avancer ; mal nous en prit, car, arrivés au milieu de la plaine, qui a la forme d'une cuvette, nos buffles eurent bientôt de l'eau jusqu'au poitrail et refusèrent de marcher ; le mien jugea même à propos de se coucher dans l'eau, sans se préoccuper de son cavalier ; mais je pus sauter à temps sur celui qui portait les bagages et éviter ainsi un véritable bain de boue.

Après bien des efforts, en mettant pied non pas à terre, mais dans l'eau, nous parvînmes à diriger nos animaux vers un petit monticule : une fois là, nous étions aussi à sec que possible, par cette pluie tombant de plus en plus drue et qui, poussée par un vent violent, nous cinglait le visage comme si c'eût été de la grêle.

Nous restâmes sur cette hauteur pendant plus de trois heures, sans abri, sans pouvoir allumer du feu pour cuire notre déjeuner et voyant notre butte de terre se transformer peu à peu en îlot. Enfin, vers 1 heure, un de mes hommes m'annonça qu'il avait trouvé un passage et qu'il fallait partir le plus vite possible pour ne pas être cernés complètement par les eaux.

Nous voilà de nouveau en route, transis de froid, traversés par cette pluie que nous recevions depuis 10 heures du matin. Nous suivions notre guide : tout alla assez bien pendant un certain temps ; mais, arrivés auprès d'un rideau d'arbres, nous nous trouvâmes au bord d'un cours d'eau dont le courant, très rapide, était heureusement brisé par des arbres nombreux dans ce bas-fond ; nous ne pouvions reculer : je remontai sur mon buffle, et nous entreprîmes de franchir ce torrent.

Comme nous étions au beau milieu du courant, un des hommes cria : « Un crocodile ! » A ce cri, l'homme qui tirait mon buffle par la corde grimpe sur un arbre, les autres de l'imiter; moi, assis sur ma monture, j'armai mon fusil et regardai dans la direction désignée par mes hommes; je ne vis rien, mais tous m'assurèrent voir un très gros crocodile; afin d'effrayer l'animal, si c'était vrai, et de rassurer mon escorte, je tirai un coup de fusil dans la direction indiquée; mes hommes prétendirent que l'animal était tué ou pour le moins blessé à mort; je les laissai dans cette erreur; j'avais tiré avec du tout petit plomb : j'étais assuré que ma victime se portait bien.

Devenus confiants par la mort présumée du saurien, mes guides descendirent de leurs arbres, et nous achevâmes la traversée du ravin. Une fois au pied des montagnes, nous étions certains de n'être pas noyés; mais nous nous étions égarés, et personne ne savait reconnaître la position que nous occupions. Après bien des marches et des contremarches, l'un d'eux retrouva un sentier qui devait, d'après lui, nous conduire en moins d'une heure à une ferme, propriété d'un des plus riches Indiens de l'île.

Il était à ce moment 2 heures environ, et la pluie continuait de plus en plus forte; nous contournons les montagnes, tout en évitant les plaines inondées.

Quelle journée! tout est mouillé, armes et provisions; impossible de faire du feu; et même mes vêtements, que par précaution j'avais ôtés et roulés dans mon caoutchouc, ont été trempés en traversant les cours d'eau qui à chaque instant barraient la route. Enfin, à six heures et demie, nous arrivons à la ferme promise, mais il n'y a pas de feu, pas de bois sec; le propriétaire est absent, et je suis obligé de m'installer dans la cuisine; mes hommes parvinrent cependant à allumer du feu, et, pendant que l'on faisait bouillir un poulet étique, tout le monde s'accroupit autour du brasier pour sécher ses vêtements.

Vers dix heures du soir, nous pouvons enfin nous rhabiller, et après nous être réconfortés, non sans besoin, car nous étions à jeun depuis cinq heures du matin. Alors nous nous étendons pour dormir. Nous avions un abri, c'était l'important.

Le lendemain, dès l'aube, le soleil se montra, nous pro-

Malbato

mettant une meilleure journée ; mais bêtes et gens, rompus par les fatigues de la veille, eurent beaucoup de peine à se décider à reprendre la route.

Le pays parcouru dans ces deux journées offre un aspect assez uniforme ; ce sont des plaines de toutes dimensions, ayant presque toutes la forme d'un fer à cheval plus ou moins fermé ; elles sont entourées de montagnes qui dépassent rarement 200 mètres d'altitude. Toutes les vallées, en forme de cirque, ont généralement une dépression au centre, de sorte qu'elles se trouvent dans d'excellentes conditions d'irrigation.

Les montagnes sont en grande partie déboisées par les indigènes, qui, tous les ans, défrichent de nouveaux terrains pour y semer le riz de montagne. Ces plaines communiquent toutes entre elles par des passes étroites, peu élevées et généralement de niveau.

L'île est sillonnée par de nombreux cours d'eau et par deux petits lacs. Quoique fertile, elle n'est presque pas cultivée, faute de bras ou, pour mieux dire, faute d'indigènes disposés à travailler. On trouve dans les plaines une assez grande quantité de bestiaux : la plus grande partie appartient à mon hôte, qui en possède plus de 2000 têtes. Les animaux prospèrent bien, malgré deux grands ennemis, les crocodiles et les boas, qui dévorent tous les ans un grand nombre de jeunes bêtes.

Le commerce des Calamianes consiste surtout en nids d'hirondelles et trepang ; puis viennent la cire vierge et l'écaille de tortue ; on trouve aussi quelques perles d'un mauvais orient et souvent teintées.

Si les habitants ne s'adonnaient pas à l'ivrognerie et n'étaient pas aussi paresseux, tous pourraient être riches, avec peu de travail, la terre produisant avec grande abondance.

L'archipel des Calamianes est mis en communication avec Manille par un petit vapeur qui touche à *Culion* une fois par mois.

Le 7 octobre, je prenais congé de mes hôtes, dont l'amabilité ne s'était pas démentie un seul instant pendant plus de trois mois qu'avait duré mon séjour dans ces parages : ce n'est pas sans regret que j'ai dit adieu à mon ami don Bernardo et à sa charmante famille; cela fait partie des misères des voyageurs, et ce n'est pas la moindre; nous nous faisons des amis, nous les quittons parfois pour toujours, et cela au moment où nous commençons à les apprécier et à nous habituer à être entourés de leurs soins; mais il faut, comme le Juif errant de la légende, reprendre notre route et porter ailleurs nos pas.

Après avoir fait mes adieux à la famille Ascanio, je quittai Malbato à six heures du soir, dans le canot de don Bernardo, mettant à la voile pour aller attendre le courrier de Manille, qui devait passer à *Culion*. Jusqu'à dix heures tout alla bien; une brise légère nous menait doucement vers notre but, quand tout à coup une rafale nous chavire à moitié; le ciel, clair jusqu'alors, devient noir, et nous ne tardons pas à nous trouver perdus en mer, sans savoir où le vent nous pousse. Jusqu'à deux heures du matin nous restons ainsi; je bornai tous mes efforts à ne pas me laisser entraîner vers la haute mer; j'avais fait amener toutes les voiles, et, avec les avirons seuls, je maintenais le canot le nez au vent.

Parfois nous entendions près de nous les vagues se briser sur les rochers qui bordent les îles voisines, et, par moments, notre seul espoir était d'être jetés sur une roche quelconque, où nous aurions pu attendre la fin de l'ouragan.

Vers trois heures du matin, le temps s'éclaircit, et nous apercevons les feux du courrier, que nous avions dépassé; à la vue du vapeur, mes hommes, exténués, reprennent courage; une heure après, nous étions à bord du *Gravina*, où le capitaine, vieille connaissance, me donna de quoi me changer et m'offrit du café bien chaud, qu'il avait fait préparer quand il avait aperçu mon canot. Le navire avait eu aussi sa part de tempête, mais il avait pu se mettre à l'abri, tandis que nous luttions contre la mer furieuse.

Le lendemain, nous débarquions sur les quais de Manille.

# CHAPITRE XVII

## SOULOU — SIASSI — TAWI-TAWI — BONGAO RETOUR EN FRANCE

Le 27 octobre 1884, je débarquais pour la seconde fais à Joló [1] (île Soulou), dans la partie occupée par les Espagnols.

L'ancienne ville de Joló, ou plutôt la Cota ou fort, était bâtie sur la baie formée par les pointes Candea et Dangapic, dans une plaine élevée de deux à trois mètres seulement au-dessus du niveau de la mer. Les Espagnols, après la prise de possession, ont établi la ville nouvelle dans cette plaine en coupant les palétuviers et en gagnant, à l'aide de remblais, du terrain sur la mer. On comprend facilement qu'une ville bâtie dans ces conditions laisse beaucoup à désirer au point de vue de la salubrité; aussi Joló jouit-il aux Philippines de la même réputation que Balabac et Puerto-Princesa, qui sont considérés à juste titre comme les points les plus insalubres de l'archipel. Il est juste de dire que, grâce aux efforts des différents gouverneurs qui s'y sont succédé, et surtout du dernier, le colonel Julian

1. Joló est le nom malais de l'île inscrite sur les cartes françaises sous le nom de Soulou, et elle donne son nom à tout l'archipel qui s'étend, en formant une courbe dirigée du nord-est au sud-ouest, de l'extrémité sud-ouest de l'île Mindanao à la côte est de Bornéo. Les Espagnols ont donné à la ville nouvelle le nom de l'île : les Anglais écrivent Joloo. Au fond, il n'y a là qu'une question de prononciation.

Parrado, la ville s'assainit à mesure que les marais se comblent. Le colonel Parrado, homme pratique et de progrès, a fait venir un chemin de fer Decauville qui permettra, en peu de temps, de combler ce qui reste de terrains vaseux.

Sous l'administration de ce gouverneur, la ville de Joló s'est transformée complètement; ses cases de caña et nipa (bambou et chaume) ont fait place à des édifices en briques depuis le sol jusqu'au premier étage, en bois du premier au toit, et recouverts de tôle galvanisée. On doit incessamment entreprendre la construction d'une jetée en briques et pierres, qui remplacera celle qui existe et qui n'est qu'en bois.

Mais le colonel Parrado s'est surtout acquis des droits à la reconnaissance de la colonie en la dotant d'eau potable amenée par des tuyaux en fonte disposés sur un parcours d'environ deux kilomètres. La prise d'eau est suffisante pour l'alimentation de la ville et des navires qui visitent la rade : ceux-ci viennent s'approvisionner à une fontaine bâtie au pied même de la jetée, ce qui leur donne toute la facilité désirable.

La ville de Soulou est entourée d'une enceinte en briques, percée de trois portes, défendue par de petits bastions armés de canons de petit calibre. Deux forts, celui du nord-est, ou fort Alphonse XII, et celui du sud-ouest, Princesa de Asturias, complètent la défense.

Dès le 30, grâce à l'amabilité du colonel Parrado, je pus m'embarquer à bord de la canonnière *Samar*, dont le commandant, don Antonio Martinez, me reçut avec la courtoisie que j'ai toujours trouvée chez les officiers de la marine espagnole. Je partais avec l'intention d'aller explorer les îles Siassi, Tawi-Tawi, Bongao, etc., annexées depuis quelques années seulement à l'archipel des Philippines.

Le 11 mars 1877, l'Espagne, l'Angleterre et l'Allemagne ont signé un protocole reconnaissant aux Espagnols le droit de prendré possession des îles Tawi-Tawi, annexe de l'archipel de Soulou; aussitôt la prise de possession, l'avis devait en être publié dans les journaux officiels de Madrid et de Manille.

Dans son numéro du 21 mars, la *Oceania Española*, un des journaux de Manille, publiait l'historique de la prise de possession dans les termes suivants : « L'autorité supérieure ayant reconnu l'opportunité d'occuper quelques points avancés du sud des Philippines, les ordres nécessaires furent donnés et l'île de Bongao fut désignée comme étant le premier point à fortifier. »

A cet effet, le 26 janvier 1882, la corvette de guerre *Dona Maria de Molina* et la canonnière *Panay*, qui avaient précédé de quelques jours le reste de l'expédition, furent rejointes par la goélette de guerre *Sirena*, remorquant la *Santa-Lucia*, installée en transport, et par la canonnière *Arayat*. Sur le transport se trouvaient la première compagnie de discipline de Palaouan, une section du génie sous le commandement d'un officier, deux compagnies du régiment n° 6 (indigène), les matériaux nécessaires à la construction d'un fort, et les vivres embarqués par l'intendance pour le petit corps d'armée. La *Sirena*, belle goélette destinée à être la « Capitana » de la petite escadre qui doit stationner à Bongao, avait à son bord le capitaine de vaisseau don Rafael de Aragon, chef de l'expédition, et le capitaine du génie don José Maria de Coro, commandant la troupe, chargé en outre de la mission de choisir et de fortifier les points à occuper au sud de l'archipel de Soulou.

Le voyage s'effectua avec une certaine lenteur, à cause des nombreux écueils et des courants très forts, qui rendent la navigation de nuit impossible dans ces mers, encore mal explorées et pour lesquelles il faudrait des cartes d'une précision extraordinaire. On avait passé les nuits du 24 et du 25 janvier dans les ports intermédiaires de Bulan et de Jutahan, et le 26, au coucher du soleil, on arriva en vue de la spacieuse baie et des grandes anses qui entourent Bongao.

Située à l'extrémité ouest du groupe des îles Tawi-Tawi, l'île de Bongao forme, avec celles de Sunga-Bongao et de Balabac ou Papalun, trois ports : le premier intérieur et peu profond; le second, entre Balabac et Bongao, appelé baie des Aiguades, et le troisième, beaucoup plus grand, capable de contenir de grandes escadres. Ce dernier est fermé par les îles de Sanga-Sanga et de Balabac et connu sous le nom de baie des Singes; au bord se trouve une petite peuplade de « Moros », venus il y a un an de *Cebré* pour s'y établir et qui aujourd'hui mènent une vie misérable.

En venant du nord, l'île de Bongao rappelle un peu Gibraltar. Le sol est ingrat; une mince couche de terre végétale recouvre une roche très dure, inattaquable au pic, sur laquelle s'élèvent d'épais taillis, mais sans grands arbres.

Les « Moros » considèrent le climat comme peu salubre, ce qui explique l'abandon dans lequel ils ont laissé cette île depuis plusieurs années.

Les îles et îlots qui entourent Bongao, ainsi que la plupart de ceux qui composent cet archipel, sont de formation madréporique; s'élevant au sommet ou autour de la cime des montagnes sous-marines et volcaniques, ils ne sont séparés qu'en apparence, car ils sont reliés entre eux par de grands bancs sous-marins dont la formation, comme la leur, est madréporique.

Si un examen géologique attentif ne démontrait pas que ces îles ont surgi postérieurement aux formations granitiques de Bornéo et Mindanao, on pourrait croire qu'elles ont constitué dans le principe une terre ferme reliée aux autres îles de l'archipel dans lequel elles se trouvent.

Au point de vue ethnographique, il y a peu de chose à dire sur ces îles : on ne sait pas encore suffisamment de quelle manière elles ont été peuplées, ni vers quelle époque; cependant l'opinion la plus accréditée aujourd'hui, appuyée sur d'antiques traditions, attribue leur peuplement à des migrations venues du sud.

Après une reconnaissance rapide, l'île de Bongao fut choisie comme point d'occupation, et les travaux de déblayement du sol commencèrent immédiatement.

Un cordon de troupes fut placé à quelque distance des travaux pour se garder des surprises : quoique l'intérieur de l'île soit complètement inhabité, sa disposition et l'exubérante végétation qui la couvre rendaient très utile cette précaution dans le cas où quelque peuplade des environs aurait tenté une embuscade.

. Quelques jours après l'arrivée du corps d'occupation à Bongao, plusieurs chefs des tribus environnantes, formant un long cordon d'embarcations, vinrent faire leur soumission au gouverneur. Ils avaient arboré à l'avant de leurs pirogues le pavillon espagnol.

Ces indigènes misérables, peu ou point cultivateurs, ne se consacrent au travail de la terre que juste assez pour en tirer les substances nécessaires à leur nourriture. Manquant de tout, ils n'ont aucune idée de la monnaie, et en échange d'œufs, de volaille et de fruits, ils ne reçoivent que des étoffes, des miroirs et quantité d'objets de peu de valeur.

L'ingénieur militaire ayant, après un examen approfondi, choisi le point stratégique le plus convenable, on se mit tout de suite à construire le blockhaus, qui sera promptement terminé. Quand il en sera ainsi, on peut espérer que la station sera la base d'une future colonie, et une sentinelle avancée que l'Espagne aura au sud des Philippines pour la défense de ses possessions.

Une lettre de Zamboanga, datée du 15 mars 1882, disait que le chef de la division de Tawi-Tawi doit rentrer après avoir complètement installé la « Comandancia militar » dans le nouveau port de Bongao, et que l'endroit est excellent et dans de bonnes conditions. Une seconde lettre, de Bongao, du 26 février, annonçait que « le blockhaus, ou plutôt le réduit défensif auquel on a donné le nom de *Blockhaus Cristiana*, était sur le point d'être terminé et pourrait contenir de quarante à cinquante personnes.

« Le 14 février, dans la matinée, était arrivée dans ce port la frégate *Comus*, arborant pavillon anglais; après les visites d'ordonnance, et quand l'apparente curiosité de l'équipage fut satisfaite, la frégate partit le jour même pour Bornéo.

« Un autre événement marquant fut l'arrivée de Paulino Aussagua de Mison avec toute sa tribu ; après divers pourparlers, ces individus, hommes et femmes « moros », ont été débarqués pour former le noyau d'un village; ils cultivent la terre et se livrent à la pêche; parmi eux se trouve la famille d'un chef. On leur a désigné le point avancé de l'île, où ils ont commencé à construire quelques cases; celle de Paulino est achevée, et il a arboré le pavillon espagnol en signe d'adhésion. »

Le protocole du 11 mars 1877 réglait la prise de possession de l'archipel de Soulou et de ses dépendances; mais l'Angleterre et l'Allemagne, dans l'intérêt de leur commerce et de leurs nationaux, s'assuraient avant tout le traitement de la nation la plus favorisée. Ces deux puissances s'efforcent dans ce protocole de limiter autant que possible les obstacles qui pourraient restreindre la liberté du commerce dans les points de l'archipel de Soulou occupés par les garnisons espagnoles. N'ayant pu s'annexer ces terres, elles cherchaient ainsi à bénéficier le plus possible de leur occupation sans avoir la moindre charge. Nous n'insisterons pas plus longtemps sur ce protocole, et nous renverrons aux journaux espagnols et manillans de l'année 1883 pour la lecture *in extenso* des articles.

En quittant Soulou, on gouverne vers l'ouest, et on passe entre l'île Tulian et celle de Soulou, que l'on range jusqu'en vue de l'île de Lugus : pour continuer le demi-cercle, on avance par 10 degrés sud-est jusqu'à l'entrée du canal de Siassi; c'est du moins la route directe; mais les courants, très forts dans ces parages, varient à chaque instant, ce qui oblige parfois les navires à mettre l'avant dans une direction opposée à celle du point qu'ils veulent atteindre. Ces courants si variables et très rapides atteignent une vitesse de 5 à 6 nœuds à l'heure.

Partis à 8 heures du matin, nous mouillions devant le fortin de Siassi à midi. A peine avions-nous jeté l'ancre, que nous voyions arriver toute la colonie masculine européenne de l'île dans le canot du *Calao*, petite canonnière de la station. Ce bâtiment, qui fait office de courrier, est commandé par le lieutenant de vaisseau Miguel Marquès.

Le commandant du *Samar*, le lieutenant Antonio Martinès Valalivrero, me présente à ses compatriotes, qui s'empressent de se mettre à ma disposition.

Nous arrivons bien, car le lendemain soir il doit y avoir une petite fête pour inaugurer un appontement que le capitaine gouverneur de ce poste, don Jorge Gordojuela, vient de faire établir pour faciliter le débarquement sur l'île.

Descendus à terre, nous allons d'abord chez le gouverneur, qui me présente à sa femme. Celle-ci veut donner immédiatement des ordres pour qu'on me prépare un logement dans sa propre habitation; je la remercie et décline son offre, car, avec tout son attirail, un naturaliste est parfois gênant pour ses hôtes, surtout quand ils sont à l'étroit, comme c'est le cas ici.

Nous nous mettons à la recherche d'un logement à louer; j'en trouvai un au premier étage d'une case non encore terminée et dont le plancher à jour, comme les murailles, laissait l'air circuler librement. Tout insuffisant qu'il est, c'est le seul que je trouve libre, et je le loue au prix de 75 francs par mois. Avec des nattes, je m'arrangeai pour avoir un coin à peu près abrité.

Le lendemain 31 octobre au soir eut lieu la petite fête. On avait installé à l'extrémité de l'appontement un berceau de verdure provisoire, recouvert d'une voile, destiné à servir de salle de réunion. Il y eut d'abord un festin, auquel assistaient les commandants des deux canonnières en rade, le gouverneur et sa famille, les deux lieutenants et leurs dames, enfin votre serviteur: le dîner fut fort gai; il y eut au dessert des toasts, et mon ami don Antonio en porta un à la France: je répondis en buvant à la santé du roi Alphonse XII et à la nation espagnole; on récita des vers; ces dames voulurent bien chanter quelques romances d'Espagne; puis, à un coup de canon parti du *Samar*, on alluma quelques flammes de Bengale et quelques pièces d'artifice, et la petite fête prit fin.

Du reste, les habitants européens qui se trouvent relégués dans ce petit coin vivent en parfaite harmonie (chose rare dans les colonies) et profitent de toutes les occasions pour se distraire et se réunir.

Le gouverneur, un brave capitaine, est aimé et estimé

de tous, et les lieutenants, Antonio Javin et Blas Garcia, ainsi que leurs femmes, vivent tous d'accord.

Le capitaine gouverneur a su, par sa bonté, attirer les indigènes et, par sa fermeté et sa loyauté, leur imposer.

On est étonné au premier abord de voir ici ces messieurs se promener sans armes, quand on voit à Soulou, situé à peu de distance, tout le monde armé. Ici, depuis la conquête, conquête pacifique, il est vrai, il n'est pas arrivé un seul accident, parce que les habitants de ces îles sont plutôt craintifs que violents et peu fanatisés.

Pendant mon séjour, un forçat se sauva. Le gouverneur fit savoir à tous les chefs de village que celui qui le lui ramènerait aurait une récompense. Cet homme put vivre libre plusieurs jours en prélevant sa nourriture de force. Il couchait chez les indigènes, qui n'essayèrent pas de le prendre, bien qu'il n'eût pour toute arme qu'un mauvais couteau. Eux, au contraire, avaient, outre des kriss, quelques fusils; pour le capturer, ils vinrent demander des disciplinaires au gouverneur, n'ayant pu ou n'osant pas s'en emparer eux-mêmes.

Une autre fois, un caporal de disciplinaire s'enfuit avec deux hommes, emportant quatre fusils et des cartouches. On fit appeler les principaux chefs; on leur promit une récompense en argent et un beau fusil s'ils les ramenaient morts ou vifs. A quelques jours de là, un chef d'une des îles voisines vint dire au gouverneur que les fugitifs étaient chez lui et lui demanda des hommes pour les prendre.

Le gouverneur envoya des disciplinaires avec l'interprète. Le chef ayant avisé les siens, on avait fait entrer le caporal dans une case d'où l'on avait enlevé tout ce qui aurait pu servir d'arme. Le chef arriva de nuit, entra dans la case avec plusieurs hommes armés de bolos et de kriss, et, tout en montant, il eut soin de parler au fugitif, lui disant que c'était lui, qu'il n'eût pas peur; l'autre ne bougea que quand il eut reçu à travers la figure un coup de bolo qui la sépara presque en deux; une fois le malheureux par terre, tous sautèrent dessus pour lui couper la tête.

Le lendemain le chef retourna à Siassi, emportant fière-

Indigènes de Siassi.

ment la tête du caporal et ramenant les deux autres fugitifs qui s'étaient rendus à l'interprète sans résistance. La tête fut enterrée dans un coin du cimetière chrétien devant tous les hommes de la garnison réunis; ceux-ci, ayant vu le résultat de cette évasion, se garderont bien à l'avenir de prendre la clef des champs.

Au centre de l'île Siassi se trouve une montagne en gradins qui s'élève jusqu'à 395 mètres au-dessus du niveau de la mer, hauteur prise avec mon baromètre anéroïde, instrument fort juste, aussi bien qu'avec mon baromètre enregistreur; tous deux me donnèrent le même résultat.

L'île de Siassi est peu boisée; le bois le plus grand est celui qui couronne la montagne.

Depuis la mer jusqu'au faîte dudit mont, le terrain a été presque entièrement déboisé par les indigènes, qui y ont installé leurs cultures d'ignames et de riz.

Les habitations sont dispersées par petits groupes et quelquefois isolées; elles sont toujours bâties près de petits bosquets dans lesquels on rencontre les tombes des indigènes.

Rien de charmant comme ces petits bouquets d'arbres, véritables oasis au milieu de la plaine, où reposent les anciens habitants de l'île; souvent je me dirigeais du côté de ces bosquets, attiré aussi bien par la beauté et la fraîcheur de l'endroit que par le désir de tirer les nombreux oiseaux qui y ont établi leur demeure. Les tombes ont généralement la forme d'un carré long, élevé de 40 à 50 centimètres au-dessus du niveau du sol; elles sont recouvertes par des pierres superposées, et une rigole peu profonde entoure la base. Au-dessus, quelque pierre plate ou une sorte de pieu dont la pointe est plus ou moins grossièrement sculptée indique l'endroit où est placée la tête.

Pour enterrer un mort, on fait d'abord un trou de la longueur du corps; à environ un mètre de profondeur, on creuse sur l'une des parois une espèce de niche en retrait où l'on dépose le corps; celui-ci, de cette façon, est placé en dehors de l'ouverture, qui est immédiatement remplie de terre.

L'île ne possède pas de rivière proprement dite, mais on trouve de l'eau assez bonne dans les gorges formées par les contreforts de la montagne qui la domine.

Les naturels de l'archipel Siassi s'appellent entre eux Samales ou Somales, mais ils sont désignés sous le nom de « Moros » par les Espagnols et par quelques auteurs. Si par Moros on entend mahométans, c'est une erreur ; car, à part quelques individus, Sultan ou Datos, qui ont une teinture plus ou moins légère de mahométisme, les autres indigènes de l'archipel de Soulou et dépendances ont des croyances religieuses assez vagues. Toutefois ces populations sont très faciles à fanatiser, et les Datos, ennemis des Espagnols, aidés par les panditas ou prêtres musulmans, profitent de cette tendance pour lancer de temps à autre quelques groupes de juramentados contre leurs dominateurs. Quant au turban, il est porté dans beaucoup de pays et par des peuples de race et de religion bien distinctes ; on ne peut par conséquent y voir un emblème spécial à l'islamisme, ainsi qu'on l'a prétendu à diverses reprises.

Je donne sur certaines coutumes, usages et pratiques les quelques renseignements que je tiens d'un pandita par l'intermédiaire de l'interprète du gouverneur et que j'ai obtenus en présence de celui-ci.

Les hommes peuvent se marier dès qu'ils ont été circoncis, et les femmes aussitôt qu'elles sont nubiles.

Le mariage se règle entre les parents : ceux du jeune homme offrent des esclaves, du riz, des ustensiles de ménage, tels que marmites, etc., et des étoffes, principalement de couleur blanche, qui servent pour envelopper les morts et sont portées par les vivants dans les cérémonies funèbres.

Au jour fixé pour le mariage, le futur réunit quelques amis et va chercher le pandita, qui se met à leur tête pour se rendre à la case de la fiancée, laquelle attend au milieu de ses amis et de sa famille. La future passe alors dans une autre partie de la case, et tout le monde s'assied pour discuter les questions d'intérêts. Quand on est tombé d'accord, le pandita se lève, prend la main du jeune homme,

Fortin de Siassi, maison du gouverneur.

qui se lève à son tour et va, accompagné de quelques amis, chercher sa fiancée : il l'embrasse et la ramène au milieu de tous. La cérémonie est alors terminée, et la fête commence par le repas, dont le nouveau marié fait les frais.

Les habitants de Siassi ont des médecins appelés Panum ou Baté, mais l'art de guérir entre souvent dans les attributions du pandita.

Quand un décès est constaté, on appelle le pandita si c'est un homme, et la pakil si c'est une femme. Le corps est lavé par eux, puis entouré d'environ dix mètres d'étoffe blanche, et porté ainsi dans la tombe décrite plus haut. Le pandita me dit que la tête est placée au nord; mais, en relevant la direction de plusieurs tombes, j'ai constaté qu'on n'observe pas toujours cette règle. Une fois le défunt enterré, on va faire fête chez lui, et ensuite l'on porte à manger sur sa tombe (probablement les restes du festin).

Le mort est veillé pendant sept jours; j'ai également trouvé cette coutume chez les Tagbanuas, qui évitent ainsi que les sangliers et les cochons sauvages viennent déterrer et manger le cadavre. Les 3e, 7e, 20e, 40e, 100e et 1000e jour, on fête le mort; pour compter les jours de deuil, les indigènes se servent d'un bambou creux attaché aux parois de la case et dans lequel ils jettent une petite pierre ou un noyau de fruit quelconque par chaque journée qui s'écoule.

Les jours de marché, j'ai toujours vu les indigènes se cacher pour manger; quelques-uns me demandèrent la permission d'entrer dans ma case pour manger sans être vus. Je n'ai pu savoir le motif de cette coutume, bien que je me sois adressé à plusieurs personnes depuis longtemps au courant des usages des naturels.

Le capitaine gouverneur de l'île Siassi a sous ses ordres un lieutenant, un sous-lieutenant, une vingtaine de soldats et des disciplinaires; un canot est attaché au poste. Le gouverneur est logé dans la seule maison en pierres qui existe dans l'île; elle communique avec le blockhaus bâti en pierres jusqu'au premier étage, qui est fait en bois et recouvert en zinc.

Ce blockhaus domine la jetée qui sert d'embarcadère au

village, lequel est situé à une distance de 150 à 200 mètres en arrière. Ce village n'est qu'une grande rue composée d'une vingtaine de cases, mais je crois que l'on peut s'attendre à un accroissement notable lorsque la colonisation sera développée d'une façon régulière. Sur la gauche de cette rue se trouvent le marché et la Gallera.

Le marché se tient généralement en plein air devant un hangar, qui sert aussi bien pour les spectateurs qui viennent assister aux combats de coqs que pour les marchands en cas de pluie.

La « Gallera » se compose d'une enceinte formée de quelques pieux, située entre le hangar dont je viens de parler et une tribune pour les Européens de la garnison. Sur la place du marché on voit deux ou trois tombes qui ont été respectées quand on a défriché cet endroit. Ces tombes, de même forme que celles décrites plus haut, servent de bancs et de tables aux indigènes.

Les indigènes sont des joueurs passionnés, comme du reste dans tout l'archipel. Pour payer leurs dettes, ils mettent en gage chez les Chinois avec lesquels ils trafiquent tout ce qu'ils possèdent, même leurs armes, et parfois, m'assure-t-on, leurs femmes et leurs enfants. Les prêts se font à raison de 12 et demi pour 100 à la semaine, et, si le gage n'est pas retiré au jour fixé, il devient la propriété du prêteur.

Le principal commerce de l'archipel de Tawi-Tawi consiste dans la nacre, achetée par les Chinois environ trois francs cinquante le kilo brut, c'est-à-dire la coquille recouverte de sa couche calcaire, de mollusques parasites, d'algues et de spongiaires. En payement, ils donnent différents produits d'Europe ou de Chine, mais principalement des étoffes cotées plus du double de leur valeur. En outre, les naturels apportent aussi sur le marché une espèce de coquille plus petite que la précédente et qui donne également des perles et de fort belle nacre. Le balcte (trepang), les ailerons et les queues de requins, ainsi que la cire, viennent ensuite comme denrées d'échange.

Le 15 novembre 1884, j'allai visiter la petite île de Tara,

Vue de la place du marché à Siassi.

située à la pointe nord-est de Siassi, dont elle n'est séparée que par un étroit canal.

L'île affecte une forme de fer à cheval et est élevée de 35 à 40 mètres au-dessus du niveau de la mer; son sol est argileux et boisé en grande partie, à l'exception du sommet du plateau. Les forêts de cette île renferment de grands balates (figuier banian), entre les racines et les troncs desquels les indigènes croient que sont renfermés en grand nombre les esprits malins : ils viennent leur faire des offrandes. Un de ces géants de la forêt, dont les racines forment une espèce de niche, est l'objet d'une vénération toute spéciale.

Un de ces troncs, brisé à 1 m. 40 du sol, a son extrémité taillée en boule. Sur un autre, un sculpteur indigène a eu, paraît-il, l'intention de représenter une tête d'oiseau (celle d'un calao, probablement).

On m'a dit aussi qu'il existe une pierre que, bien entendu, je n'ai pas pu voir, qui posséderait une grande puissance curative. Elle servirait en outre à abriter les victimes expiatoires réservées par le pandita aux sacrifices qu'il fait aux esprits malins. Le pandita élève des animaux divers qui sont censés représenter ces esprits malins. Ces pensionnaires seraient des caïmans, des serpents, et surtout des poules blanches entretenues avec un soin tout particulier par leur gardien.

Le gouverneur de Siassi est occupé à installer dans cette petite île de Tara un fourneau à briques dont il surveille l'exécution. En faisant les puits de sondages, il a trouvé à environ 2 mètres de profondeur une nappe d'eau assez abondante et de bonne qualité.

L'île possède un petit hameau composé d'une douzaine de cases bâties sur pilotis au bord de la mer, et la majeure partie dans l'eau. Les habitants sont pêcheurs de perles et de même race que tous ceux de l'archipel de Tawi-Tawi.

J'ai fait cette excursion dans une petite banca (pirogue), qui, grâce au beau temps et à ses balanciers, nous mena de Siassi à Tara sans accident; mais au retour, la brise ayant fraîchi, nous fûmes obligés de nous relever à tour de rôle pour épuiser l'eau qui embarquait à chaque lame. Dans cette île, je pus tirer, entre autres oiseaux, un labun de petite espèce que j'avais longtemps cherché en vain.

Le 20, je passai avec don Jorge et le lieutenant Blas Garcia dans l'île désignée sur la carte sous le nom de Lapac et nommée Pandami par les indigènes. Située à l'ouest de l'île Siassi, elle en est séparée par un canal qui n'atteint pas 1 kilomètre de largeur et qui court du nord au sud. L'île Lapac est de forme irrégulière ; sa longueur est de 5 milles sur 3 milles de large. Sur ses pointes sud et nord s'élèvent deux montagnes; la dernière a 220 mètres d'altitude : au nord-est sa base est baignée par la mer, et au sud-ouest ses contreforts s'inclinent et aboutissent dans une vaste plaine. Celle de la pointe sud a presque la forme d'un cône et s'élève à 250 mètres au-dessus de la mer.

Le terrain paraît assez fertile et, de même qu'à Siassi, est en grande partie déboisé. Sur l'un des contreforts, à 150 mètres d'altitude, on vient de construire un blockhaus, petite tour en briques élevée d'un étage, du haut de laquelle la vue s'étend sur la mer et les îles environnantes. La faune de ces petites îles est peu variée : j'y ai cependant trouvé quelques espèces intéressantes.

Le 29 novembre, je profitai du passage de la canonnière *Paragua*, dont le commandant Raphael Mendoza fut assez aimable pour me prendre à son bord et me conduire à Tataan et à Bongao. Partis dès la pointe du jour, nous passons à travers les bancs et les petits îlots qui séparent les îles Siassi de Tawi-Tawi; nous longeons la côte nord-ouest de cette dernière île jusqu'au poste de Tataan, situé à côté de la chute de Tumajubin : c'est là que nous jetons l'ancre. Ce mouillage, quoique abrité par les petites îles Tataan ou Simalac, devient peu sûr lorsque la brise de mer s'élève.

Le poste, bâti sur un des contreforts des montagnes Dromedario, domine la mer au nord et au nord-ouest, mais il se trouve complètement masqué du côté de la terre, c'est-à-dire au sud et au sud-est, par la montagne sur le versant de laquelle il est construit.

L'air ne pouvant circuler, l'humidité constante en rend le séjour malsain.

Malgré les avances faites par les différents capitaines qui se sont succédé dans le commandement du poste, les indigènes n'ont pas encore consenti à construire un village autour du fort et éprouvent même une certaine répugnance à venir des îles voisines apporter du poisson frais.

Ile Lapac.

Le 30, nous continuons notre route en longeant la côte de Tawi-Tawi jusqu'au canal Tusang-Bongao ; puis, côtoyant la plage de l'île Sanga-Sanga jusqu'au canal formé par cette dernière île et celle de Bongao, nous allons mouiller à la pointe sud de Bongao, au pied du fort et du village de ce nom.

A peine avions-nous jeté l'ancre que nous eûmes la visite du docteur Moreno Rey et du commandant du ponton, le lieutenant de vaisseau don José Pidal, qui insistèrent pour m'installer à leur bord, où je restai pendant mon séjour dans ces parages.

Dès le lendemain, je partis à cheval avec don José pour aller explorer et contourner l'île Bongao. Nous suivons d'abord la plage, et, à moitié route, nous rencontrons la tombe du pandita Saïd, saint fort renommé et où l'on vient en pèlerinage. Cette tombe, de forme, ronde, est faite de galets amoncelés; sur ce tas de cailloux est un petit carré en bois et en branchages de la grandeur d'un homme, au-dessus duquel flottent quelques lambeaux d'étoffe blanche; sur un des côtés du monticule de pierres est fiché un pieu sans inscription ni sculpture. Chaque pèlerin ajoute une pierre à la tombe, et s'en va après avoir dit ses prières.

Nous continuons notre route jusqu'au pied des falaises qui forment l'entrée du détroit de Bongao; puis nous revenons sur nos pas. Seulement, la mer a monté, et nous ne pouvons suivre la plage qu'en marchant dans l'eau : vu la petitesse des chevaux, l'eau arrive par moments à la selle, et nous sommes mouillés jusqu'à la ceinture : à un moment donné, l'eau est si profonde, que nous sommes obligés de faire ouvrir un chemin dans le bois de la côte par nos hommes; ces derniers, du reste, aiment mieux passer sur les arbres, par crainte des caïmans, qui foisonnent, paraît-il, dans ces régions.

Ici les transactions commerciales ont pour objet l'échange des mêmes produits qu'à Siassi, et ces opérations sont pratiquées de la même manière. Siassi, Tataan et Bongao sont desservis mensuellement par une canonnière qui apporte les vivres et les correspondances aux officiers et soldats de ces différents postes.

Le colonel Parrado, gouverneur de Soulou, a traité avec le capitaine d'une banca de la « Borneo British C° », qui, moyennant une subvention de 1500 francs par voyage, a consenti à transporter une fois par mois, aller et retour, les hommes, vivres et munitions appartenant au gouvernement espagnol, dans les trois postes des îles du sud.

Le 3 décembre 1884, je partais en banca avec le gouver-

Tombe du pandita Saïd.

neur du poste de Bongao, pour visiter l'île de Simonor, située à environ 6 milles au sud-est de notre mouillage.

Partis avant le lever du soleil, nous fûmes pris à huit heures du matin par un fort courant qui nous fit dériver au sud, et qui nous aurait entraînés, en dépit des efforts de nos rameurs, si nous n'avions pu atteindre le banc qui prolonge la petite île Sanguisiapo : nous dûmes attendre là patiemment le changement de marée qui nous permit de gagner la pointe et le village Tongossom, sur l'île Simonor.

Les habitants paraissent être de race malaise, quoique plus foncés de teint que les Malais de Malacca et de Bornéo : leurs cases sont, comme partout en Océanie, bâties sur pilotis. Ils sont polygames et très sales. Leur cimetière est orné de tombes rectangulaires en pierres assez bien sculptées, et clos par des troncs d'arbres et des pierres amoncelées. Quelques-unes des pierres funéraires portent des inscriptions malaises en caractères arabes.

J'ai trouvé dans cette île quelques individus s'exprimant en malais et avec lesquels j'ai pu causer ; mais, soit défiance ou mauvais vouloir, je ne suis parvenu à tirer d'eux que fort peu de renseignements sur leurs mœurs et coutumes, qui du reste, autant que j'ai pu en juger, se rapprochent de celles de leurs congénères des autres îles que j'ai visitées.

L'île Simonor, basse, marécageuse, peu boisée et sans eau douce, est cependant la plus habitée de toutes celles que l'on rencontre dans ces parages.

Le 8 décembre, je faisais route pour regagner Soulou, où je débarquai le 10 sans accident.

Il me fallut rester plusieurs jours dans cette ville en attendant le courrier. Mon temps se passa agréablement, grâce au colonel Parrado, qui non seulement mit une maison à ma disposition, mais voulut que je vinsse prendre mes repas avec lui ; ce qui me procura l'occasion de lier connaissance avec messieurs les officiers de la garnison.

Nous fîmes quelques petites promenades aux environs.

Pendant mon séjour, il se passa un fait regrettable. Depuis quelque temps plusieurs soldats indiens avaient disparu avec armes et bagages, sans que l'on pût savoir où passaient les déserteurs. Un jour on vit revenir un de ces hommes, qui raconta qu'entraîné par un disciplinaire hors de la limite du camp, il avait été pris par les « Moros ». On arrêta immédiatement le disciplinaire, il avoua alors qu'il vendait les armes et les bagages des soldats indiens pour quelques piastres.

Le 26 décembre, je m'embarquais sur le *Gravina* pour rentrer à Palaouan, où j'arrivai le 30.

Le 1er janvier 1885, j'étais de nouveau embarqué à bord du *Jolo*, commandé par le lieutenant Basabru, dans le but de doubler la pointe nord de Palaouan et de l'explorer.

Malheureusement, quelques heures après notre sortie de Puerto-Princesa, nous allions briser notre hélice sur une roche, ce qui mit brusquement fin à l'expédition. Il était décidé que je ne parviendrais pas à doubler la pointe nord de l'île Palaouan. Le commandant Basabru, pas plus que M. Desolme, ne put m'y conduire. Les contretemps et les avaries avaient à tout instant contrecarré mes projets pendant ce voyage.

Nous pûmes gagner à la voile le mouillage de Tapul, où nous restâmes plusieurs jours, espérant qu'un changement de vent nous permettrait de regagner notre point de départ.

Le 15, profitant d'une légère brise, nous cherchions à franchir les bancs; mais la mer, trop forte, nous obligea à regagner l'abri des îles basses de la baie de Honda.

Fatigué, et ne voyant pas d'autre moyen de continuer mon excursion au nord de Palaouan, je pris le parti de rentrer à Puerto-Princesa. Le commandant du *Jolo* me fit déposer sur la côte avec mes hommes et mes bagages.

Parti à 11 heures du matin, après avoir manqué plusieurs fois de voir couler la baleinière, j'abordai à 2 heures sur un banc de sable et je dus continuer ma route dans l'eau, qui quelquefois me montait plus haut que la ceinture. Mes hommes étaient inquiets, car ils redoutaient fort les caïmans, très nombreux dans ces eaux, ainsi qu'une espèce de raie dont la queue, longue et flexible, est surmontée d'une épine acérée et souvent assez longue. Les indigènes prétendent que la piqûre en est mortelle, tout au moins provoque-t-elle une fièvre assez intense.

A 4 heures et demie, nous touchions enfin une plage de sable que nous dûmes suivre pendant plus d'une heure pour gagner un sentier qui conduit de la pointe Caligaran à Puerto-Princesa, où j'arrivai à 7 heures du soir, exténué par cette marche forcée dans l'eau et sous un soleil brûlant. Quelques jours plus tard, pris de violentes douleurs au foie, je dus rentrer à Manille pour me soigner.

Ma santé étant très délabrée, je quittai une seconde fois les Philippines, mais ayant la satisfaction d'avoir bien consciencieusement rempli ma mission, qui du reste m'a été rendue facile par les autorités espagnoles, par le gouverneur général, Son Excellence le capitaine général Joaquim Jovellar, par le colonel Parrado et le capitaine de frégate Canga Arguelles, qui, ainsi que tous les officiers de la marine et de l'armée, se sont toujours montrés très bienveillants. Je crois devoir leur adresser tous mes remerciements et les assurer que je garderai d'eux le meilleur souvenir.

Arrivé le 28 février 1885 à Singapore à bord du *Carriedo*, je fus trompé dans mon attente par les nouvelles dispositions prises en vue de la guerre de Chine ; je ne trouvai pas de transport. Il fallut aller à Saïgon à bord du *Melbourne*, à la recherche d'un paquebot.

Je fis connaissance à bord du *Melbourne* avec M. Buissonet, qui, comme moi, désirait aller visiter les ruines d'Angkor. A notre arrivée, pas de transport disponible pour la France. Nous partons alors, M. Buissonet et moi, en compagnie d'un jeune commerçant, M. Ballas, et de deux touristes français, pour le Cambodge et le pays khmer. Nous remontons les rivières jusqu'à Pnom-Penh sur un petit vapeur. Arrivé dans la capitale du Cambodge, nous nous installons à quatre dans une chambre où, à la rigueur, un homme seul eût été juste à l'aise, puis nous allons faire une visite au résident français, M. Fourest, qui voulut bien nous donner des renseignements sur le pays.

Malheureusement, à cette époque de l'année, les eaux étaient très basses et l'on ne pouvait guère traverser les lacs qu'en sampan, et encore avec quelque difficulté. Puis, ce que l'on ne nous disait pas, c'est que le pays était soulevé et que nous serions peut-être exposés aux agressions des rebelles.

Il fallut se contenter de visiter la capitale et le palais du roi; ce palais tout doré tombe en ruine; la grande salle de réception est dans un état de délabrement extrême.

De retour à Saïgon, je m'occupai de savoir ce qu'étaient devenus les plants d'abaca si beaux en 1881. Hélas! ce n'est plus mon ami Coroy qui est le directeur du jardin botanique; il a été remplacé par un monsieur qui a tout modifié. A l'utile il a substitué l'agréable et l'inutile. L'abaca, qu'il aurait fallu cultiver sérieusement et propager, ainsi que son prédécesseur l'avait compris, comme devant être rapidement un sérieux produit commercial, l'abaca, dis-je, a été arrachée et remplacée par des arbres et des plantes d'ornement.

Pendant mon séjour forcé à Saïgon, je fis avec mon ami Buissonet de longues promenades sur les belles routes qui entourent la ville, routes fort bien entretenues, et, dans cette saison (saison sèche), il est agréable de se promener dans la campagne.

Enfin, le 29 mars 1885, toujours faute de transport où je pusse m'embarquer, je partais avec le courrier, et, après une fort belle traversée, j'arrivais à Marseille le 25 avril 1885.

FIN

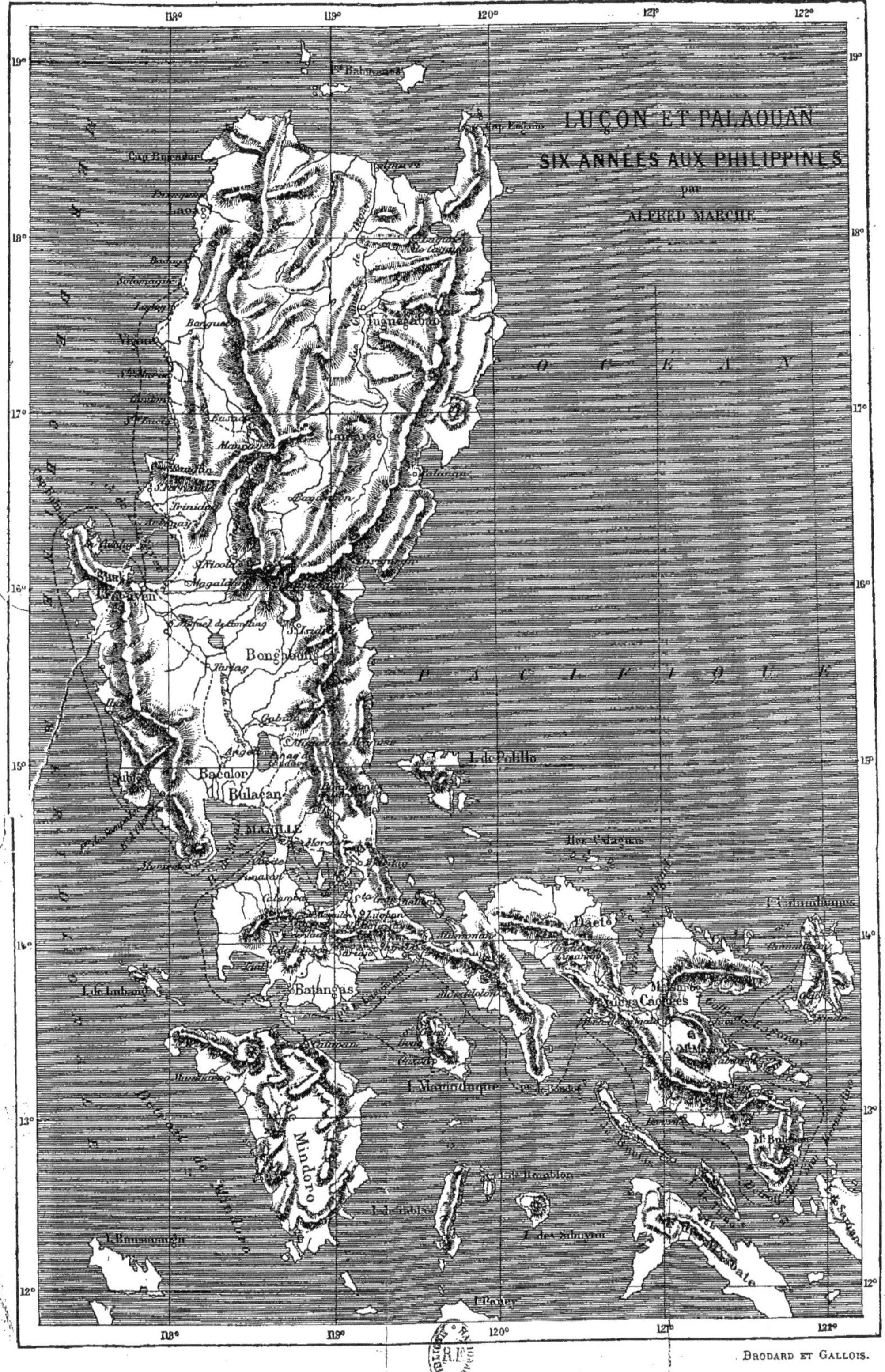


BRODARD ET GALLOIS.

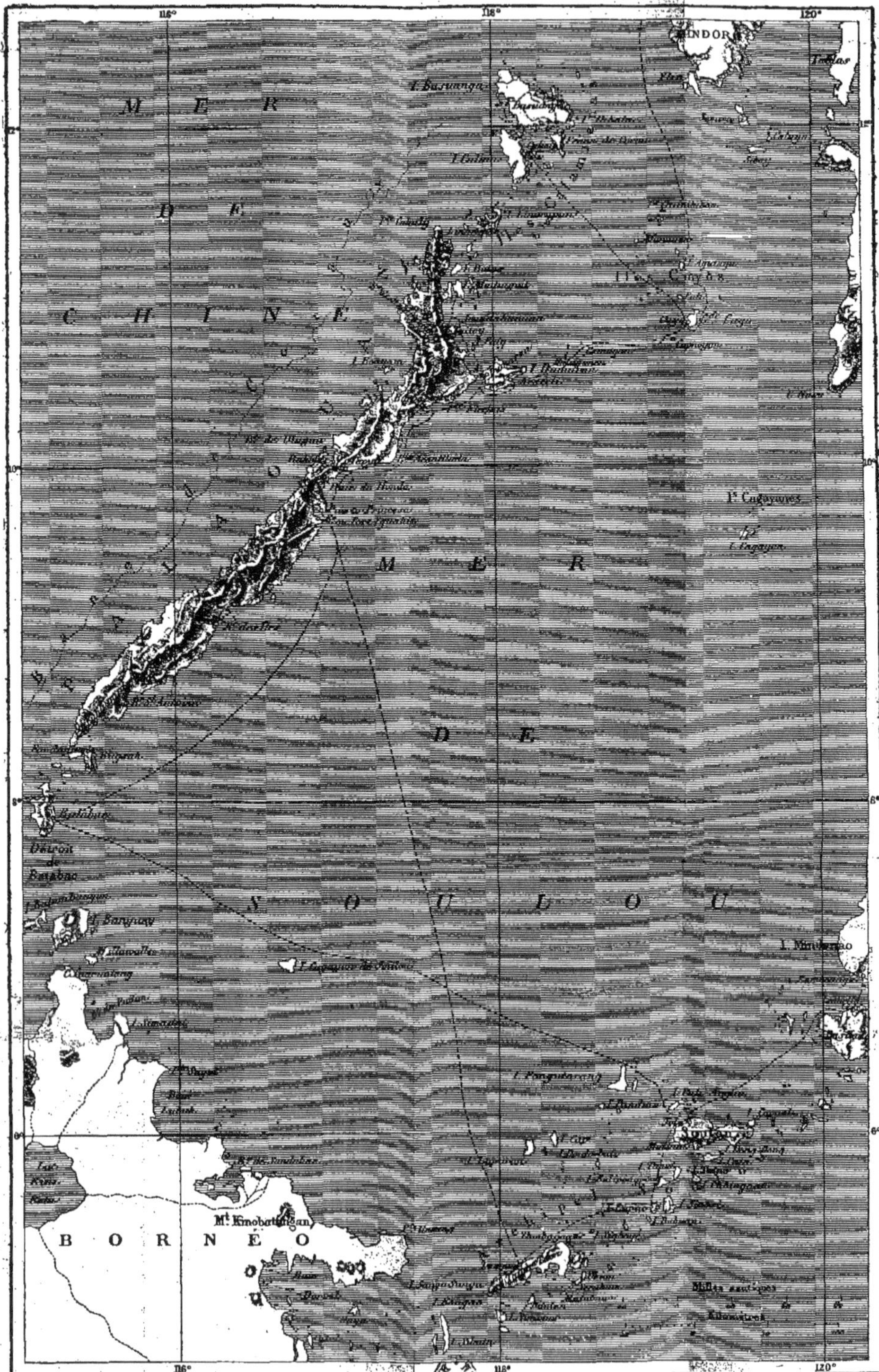


Gravé par Erhard Fres 35 bis, rue Denfert-Rochereau. BRODARD ET GALLOIS.

# TABLE DES MATIÈRES

## PREMIÈRE PARTIE



## DEUXIÈME PARTIE

Coulommiers. Typog. P. BRODARD et GALLOIS.

www.ingramcontent.com/pod-product-compliance
Ingram Content Group UK Ltd.
Pitfield, Milton Keynes, MK11 3LW, UK
UKHW020153250726
13967UKWH00003B/1040